Copyright © 2016 by Adriana Machado
1ª edição | Setembro de 2016 | 5,5º ao 6,5º milheiro

Dados Internacionais de Catalogação Pública (CIP)

EZEQUIEL (Espírito)
Nem tudo é carma, mas tudo é escolha / pelo espírito Ezequiel; psicografado por Adriana Machado.

Belo Horizonte: Dufaux, 2016.

539p. 16 x 23 cm

ISBN: 978-85-63365-85-9

1. Espiritismo	2. Psicografia
I. Título	II. MACHADO, Adriana

CDU — 133.9

Impresso no Brasil – Printed in Brazil – Presita en Brazilo

Editora Dufaux
R. Contria, 759 - Alto Barroca
Belo Horizonte - MG, 30431-028
Telefone: (31) 3347-1531
comercial@editoradufaux.com.br
www.editoradufaux.com.br

 Conforme novo acordo ortográfico da língua portuguesa ratificado em 2008.

Todos os direitos reservados à Editora Dufaux. É proibida a sua reprodução parcial ou total através de qualquer forma, meio ou processo eletrônico, digital, fotocópia, microfilme, internet, cd-rom, dvd, dentre outros, sem prévia e expressa autorização da editora, nos termos da Lei 9.610/98 que regulamenta os direitos de autor e conexos.

Nem tudo é carma, mas tudo é escolha

Ezequiel
pela médium Adriana Machado

Série
Romance Mediúnico

Dufaux
editora

Capítulo 01

Era uma manhã sofrida!

Paula estava tomando banho, preparando-se para sair. Hoje, no entanto, não iria para o trabalho como todos os dias. Viajaria para sua cidade natal.

Havia acordado com o toque insistente do telefone. Quando olhou assustada para o relógio, viu que eram cinco horas da manhã! Quem poderia ser?!

Atendeu apreensiva e, do outro lado da linha, uma voz feminina a informou de que sua mãe havia falecido!

Paula nem conseguiu reagir. Ficou tão surpresa que não respondeu nada à mulher. Esta, diante de seu silêncio, continuou passando as informações necessárias para que ela se dirigisse o mais rápido possível para lá, senão sua mãe seria enterrada num cemitério público.

Essa visão fez com que Paula finalmente acordasse e conseguisse sair do torpor causado pela notícia dada por aquela desconhecida.

Questionou sobre o que aconteceu, sobre a causa da morte de sua mãe, mas, naquele momento, nenhuma dessas perguntas seria esclarecida. A mulher informou apenas que trabalhava no hospital onde sua mãe havia sido atendida e sua função era apenas comunicar o fato à família da falecida para que pudessem tomar as providências necessárias.

Disse-lhe que, quando chegasse, todas as informações lhe seriam fornecidas, em seus mínimos detalhes, pela equipe médica que acompanhou o caso de sua mãe. Ela, então, se despediu e desligou o telefone.

Paula precisava se apressar para comprar a passagem e ainda avisar seu patrão de que não trabalharia nos próximos dias, pois tinha de viajar para enterrar uma parte de sua vida.

De repente, tomou consciência do quanto estivera longe. Sim, esteve mesmo muito longe de sua mãe!

Capítulo 02

Após se acomodar no ônibus, Paula começou a pensar sobre quanto tempo não falava com a sua mãe – não a via há, no mínimo, uns dez anos, e agora não poderia vê-la nunca mais. Que ironia!

Paula saíra de casa após um desentendimento com aquela que sempre esteve ao seu lado em seus piores momentos. Naquela época, é claro, ela não pensava assim. Como sua mãe não a apoiou em seus desejos de liberdade, não pôde perdoá-la e, assim, partiu planejando nunca mais voltar.

Como o seu coração doía agora! Como se arrependia do que havia feito! Talvez, se sua mãe tivesse morrido há alguns anos, a dor que agora a corroía por dentro não seria tão profunda, porque a vida ainda não teria comprovado que sua mãe estava certa em temer as escolhas que fez.

A vida sentimental de Paula estava arruinada. Aquele que a tirou de casa prometendo-lhe uma vida de plena alegria estava preso há quase um ano. E, para piorar, no último mês, ela havia descoberto que Fabrício, o "amor de sua vida", mantinha outra família em um bairro distante e já tinha três filhos: um de quase dez anos de idade, outro de cinco e o mais novo com, no máximo, dois.

"Como ele pôde fazer isso comigo?" – pensou pela milésima vez.

Os primeiros meses em que moraram juntos foram maravilhosos! Porém, antes de completarem um ano de convivência, Fabrício começou a mudar. Talvez pelo fato de todo o dinheiro dela ter sido gasto e ela começar a cobrar dele que arrumasse um emprego para sobreviverem. Sorte que Paula era uma moça de bons modos, educada, de boa aparência e com alguma experiência, o que lhe abriu as portas para ser contratada como secretária em um escritório de contabilidade. Recebia um pequeno salário, mas dava para pagar as contas.

Ele, no entanto, jamais teve um trabalho fixo. Dizia ficar horas em filas para conseguir algum emprego e que, no final, jamais era contratado. Passou então a fazer uns bicos, que ela nunca soube dizer quais eram, e estes lhe rendiam algum dinheiro. Ela, porém, nunca chegava a vê-lo, porque ele dizia precisar daqueles trocados para continuar tentando arranjar um emprego.

Ela não queria enxergar que o homem pelo qual se apaixonou não era quem ela pensava. Então, sempre o desculpava, mesmo quando ele retirava de sua bolsa uma boa parte do seu salário, não se preocupando se o restante daria para pagar as contas daquele mês. Ficava imaginando agora quantas vezes ele havia tomado seu dinheiro suado para levar para a outra família!

Só de pensar nisso, sentia uma pontada aguda em seu estômago. Na verdade, ela era a outra. Que ironia! Como foi tola! Ele sempre dizia que o amor deles não precisava ser comprovado com um papel assinado e que, para ele, ambos já estavam casados. A verdade é que ele já era casado. Quando Paula se deparou com a mulher e os filhos de Fabrício na prisão, percebeu que a esposa também não sabia de sua existência e teve muita pena dela.

"Pelo menos" – pensou naquele momento – "eu não tenho nada que me vincule a ele. Posso ir embora sem olhar para trás.".

Porém, não foi tão fácil quanto pensava. Ela não conseguia esquecê-lo e a dor da traição e da perda do seu companheiro a incomodava muito.

Enquanto olhava pela janela do ônibus, sem se prender à linda paisagem ao longo da estrada, pensava, arrependida: "Por que não escutei minha mãe?".

Ela sabia o quanto sua mãe a amava, o quanto havia se sacrificado por ela e, na menor contrariedade, Paula a abandonou, deixando-a sozinha, para partir em busca dos seus sonhos que se tornaram um pesadelo.

E agora não podia nem mais chorar em seus braços! Quando Fabrício foi preso, quis ligar para ela, mas a vergonha a impediu. Não queria escutar de sua mãe o quanto ela havia sido avisada, que ela tinha sido uma filha desnaturada e que não seria bem-vinda se quisesse voltar. Como se arrependia agora! Se a tivesse procurado, teria tempo de vê-la, de conversar com ela e de pedir perdão.

Lágrimas rolavam em sua face e ela não fazia nenhum esforço para reprimi-las. Fazia muitos anos que não se permitia chorar de verdade, e agora a represa havia estourado.

Vendo-a tão triste, uma senhora que estava sentada ao seu lado no ônibus lhe deu um lencinho de papel para enxugar as lágrimas e sorriu para ela com compreensão, o que a fez lembrar ainda mais de sua mãe.

Certa vez, quando era uma adolescente, Paula foi repreendida pela diretora de sua escola por estar nos corredores no horário da aula. Ela sempre foi muito comportada e estava ali somente porque tinha ido buscar seu livro que havia esquecido no banheiro. A diretora não quis ouvir a sua justificativa e mandou um bilhete para sua mãe. Paula chegou em casa arrasada, com lágrimas escorrendo pelo seu rosto quando entregou o tal bilhete para ser assinado. A senhora, vendo o estado emocional de sua filha, disse-lhe que se ela estava no corredor da escola com certeza tinha um bom motivo para isso e assinou o bilhete sem questioná-la, oferecendo-lhe um lencinho para enxugar o seu rosto. Paula abraçou sua mãe com força, dizendo que a amava. Ela sabia que a mãe confiava nela e aquele sorriso de compreensão na face materna era tudo de que precisava naquele momento.

Voltando ao presente, ela agradeceu àquela senhora pelo ato carinhoso de conforto e afirmou, entre soluços, que ficaria bem.

Capítulo 03

Chegando à sua cidade, Paula pegou um táxi e foi direto para o hospital. Estava muito cansada, mas não podia adiar a sua chegada. Eles foram muito claros sobre não esperar muito tempo pelos preparativos do funeral.

Ainda dentro do táxi, pegou um espelhinho para ver como estava a sua aparência e se assustou. Estava péssima. Seus cabelos loiros, lisos e pouco volumosos, faziam um conjunto apresentável com o seu rosto ovalado e seus olhos verdes. Seu corpo era esbelto e era relativamente alta, com os seus quase um metro e setenta. Entretanto, naquele momento, não era assim que se via, estava alquebrada, com rugas nos cantos da boca, olhos inchados, seus cabelos estavam embaraçados porque os lavou e não teve tempo de secá-los como deveria. Ela se sentia horrível! Parecia que aos seus trinta anos foram somados, no mínimo, mais dez. Passou um pouco de pó e batom para melhorar o aspecto. Era o melhor que podia fazer naquele momento.

No hospital, foi direto para o setor indicado pela mulher do telefone.

— Boa-tarde! – falou para a atendente daquele setor – estou aqui porque me disseram que eu precisava providenciar o funeral da minha mãe, Margareth Fonseca.

Após olhar na lista, a enfermeira respondeu, surpresa:

— Deve haver algum engano! A senhora Margareth Fonseca ainda é uma de nossas pacientes do setor de cirurgia cardiológica. Ela está viva, apesar de ainda necessitar de muitos cuidados.

Paula ficou muda. O que a atendente tinha lhe falado não fazia sentido. Sua mãe estava viva? Como?

— Mas, me disseram... – e começou a chorar.

Não sabia se chorava de indignação pelo trote recebido ou de alívio, por sua mãe estar viva. Paula percebeu que todas as tensões emocionais sentidas naquela manhã estavam explodindo em seu peito, sacudidas pelos soluços e lavadas pelas lágrimas abundantes. Nesse tumulto de emoções, perguntou à enfermeira porque ligaram para ela dizendo que sua mãe estava morta e intimaram-na a vir correndo para os preparativos do funeral.

A enfermeira, vendo o histórico de sua mãe e perguntando qual era o número do telefone dela, afirmou que era impossível terem ligado daquele hospital porque a paciente não disponibilizou o contato de Paula para o caso de uma emergência ou de falecimento.

De repente, Paula caiu em si. Diante daquela notícia tão dolorosa, logo cedo, ela não parou para pensar que sua mãe não poderia ter fornecido o número do seu telefone porque ela jamais informou onde estava morando nem o seu telefone de contato. Como poderia indicar um número que ela desconhecia?

As perguntas, no entanto, não paravam aí: "Mas, então, quem havia me ligado? E por que fizeram essa brincadeira de extremo mau gosto? Será que foi apenas uma coincidência eu ter recebido esse trote mesmo com a minha mãe internada neste hospital?".

O tumulto em suas emoções era tanto que ela não se lembrava se a pessoa que ligou para ela tinha mencionado, em algum momento, o nome de sua mãe ou o seu próprio. "Eu acho que sim, mas posso estar enganada!".

Respirando fundo e enxugando as lágrimas, tentava se refazer. Por fim, pensou: "De qualquer forma, mamãe ainda está viva, e são tantas as coisas que gostaria de lhe falar!".

Surgiu em seu coração, porém, certo temor:

– E se ela não quiser falar comigo? – falou baixinho, meio trêmula.

A atendente a escutou e, percebendo sua hesitação e as emoções em conflito, sentiu que deveria ajudá-la.

– Olhe, minha querida, sua mãe chegou aqui muito mal. Nesses três dias, teve poucos momentos de lucidez, pois foi operada. Somente agora está mais consciente e veio para o quarto. Por isso, não perca tempo. Você achava que ela estava morta. Tenho certeza de que muitas coisas passaram pela sua cabeça, coisas que gostaria de ter falado a ela e não falou. Aproveite e vá vê-la.

Era só o que precisava ouvir. Diante do incentivo, Paula perguntou em que enfermaria estava a sua mãe, mas a atendente lhe indicou o número de um quarto.

Paula estranhou o fato de sua mãe se encontrar em um quarto particular, mas, naquele momento, resolveu não perder mais tempo pensando e pegou o elevador. Chegando perto do quarto, viu, pela janelinha de vidro da porta, sua mãe no leito, de olhos fechados e respiração tranquila e aparência serena. Entrou.

Parou ao lado de sua mãe e reparou como ela estava envelhecida. Lágrimas silenciosas escorriam pelo seu rosto. Possivelmente, ela mesma havia sido a causadora daquelas rugas na face de sua mãe, por ter lhe causado tanta preocupação. Margareth sentiu uma presença ao seu lado e abriu os olhos. A surpresa não poderia ser tão boa!

– Filha, é você? – sussurrou.

– Mãe, o que houve? Como você está?

Margareth olhava para ela com aquele sorriso que ela tanto amava. Paula, sentando-se numa cadeira ao lado do leito, chorou copiosamente. Pedia, entre soluços, perdão por tê-la abandonado, dizendo que ela sempre teve razão e que, naquela época, era muito jovem para entender que estava tomando atitudes irresponsáveis sem se preocupar com os sentimentos dela.

Paula chorava e agarrava a mão calejada de sua mãe, beijando-a.

Margareth nada falava, apenas lágrimas escorriam silenciosamente em sua face, pois a emoção era muita. Demais até, e muito inapropriada para o seu estado de saúde.

Poucos minutos depois, chegou ao quarto o cardiologista que, ao ver aquela cena, tossiu discretamente para que elas percebessem a sua presença e se controlassem.

Num sobressalto, Paula levantou-se da cadeira e, enxugando as lágrimas, procurou se controlar, indo até ele para se apresentar.

– Boa-tarde, doutor! O meu nome é Paula, sou filha da Margareth. Moro longe e somente hoje fiquei sabendo que ela estava internada. O que aconteceu?

– Boa-tarde, senhora Paula. Meu nome é Felipe e sou o médico cardiologista de sua mãe. Não sei se a senhora sabe, mas há três dias ela foi trazida para este hospital por vizinhos, após sofrer um infarto, e foi submetida a uma cirurgia cardíaca.

Ele descrevia os fatos com um ar estranho. Parecia antipatizar-se com ela.

Sua mãe, no entanto, estava muito feliz em vê-lo e dava para ver que isso era recíproco, pois, quando o doutor se virou para ela, sua face se distendeu num sorriso cativante. Conversou com ela tranquilamente, fazendo-lhe elogios sobre a sua aparência. Pareciam muito íntimos para quem se conhecia há apenas três dias. Paula surpreendeu-se ao perceber que desejava que aquele sorriso tivesse sido para ela. "Ai, meu Deus! Estou tão carente assim?!" – pensou, abalada.

Ela se sentou no sofá de um só lugar que estava num dos cantos do quarto e esperou que ele fosse embora. Enquanto isso, percebeu o quanto aquele médico era charmoso, alto, forte... Sua pele era clara, tinha os cabelos pretos e lisos, os olhos eram castanho-claros e as sobrancelhas espessas. Sua voz era forte, mas agradável, trazendo segurança a quem o escutava.

Após alguns minutos de exames de rotina, doutor Felipe despediu-se de ambas e foi embora, prometendo voltar no dia seguinte.

Margareth sussurrou um "muito obrigada" e Paula despediu-se com um aceno de cabeça.

A moça então voltou a se sentar ao lado da mãe, pegando a sua mão. Mas Margareth estava muito cansada, e acabou adormecendo entre uma frase e outra da filha. Percebeu que não estava sendo uma boa companhia. Sua mãe estava se recuperando de uma cirurgia, enquanto ela só pensava em conversar.

Deu um beijo na testa de Margareth e foi à lanchonete do hospital comer alguma coisa, pois não tinha comido nada até aquele momento.

Capítulo 04

Paula não demorou quase nada e, quando retornou ao quarto, notou que sua mãe estava mais pálida e com a respiração carregada. Enquanto a observava, Margareth abriu os olhos com desespero e parecia não conseguir respirar.

Ela chamou imediatamente a enfermeira, que veio logo em seu socorro. Vendo o estado de alerta, a enfermeira clicou no botão de emergência, o que fez com que as outras enfermeiras e o médico de plantão chegassem rápido para atendê-la.

Paula estava arrasada. Só podia ficar ali observando, não sabia o que fazer. "Podia, pelo menos, rezar" – pensou. Fazia tanto tempo que não rezava que foi difícil começar. Mas, para aqueles que se esforçam, o resultado aparece, e ela conseguiu. Ela chorava e pedia silenciosamente por sua mãe, para que se curasse e Deus desse a ambas uma nova chance de recomeço. Muitos outros pedidos foram feitos no desespero de uma filha que se sentia extremamente culpada pelos atos do passado.

Após alguns minutos, que pareciam horas, a paciente conseguiu se estabilizar, e o médico e as enfermeiras saíram para atender outra urgência. Margareth respirava melhor, mas agora estava mais cheia de tubos.

Paula olhava para sua mãe e lágrimas caíam de seus olhos inchados.

"Se ela morrer, o que farei?" – pensava entristecida. "Não sei mais nada sobre ela, se ainda vive no mesmo lugar, se mora sozinha, se ainda trabalha, se eu preciso ligar para mais alguém. Há dez anos éramos apenas eu e ela. Papai faleceu quando ainda era pequena, e minha mãe trabalhava muito para nos sustentar. Quando fiquei mais velha, não valorizei nenhum dos seus sacrifícios, sempre querendo ser atendida nos meus mais excêntricos gostos. Mamãe nunca reclamava. Ela trabalhava como atendente em uma empresa de vendas de carros, mas, como o seu salário não dava para pagar as despesas e todas as minhas exigências, ela aceitava fazer faxina nos finais de semana. Como era egoísta! E nem a ajudava com os serviços domésticos!".

Lembrar disso tudo a deixava com muita vergonha e culpa. Entrou apressada no banheiro e se trancou lá, chorando como uma criança desesperada que havia acabado de quebrar o seu brinquedo preferido. As emoções explodiam com força, trazendo-lhe muita dor e sofrimento. Ela se via como uma pessoa horrível, que só pensava em si mesma e que, por isso, foi penalizada com um companheiro que a traiu e foi preso. Via agora que ela não merecia nem mesmo uma segunda chance de ser feliz ao lado de sua mãe.

Quando não tinha mais lágrimas para derramar, lavou o rosto e saiu do banheiro. Precisava pensar melhor sobre a sua vida.

Assim, em frangalhos, ela não resolveria nada nem ajudaria a sua mãe. Ao voltar para o quarto, viu que ela ainda dormia e estava mais tranquila.

Sentou-se novamente no sofá do canto e, encolhida, ficou a pensar no que precisava providenciar. Primeiro tinha de saber como sua mãe poderia estar naquele quarto de hospital, pois certamente ela não tinha condições de pagar por tudo aquilo. Colocou em sua lista de prioridades conversar com a administração do hospital sobre o quanto deviam e como elas pagariam pelos serviços hospitalares. Em segundo lugar, ligaria para o trabalho para informar a sua nova situação. Depois, ela precisava saber se sua mãe ainda morava na mesma casinha, alugada em um bairro não muito distante dali.

Sem perceber, deu um sorrisinho ao se lembrar do seu antigo bairro. Tinha muitos amigos lá e eles sempre brincavam juntos nas ruas de terra, chegando em casa sujos dos pés à cabeça. Era muito moleca e brincava com os meninos como se fosse um deles.

"Coitadas das mães que tinham de lavar aquelas roupas!" – pensou. "Nossa, que dias felizes! Até que cresci e fiquei cheia de vontades." – suspirou triste.

Conheceu Fabrício por intermédio de amigos. Ele não morava no bairro e, quando o viu, sentiu-se atraída pelo seu jeito malandro de ser. Pensou que ele era o amor de sua vida, achava-o lindo. Era alto, moreno, tinha os olhos esverdeados, os cabelos castanhos encaracolados, cortados bem rentes, e uma barbicha bem rala que lhe dava um certo charme. Tinha dezessete anos e Paula, treze. Claro que ele nem a percebeu. Fabrício tinha várias namoradas, e trocava de par quando queria.

Quando tinha quinze anos, na festa de aniversário de uma amiga, ele a notou. Flertaram e nunca mais se afastaram um do outro. Desde o início, com relação ao namoro dos dois, pensava que agiria diferente com ela e que jamais a faria sofrer, afinal, a amava!

Paula levou Fabrício para conhecer sua mãe somente depois de um ano do início do relacionamento e Margareth, durante a visita, foi muito agradável com o rapaz. Porém, depois que ele saiu, questionou a filha sobre a vida do rapaz. Sua maior preocupação era a diferença de idade entre eles, mas sobre isso ela nada comentou.

Realmente, Paula não sabia nada sobre ele, mas este fato não teve importância, pois pensava que, se eles se amavam, era o que importava. Margareth nunca a repreendeu, mas dizia que o rapaz não inspirava confiança e que Paula precisava saber mais sobre a vida dele. No início, Paula até tentou, mas ele desconversava. A moça acreditava que ele tinha vergonha de sua origem humilde.

Namoraram por cinco anos, entre brigas, separações e retornos amorosos. Fabrício foi o primeiro namorado firme de Paula e o seu primeiro amante. Paula começou a trabalhar com dezoito anos e, como não se achava na obrigação de pagar qualquer despesa em sua casa, fez uma boa poupança.

Um belo dia, Fabrício disse que queria se casar com ela, mas que teriam de mudar de cidade. Se ela desejasse o mesmo, precisaria largar tudo e ir com ele. Paula estava radiante. Foi falar com a sua mãe, que ficou alarmada. Perguntou se Fabrício tinha algum emprego para sustentá-los, já que Paula iria abandonar o seu para se mudar para outra cidade. Respondeu que não sabia, mas que ele era inteligente e certamente logo estariam bem.

– Mas, para onde vocês vão, minha filha? – perguntou Margareth, aflita.

– Ainda não sei, mamãe. O que sei é que irei para onde ele for, porque o amo.

– Minha filha, você não é mais uma adolescente. Tem quase vinte e um anos. Pense com a cabeça e não com o coração. Não estou gostando disso. Por que vocês têm de mudar tão rápido para outra cidade? E ele nem falou para onde? Como vocês se sustentarão?

– Ora, mamãe, tenho as minhas economias e elas bastarão para os primeiros meses. Depois, é claro que também irei trabalhar para ajudá-lo!

Após um suspiro profundo, Margareth pergunta, olhando nos olhos da filha:

– Ele sabe de suas economias?

Paula ofende-se com a pergunta:

– Claro que sabe, mãe! Não temos segredos entre nós e, se você pensa que ele está comigo por causa das minhas economias, a senhora está muito enganada! Ele é um homem honesto e, quando a gente sai, nem todas as contas sou eu que pago, ele já pagou algumas delas!

E, sem mais argumentos, Paula diz raivosa e sem paciência com a mãe:

— Sabe o que acho? Que a senhora está com inveja de mim e não quer que eu seja feliz com o homem que amo. Não quer que eu saia do seu lado para que não fique sozinha, mas eu não vou me sacrificar assim! Também tenho uma vida e irei vivê-la.

Saiu correndo para o seu quarto e lá se trancou. Paula não viu as lágrimas que caíram sobre a face materna nem a dor estampada em seus olhos.

Sem pensar em mais nada, ligou para Fabrício e lhe disse que poderiam partir no dia seguinte, pois nada mais a segurava ali. Suas malas já estavam prontas e ela só teria de ir ao trabalho avisar sobre o seu desligamento e receber o que era seu de direito.

Fabrício, satisfeito e orgulhoso, dizia para ela que não iria se arrepender, pois a amava demais e a faria muito feliz.

Na manhã do dia seguinte, após Margareth ter saído para o trabalho sem conseguir falar com a filha que fingia dormir, Paula pegou da casa tudo que pensava ser seu por direito, colocou no carro de Fabrício e foi embora sem dizer adeus à sua mãe.

"Nem um bilhete eu deixei. Como fui egoísta, meu Deus!" – pensou Paula.

Capítulo 05

Na manhã seguinte, Paula acordou muito cansada e com dores pelo corpo todo. Dormiu naquele sofazinho desconfortável de um lugar só. Se os médicos foram ver a paciente, não a acordaram.

Foi ao banheiro escovar os dentes e ficar mais apresentável. Enquanto se observava no espelho, pôde ver como parecia ter envelhecido. Estava pálida, com olheiras profundas. Tentou passar um pouco da maquiagem, mas nem isso a fez parecer melhor. Passou um batom clarinho e voltou correndo para perto da sua mãe, pois queria estar com ela quando acordasse.

No quarto, deparou-se com o doutor Felipe. Ele estava ao lado da cama, observando sua mãe que ainda dormia. Tinha um olhar preocupado, mas sua face estava tranquila. Quando a viu chegando, afastou-se. Deu um bom-dia um tanto seco e perguntou como tinha passado a noite.

— Passei muito bem, obrigada. Apesar do desconforto do momento, estou ao lado de minha mãe e é isso o que importa.

Paula percebeu um estreitar de sobrancelhas e um lampejo de raiva nos olhos do médico, mas nenhum dos dois fez qualquer comentário.

– Fui comunicado de que sua mãe passou mal ontem à tarde. Como ela passou o restante do dia?

– Bem. Dormiu tranquilamente boa parte do dia. Talvez seja por causa do remédio ministrado e destes aparelhos. Será que ela terá de ficar muito tempo ligada a eles, doutor?

– É só o seu estado se estabilizar que tentaremos retirá-los. Não desejamos que ela fique dependente de ninguém, não é? – disse doutor Felipe, com tom irônico.

Paula realmente não o compreendia! Por que essa postura tão irônica da parte dele? Com a sua mãe ele parecia dócil e meigo, mas, quando se dirigia a ela, era sempre com desconfiança e raiva.

Após os exames de rotina, questionou-o sobre a causa do infarto. Rispidamente, ele perguntou se ela queria saber sobre a causa do infarto daquela última semana ou o de dez anos atrás.

Paula ficou surpresa com a resposta do médico, mas ele não deu tempo para que reagisse. Informou-a de que conhecia Margareth há mais de doze anos, e que o fato de ela não ter diminuído a sobrecarga de trabalho, como ele já havia lhe advertido previamente, somente a prejudicou.

Continuou dizendo que, naquele último final de semana, ela havia tido sorte, pois estava em um churrasco com os vizinhos que a acudiram quando passou mal. Possivelmente, se estivesse em sua casa sozinha – falou enfatizando a última palavra –, teria morrido.

Paula não conseguia olhar para ele. Agora ela entendia a sua indignação E tinha certeza de que ele sabia do seu passado, sabia que tinha abandonado a sua mãe desamparada e que, antes disso, jamais a ajudou com os trabalhos e as despesas domésticas. Entendia agora os sentimentos que o doutor Felipe nutria por ela. Devia considerá-la uma filha horrível.

"E fui dizer para ele que o que importava era ficar ao lado de minha mãe! Nossa, que hipócrita deve achar que sou!" – pensou, envergonhada.

Ao terminar o relatório, o doutor Felipe saiu, avisando-a de que estaria de plantão naquele dia e que, caso ocorresse qualquer eventualidade, era só pedir para chamá-lo.

Não conseguiu olhar para ele. Estava se sentindo exposta em toda sua intimidade. Queria que um buraco bem fundo se abrisse e ela pudesse pular nele. Agora compreendia porque o médico não gostava dela. Mas, ele não precisava se preocupar porque, nos últimos anos, ela sentiu na pele o que sua mãe passou quando a sua própria filha não a valorizou.

Quase um ano antes de ser preso, Fabrício já não vinha em casa todos os dias. Dizia que tinha arranjado um emprego que lhe consumia dias seguidos de dedicação. O problema é que, além de ele não vir para casa, também não trazia o que recebia para pagar as despesas mensais. Ao contrário, quando vinha, era para lhe pedir algum dinheiro e saía logo em seguida. Como há muito tempo não tinha o suficiente para pagar todas as despesas da casa e do marido, começou a fazer bicos pela vizinhança – de babá, de faxineira, de digitação, o que conseguisse.

Sentia-se desamparada, e o seu companheiro só consumia o que ela produzia, sempre com mais e mais exigências. Quando foi preso, ligou para ela. Pediu que ela contratasse um bom advogado para defendê-lo, pois afirmava ser inocente, que tudo tinha sido uma armação e que não havia cometido crime nenhum. Dizia que, apesar de todas as provas estarem contra o que ele dizia, devia confiar nele. Assim ela fez. Contratou um advogado particular que lhe cobrou uma quantia que ela não tinha. Por isso, pegou um empréstimo no banco que, aliás, estava pagando até hoje.

Fez tudo por ele, mas Fabrício não se importava, em absoluto, com ela. Nunca se importou. E isso ele demonstrou quando, num sábado, em dia de visita na prisão, por um erro, deixaram que ela entrasse enquanto já estava com outra visita: a sua família. Ao ser flagrado, ele sorriu sem graça para ela, como se dissesse: "Você me pegou!". A esposa, abraçada às crianças, olhava para ela como se não acreditasse! Mas, para preservar a sua família, a esposa deu a mão a ele e ambos não olharam mais para Paula.

"Que idiota!" – pensou sobre si mesma, enquanto saía da prisão – "Estou há dez anos sofrendo horrores, trabalhando como uma escrava e pagando milhões de contas que, com certeza, nem são minhas. Agora, estou até endividada para defender aquele marginal e ele nunca me agradeceu! Nunca me valorizou! Sempre me traiu, sempre!".

Pegou o primeiro ônibus que passou e deixou-se levar, como se pudesse fugir daquela realidade, indo para bem longe dali. Quando chegou ao ponto final, menos angustiada, escolheu o ônibus certo e foi para casa.

Chegou depois do almoço. Tomou um banho quentinho, colocou umas roupas de faxinar e, sem comer nada, começou a separar tudo o que era de Fabrício, e também todas as lembranças daqueles últimos anos de sua vida. Estava com raiva dele e de si mesma.

Já eram três horas da manhã quando parou, no meio da sala, com uma estatueta na mão, lembrando-se de sua mãe.

"Esta estatueta era dela!" – falou consigo mesma – "Por que me achei no direito de pegá-la? Como ela deve ter se sentido quando, chegando em casa, percebeu que eu não estava mais lá? Nem eu nem tudo o que eu me achei no direito de trazer?".

Sentando-se no chão, Paula abraçou a estatueta e falou desolada:

"Eu também traí a minha mãe! Não sou diferente de Fabrício nem melhor que ele!".

Capítulo 06

Paula estava apreensiva e precisava saber o valor das dívidas que estavam contraindo naquele hospital. Assim, enquanto sua mãe tirava um cochilo à tarde, foi até o setor da administração.

Conseguiu falar com a senhora Martha, que demonstrou muita educação e profissionalismo. Ela disse para Paula que não havia qualquer valor a ser cobrado, pois a cirurgia e a internação de dona Margareth, segundo os seus registros, já estavam quitadas.

— Mas, eu não entendo! Como pode ser isso? Quanto foi a despesa?

— Bem, o valor total é de vinte mil reais.

— Meu Deus! Eu jamais conseguiria pagar isso! Quem efetuou esse pagamento?

— Sinto dizer, mas não tenho essa informação.

Paula saiu desnorteada daquele escritório.

– "Como isso aconteceu?" – questionava-se. "Quem pagou toda aquela despesa? Os vizinhos de mamãe não eram ricos. Eles não teriam como pagar aquela importância, mesmo que fosse para uma amiga.".

Caminhava pensativa pelo corredor do hospital quando deu um esbarrão em alguém. Só não caiu porque essa pessoa a segurou pela cintura.

– Doutor Felipe! Desculpe-me! Estava tão distraída que não reparei que o senhor estava à minha frente – desculpou-se Paula, envergonhada.

Ele demorou alguns segundos a mais para libertá-la de seus braços, mas, percebendo a sua indiscrição, a soltou rapidamente, quase a jogando no chão.

– Sou eu que peço desculpas. Estava pensando num caso particular e também não a vi se aproximando.

Ambos se afastaram, cada um para o seu lado, e Paula voltou para o quarto de sua mãe ainda sentindo a presença daquele médico que a atormentava com seu rosto bonito e sua rispidez em relação a ela.

Quando Felipe chegou ao seu consultório, dentro do hospital, afundou-se na cadeira com um suspiro longo. Recriminava-se por ter tido aquele contato com a filha de Margareth. Ela não merecia a sua delicadeza, muito menos a sua amizade. Se não conhecesse toda a sua história, jamais acreditaria que era aquele ser insensível que abandonou a mãe quando ela mais necessitava.

Suas lembranças retrocederam mais de uma década: ele era residente na Cardiologia quando conheceu Margareth, antes mesmo de Paula sair de casa. Ela já estava bem doente. Há muito precisava parar de trabalhar, mas ficou sabendo por intermédio de uma das enfermeiras, vizinha da enferma, que, apesar de ter uma filha jovem e saudável, esta era muito exigente e jamais pensava no conforto materno, só no seu. Ela que só queria saber de namorar e, apesar de trabalhar, não ajudava financeiramente em casa. O pior, porém, foi quando a filha fugiu com o namorado delinquente, surrupiando tudo o que pôde de sua mãe, sem avisá-la.

"Coitada de Margareth! Era notório o seu desamparo!" – pensou ele.

A enfermeira também disse a ele que Margareth procurou pela filha como pôde. Esperava todos os dias um telefonema para saber se ainda estava viva. Não demorou muito e ela acabou se rendendo às enormes emoções sofridas. Teve o primeiro infarto.

"Cortou meu coração!" – pensava Felipe – "o estado debilitante em que ela ficou naquele hospital público, sem recursos e sozinha. Mas, graças a ela, a minha mãe teve uma companhia nos seus últimos meses de vida.".

Ele recostou-se na cadeira e começou a relembrar:

"Estava no último ano de residência e não tinha recursos financeiros para colocar minha mãe em um hospital melhor. Tive de interná-la naquele hospital público, mas consegui que um colega de faculdade, já especialista em Oncologia, a atendesse e a acompanhasse até o fim de seus dias. Estive com ela sempre que pude e, para a minha surpresa, Margareth também. Eram vizinhas na mesma enfermaria do setor de cirurgia. Elas conversavam todos os dias e eu pude perceber o grande bem que Margareth fez à minha mãe.

Quando Margareth teve alta, prometeu à Rita, mãe de Felipe, que voltaria para conversarem, mas três dias se passaram e Margareth não apareceu. Felipe percebeu que o quadro de sua mãe teve uma piora considerável. No quarto dia, ele foi agradavelmente surpreendido por Margareth, que chegou para visitá-la, com um belo sorriso, pedindo desculpas por não ter vindo antes, pois teve de tomar algumas providências inadiáveis que ficaram pendentes com a sua internação repentina.

A partir daí, enquanto a mãe de Felipe se restabelecia, Margareth ia ao hospital duas vezes por semana ou mais.

Felipe ficava bastante preocupado com Margareth, pois ela também ainda estava se restabelecendo e não tinha tanto dinheiro para gastar com transporte. Mas, por mais que insistisse, ela não aceitava o dinheiro que ele lhe oferecia. Algumas vezes, conseguia levá-la para casa, mas ela sempre dizia que estava incomodando. Meu Deus! Não tenho palavras para dizer o quanto Margareth foi importante nos últimos dias de vida de minha mãe! Após sua total recuperação, passou a visitá-la todos os dias, de domingo a domingo. Ela a acompanhou até o fim. E depois a mim, na minha dor.".

Capítulo 07

A cada dia que passava, Margareth estava melhor, mais sorridente e comunicativa.

Paula sentia que sua mãe ficava sempre mais feliz com a presença do doutor Felipe. E o pior é que ela também ficava. Apesar de o comportamento dele não ter melhorado nada em relação a ela, Paula sentia que ele tinha um carinho excessivo por sua mãe, visitando-a sempre que possível e ia além. Trazia-lhe flores e agrados vez por outra, o que provocava em Paula um pouco de ciúmes por desejar que ele tivesse o mesmo comportamento em relação a ela.

"Ora!" – pensava. "O que eu queria? Que ele tivesse a mesma afeição por mim? Eles já se conhecem há mais de doze anos e eu sou uma completa estranha para ele.".

Com um aperto no coração, pensava que também deveria ser uma completa estranha para sua mãe. Elas conversavam um pouco enquanto estava acordada, mas Margareth não tinha iniciativa para fazer qualquer pergunta. Apenas a olhava com os olhos marejados e um sorriso terno. Esperava sua filha lhe perguntar o que quisesse, e a respondia com carinho.

Nessas limitadas conversas, Paula descobriu, enfim, o porquê da relação de ternura que existia entre a sua mãe e o cardiologista, e como Margareth se afeiçoou à mãe de Felipe na época de seu primeiro enfarto. Descobriu também sobre a aposentadoria precoce de sua mãe, por causa de seu coração fraco, e sobre se continuava morando no mesmo lugar de antes.

Em nenhum momento ouviu de Margareth qualquer palavra de desagrado ou mágoa pelo que tinha feito a ela. Para tudo o que Paula perguntava, sua mãe tinha sempre uma resposta amável e gentil para dar. Margareth não sabia, mas a sua atitude trazia mais sofrimento para o coração aflito de Paula. Sentia-se muito culpada pelo que fez e, quanto mais sua mãe demonstrava o seu amor por ela, menos se perdoava pelas atitudes insensatas e cruéis que tivera.

Com relação às despesas do hospital, Paula não descobriu quem as pagou. Questionou de maneira superficial a sua mãe, mas ela demonstrou nada saber.

Numa manhã ensolarada, Paula e Margareth estavam no jardim do hospital quando o doutor Felipe chegou, cumprimentando-as:

— Bom-dia! Eu as procurei no quarto, mas me disseram que estavam aqui passeando. Quem foi o médico irresponsável que permitiu essa saída? – perguntou, sorrindo.

— Ora, meu amigo! – afirmou Margareth, retribuindo o sorriso. Não sei se você o conhece, mas é um dos melhores cardiologistas de nossa cidade. Ele me disse que o sol da manhã me faria muito bem. Então, convidei a minha linda filha para este belo passeio.

Numa atitude irrefletida, o médico olhou para a Paula sorrindo e disse:

– Duas flores neste jardim só podem trazer bons ânimos aos demais enfermos deste hospital!

Paula, encabulada, olhou para o doutor Felipe e se deliciou com o seu sorriso e com aquele elogio.

Este sorriso, porém, durou pouco, porque o médico, ao se lembrar de "quem ela era", pigarreou e ficou sério novamente, pedindo que retornassem para o quarto, pois precisava falar com elas.

Chegando ao quarto, Margareth foi retirada da cadeira de rodas por uma enfermeira e, aproveitando o momento, Paula foi ao banheiro lavar as mãos. Ele as aguardava para lhes dar as últimas notícias.

Quando Paula retornou ao quarto, o médico foi direto ao assunto:

– Margareth, já posso lhe dar alta hoje. Você está bem melhor e não há por que continuar neste hospital. Mas, para que possa voltar à sua casa, precisará da ajuda de alguém que possa ficar ao seu lado enquanto se restabelece. Sei que da primeira vez conseguiu ficar sem acompanhante, mas agora o seu estado de saúde requer mais cuidados, não é aconselhável que fique só – disse, olhando de soslaio para Paula.

Margareth não sabia o que dizer. Morava sozinha há dez anos e não podia pedir para sua filha ficar com ela, pois Paula tinha a sua vida. Também não tinha como pagar alguém para acompanhá-la, porque a sua aposentadoria era pequena e mal dava para cobrir as suas despesas.

Foi Paula quem tomou a iniciativa e falou:

– Doutor Felipe, não precisa se preocupar. Ficarei com mamãe o tempo que for necessário. Tenho alguns dias de férias que não tirei e poderei ficar por algumas semanas. Meu patrão já tem conhecimento da situação em que me encontro e não se opôs a me concedê-las se eu precisasse. Se não for suficiente, veremos o que fazer mais tarde.

Margareth olhou para a sua filha com lágrimas nos olhos. Felipe ficou pasmo. Não esperava essa atitude da parte dela. Queria perguntar pelo seu marido, mas se calou. Não tinha nada a ver com isso.

Margareth, no entanto, não pôde deixar de perguntar:

– Filha! Não pode abandonar o seu marido por tanto tempo. Ele, com certeza, não gostará nada disso.

– Mamãe, não se preocupe. Poderei ficar o tempo que quiser para ajudá-la.

– Muito bem! – disse ele satisfeito. Então, vou assinar os papéis para lhe dar alta, Margareth.

Paula não queria dizer, na frente do médico, que a sua fuga de casa tinha sido em vão. Não queria que ele pensasse que tinha abandonado a sua mãe a troco de nada. Seu orgulho a impedia de dizer que aquele que ela pensava ser o seu marido ideal, seu companheiro e amigo, não abraçou esse papel e que, além de ter sido preso, eles não estavam mais juntos, porque ele já tinha outra família.

Com esses pensamentos atormentados, viu o médico se despedir de sua mãe com muito carinho, e dela, somente com um aceno. Com os olhos marejados, viu doutor Felipe sair daquele quarto sem olhar para trás. Não sabia o porquê, mas ela só queria chorar.

Capítulo 08

Paula e Margareth estavam finalmente em casa.

Enquanto Margareth estava internada, Paula já havia ido à casa de sua mãe. Apesar de ter ficado quase todo o tempo no hospital, precisou ir lá para verificar se tinha contas a pagar, para molhar as plantas, tomar banho, buscar roupas limpas para sua mãe, entre outras coisas.

As lembranças inundaram a mente de Paula quando entrou sozinha na casa em que viveu anos atrás. A casa era térrea, pintada de amarelo e tinha cinco cômodos – dois quartos, uma cozinha, uma sala e um banheiro. Tinha também uma varanda pequena que ficava na parte da frente. Ficou surpresa por seu quarto continuar igual.

Parte do bairro, que era bonitinho e acolhedor, estava bem modificada, parecia abandonada, com algumas ruas que antes eram pavimentadas, mas que agora tinham tantos buracos que não permitiam aos carros andarem mais rápido. Em alguns terrenos baldios tinha muito lixo espalhado, exalando um cheiro ruim que incomodava aos que por ali passavam; algumas casas vizinhas, que antes eram bem cuidadas, agora estavam abandonadas, dando a impressão de serem redutos de criminosos. A sorte é que a parte do bairro onde se localizava a casa de sua mãe ainda parecia limpa e saudável.

Por dentro, a casa continuava a mesma. Toda delicadamente enfeitada com poucos objetos de decoração que davam um ar de muita singeleza ao ambiente, mas eram de extremo bom gosto. A maioria deles trazia à Paula uma lembrança gostosa de sua infância, mas a lembravam também de como fora tola e egoísta. Ali, as lembranças de sua briga com a genitora e a posterior fuga com Fabrício a devastaram. Sua mãe, no entanto, não lhe cobrou nada, não mencionou nada do passado que pudesse lhe causar constrangimento. Isto a fez perceber o quanto sua mãe era especial!

Agora, ao entrar em casa com sua mãe, sua reação emocional foi diferente. Ela se sentia muito feliz por sua mãe estar viva, por ter voltado ao seu lar, por tirar de cima de seus ombros um pouco da culpa que dilacerava o seu coração. Tinha se esquecido de Fabrício, do quanto ele a havia magoado, da imagem dele na prisão com a sua família e de seu sorriso cínico quando foi flagrado por ela. Isso tudo parecia muito distante.

Acomodou Margareth na cama, exausta da vinda do hospital, e foi à cozinha preparar uma refeição para ambas. Paula tinha sido rigorosamente orientada sobre o tipo de alimentação que a mãe poderia comer. Então, fez um caldinho de galinha sem muita gordura e sal para ambas. Viu do corredor que a sua mãe estava dormindo. Também estava bem cansada, parecia que tinha corrido uma maratona e que esta ainda não havia acabado.

Como Margareth não podia ficar muito tempo sem comer, Paula a acordou. Ambas se alimentaram, conversaram um pouco e se recolheram.

No entanto, Paula não conseguiu pegar no sono. Havia muitas perguntas em sua mente, todas sem resposta. Como suas férias não eram eternas, estava em dúvida se deveria ficar ali com a sua mãe ou voltar para a sua cidade, onde tinha um emprego. Se ela fosse embora, como sua mãe ficaria sem o seu auxílio? Agora, mais do nunca, ela precisava dos seus cuidados. Se não ficasse com ela, deveria contar a sua mãe toda a verdade sobre Fabrício? Era muito difícil pensar que teria de sustentar o olhar de sua mãe, dizendo-lhe: "Eu não falei?".

"Ora, estou sendo injusta com mamãe!" – falou alto, como se quisesse espantar os fantasmas que invadiam a sua mente – "Até agora ela não me cobrou nada, não me fez qualquer crítica. Não entendo porque está tão difícil falar sobre isto com ela. Vou contar tudo sobre Fabrício, pois não vou mais cometer o erro de julgá-la antecipadamente. E, se voltar para a minha cidade, levarei mamãe comigo. Lá tenho um emprego e conseguiremos ficar muito bem na minha casinha alugada.".

De repente, pensar em sair da cidade lhe causou uma sensação de desconforto. Em sua mente veio a figura de Felipe com ela nos braços, naquele dia do encontrão no corredor do hospital. A ideia de não vê-lo mais a fez gelar.

"Ah! Eu não posso acreditar! Eu não aprendo nunca? Ele me odeia. Nem me conhece e já me odeia! Como posso estar pensando nele? Talvez até seja casado." – pensou, e sentiu uma pontada forte na boca do estômago que a fez estremecer.

Seus pensamentos agora estavam todos naquele médico que a tratava com desdém. Ficou marcado que ela teria de levar Margareth ao seu consultório dali a cinco dias, e Paula se surpreendeu ansiosa por aquela visita. Não sabia o que tinha de tão especial, mas ele lhe provocava uma sensação de conforto e de segurança que jamais sentiu com Fabrício. Queria estar com ele, rir com ele e ser uma pessoa especial para ele. Infelizmente, isso não aconteceria jamais. Ele conhecia o seu passado e não a perdoaria pelo que tinha feito à sua mãe.

Talvez este fosse um bom motivo para irem embora daquela cidade. Pelo menos, estaria longe dele. Mas e a sua mãe? Como conseguiriam outro médico cardiologista tão competente que quisesse acompanhá-la sem elas terem recursos? Não seria fácil, pois notou durante a internação de sua mãe que ele fazia mais do que era profissionalmente exigido.

Bem, de qualquer forma, não poderia resolver isso agora. Somente após a consulta poderiam tomar qualquer decisão.

"E ela já estava marcada para dali a cinco dias." – pensou, feliz.

Capítulo 09

Paula estava sentada na sala de espera do consultório do doutor Felipe, sentindo-se nervosa e apreensiva. Pensava se ele seria cortês ou a trataria de forma seca, como das outras vezes em que se encontraram.

Não parava de pensar no que falaria para ele, em como o cumprimentaria ou como ele a olharia agora, depois de ver que ela não havia abandonado sua mãe de novo. Eram muitas indagações que iam e vinham à sua mente, e ela quase não escutava quando dona Margareth lhe dirigia a palavra.

Após quinze minutos de espera, foram chamadas. Ele as esperava sentado atrás da mesa e levantou-se quando as viu entrar. Dirigiu-se à Margareth e parecia evitar olhar para Paula. Após ter cumprimentado a sua paciente, porém, olhou educadamente para ela, e um sorriso de aprovação lhe passou pela face.

Ela realmente estava muito bonita! Havia se preparado com esmero para a consulta. Tinha bom gosto e não era exagerada.

Havia se maquiado, colocou uma roupa bonita e o cabelo estava bem penteado.

Seus devaneios foram interrompidos pelas perguntas de praxe que o doutor Felipe fazia à Margareth: "Como a senhora passou esses últimos dias?", "Sentiu alguma tonteira ou falta de ar?".

Paula tentou se concentrar nas orientações que eram passadas para a sua mãe, sentindo-se um pouco chateada por ele não ter mudado o seu comportamento em relação a ela.

Bem, havia percebido o olhar de aprovação dele, mas o que ela queria com aquilo tudo? Sabia que tinha se arrumado para ele, porém, não sabia nada sobre ele a não ser que era muito competente, gostava de sua mãe e não usava aliança. Mas isso nada significava, porque muitos homens comprometidos também não costumavam usar, assim como Fabrício, que recusou o uso desde o início. Muitas vezes, Paula pensou em perguntar para sua mãe sobre o médico, mas não teve coragem de fazê-lo.

Seus pensamentos foram interrompidos quando sua mãe a tocou, chamando a sua atenção:

– Paula, o doutor Felipe está perguntando até quando você poderá ficar aqui?

Paula enrubesceu. Sabia que ele deveria ter lhe perguntado pelo menos duas vezes até que sua mãe chamasse sua atenção.

– Desculpe, estava longe! Eu ainda tenho uns quinze dias das férias atuais e mais uns vinte dias das acumuladas. Depois, terei de voltar.

— É uma pena! A recuperação de Margareth exigirá mais tempo e ela realmente precisará de ajuda.

Num rompante, Paula afirmou:

— Se a minha mãe precisar, ficarei aqui para sempre.

Achou ter notado no rosto do médico um misto de surpresa e aprovação, mas devia ser apenas sua imaginação.

— Precisarei vê-la novamente daqui a cinco dias, Margareth. Os pontos estão ótimos e estou muito contente com a sua recuperação.

Paula confirmou que retornariam dali a cinco dias. Eles se despediram, mas, ao contrário de antes, observou que ele a olhava de maneira diferente. Tinha um olhar satisfeito e intenso. Seu coração pulava sem parar e condenou-se por parecer uma adolescente em seu primeiro encontro.

Como eram as últimas pacientes daquele dia, o médico ofereceu-se para levá-las em casa. Apesar de Paula ter ficado contente de poder estar perto dele mais um pouquinho, ficou preocupada se sua mãe iria aprovar a ideia. Como ela nada disse, e percebendo o intenso cansaço que já demonstrava, aceitou a carona, e ele as levou para casa.

Foram momentos muito agradáveis, em que falaram sobre amenidades. Elas riam de suas colocações espirituosas sobre o tempo ou sobre como as pessoas estavam impacientes com a vida. Tratava sobre qualquer assunto com simplicidade, sem críticas e com uma pitada de graça. Paula sentiu uma ponta de tristeza quando entraram no bairro e percebeu que aquele bate-papo iria acabar.

Quando chegaram, Felipe ajudou dona Margareth a sair do carro e levou-a para dentro de casa. Quando estava para sair, Paula, num impulso, perguntou se ele não gostaria de jantar com elas.

– Vou preparar uma sopinha gostosa e...

Ruborizou-se. Não conseguiu continuar!

"Onde eu estou com a cabeça para oferecer sopa a um médico que deveria estar acostumado com coisas mais luxuosas em seu jantar?" – pensou consigo.

Ele abriu um sorriso sincero e disse que adoraria. E acrescentou:

– Contanto que seja gostosa! – ressaltou o adjetivo, e riu como uma criança.

Capítulo 10

Paula acordou muito feliz.

Doutor Felipe, ou Felipe, como pediu que ela o chamasse, ficou aproximadamente duas horas conversando com elas. Ele adaptou o sofá da sala para que Margareth ficasse bem acomodada e pudesse participar da conversa e só foi embora quando percebeu que ela precisava descansar. Foi tudo muito divertido.

Ele não se parecia nem um pouco com aquele médico ríspido que conheceu no início. Era alegre, espirituoso e bem-humorado.

Na noite anterior, Paula havia tomado uma decisão: iria procurar um emprego naquela localidade, pois não teria como ir embora, já que sua mãe precisava dela. Não iria abandoná-la novamente.

Sabia que tinha muitas qualidades como secretária. Tinha experiência e era muito elogiada no escritório em que trabalhava. Era bastante esforçada e não fazia corpo mole para resolver os problemas que requeriam resolução. Iria ligar para o escritório, informando sobre suas dificuldades e questionar o que teria de fazer para se afastar do emprego sem prejudicar os seus colegas de trabalho. Também precisaria de uma carta de recomendação, o que achava não ser difícil conseguir.

Já havia se passado quinze dias do seu retorno e, com certeza, sua mãe já estranhava o fato de Fabrício jamais ter ligado pra ela ou vice versa. Pela primeira vez, Margareth perguntou por ele:

– Minha filha, é claro que fico muito feliz diante de sua decisão, mas, quando saiu daqui, não foi só. O que aconteceu com Fabrício? Vocês não estão mais juntos?

Até aquele momento Paula não tinha conversado com sua mãe sobre este assunto. Apesar de já ter tomado a decisão de contar tudo há mais tempo, não sabia como fazer isto. Sempre que tentava, algo a impedia. Era como se uma voz dentro dela dissesse que sua mãe iria humilhá-la pelas escolhas equivocadas que fez no passado e, infelizmente, ela acreditava nessa voz.

Agora, sabia que teria de abrir o seu coração, mesmo porque já era tempo de enfrentar as consequências de seus atos.

– Mãe, é notório que eu e Fabrício não estamos mais juntos. Agradeço pelo fato de a senhora ter tentado me poupar desse assunto, não me questionando, quando seria mais do que natural fazê-lo. Esse é um assunto bastante delicado para mim e que me envergonha demais. Fiz uma escolha no passado que me fez sofrer muito. E eu, orgulhosa como sou, não tive coragem de pedir ajuda à senhora quando o meu mundo desabou.

Após um suspiro, ela continuou:

– Estava tentando levar a vida que escolhi quando me ligaram dizendo que a senhora tinha falecido e que era para eu me dirigir ao hospital o mais rápido possível para a preparação do funeral. Foi uma punhalada em meu peito, mãe. Meu chão se abriu e eu acreditei que nunca mais a veria ou conversaria com a senhora. Vim pra cá pensando em tudo o que queria lhe dizer nesses anos todos de afastamento e não disse por vergonha e orgulho. O pior é que, ao descobrir que estava bem, em vez de confiar no seu coração, tive vergonha novamente e não lhe contei as minhas dores. Mais uma vez me deixei levar por um orgulho bobo, que jamais foi um bom conselheiro para mim.

Paula estava com os olhos cheios d'água e Margareth também, mas deixou a filha desabafar toda a sua dor:

– Mãe, Fabrício me traiu, e de várias maneiras. Levou-me para longe daqui com promessas de casamento que jamais se cumpriram. A senhora não vai acreditar, mas ele já tinha outra família. Há alguns meses foi preso, e somente então eu soube que ele era pai de três crianças que foram geradas antes e durante o período em que esteve comigo. Ele sempre viveu às minhas custas e eu sempre aceitei. Não queria dar o braço a torcer e admitir que a senhora estava certa, e eu errada. Estou com dívida no banco por causa dele e, da mesma forma que a senhora, tive de pegar mais de um emprego para nos sustentar e pagar todas as despesas. Nos finais de semana eu era faxineira, digitadora e babá porque ele só se preocupava em levar o que eu ganhava para a outra família.

Paula respirou fundo e continuou:

– Pelo menos, ele não me deixou ter um filho, dizia sempre que não era o momento. Agora, felizmente, nada me liga a ele, e eu estou livre. Posso ficar aqui com a senhora e me preocupar com quem realmente gosta de mim.

Margareth abraçou-a amorosamente. Jamais desejou que retornasse ao lar triste e desamparada, e sempre rezou para que Paula tivesse achado o homem da vida dela e fosse muito feliz. Entretanto, diante de tantas experiências doloridas, Margareth acreditava que aquele emaranhado de situações trazia bons aprendizados a ambas. Com muita ternura, disse:

— Filha minha, preste atenção! Não estou aqui para criticá-la e tampouco menosprezar as dores pelas quais passou, mas não culpe somente o Fabrício pelos momentos que viveu. Entenda que você também foi uma agente ativa para as circunstâncias vividas, pois não quis enxergar o que estava errado, como você bem colocou. Se ele se aproveitou de você foi com a sua permissão. Seja qual for o motivo que a levou a aceitar viver assim, ele foi forte o suficiente para que vivessem nessas condições por dez anos. Isso, porém, é passado, e você deve deixar nele tudo que viveu e usar os aprendizados adquiridos nos novos momentos que virão.

Paula a abraçou fortemente e chorou, pedindo, entre soluços, o perdão materno.

— Querida, nada tenho a perdoar. Você buscou o seu caminho e encontrou flores e espinhos. Quem sou eu para dizer que essa experiência foi ruim se ambas aprendemos com isso? Quando você foi embora, fiquei muito desalentada. Tive problemas de saúde, mas conheci pessoas preciosas que me ajudaram muito a superar as dificuldades. Você também aprendeu a duras penas o que era viver, pois, sem perceber, eu a superprotegia, e não possibilitava seu amadurecimento.

Se observarmos bem, ante os caminhos escolhidos por nós, aprendemos muito e somos melhores hoje. Que possamos caminhar para a frente e, se tivermos de olhar para trás, que isso possa ser utilizado apenas para nosso aprendizado, nada mais.

Paula ficou mais um pouco nos braços de sua mãe, pensando em suas lindas lições de amor. Sentia o coração materno palpitar e agradeceu a Deus pelas bênçãos da reconciliação.

Capítulo II

Naquela mesma tarde, Paula entrou em contato com seu antigo empregador, avisando-o de que não poderia mais voltar ao emprego em função do estado de saúde de sua mãe.

Apesar de penalizado, ele a tranquilizou, dizendo que a sua substituta estava tendo um bom desempenho, e acrescentou:

— Faremos o seguinte: depositarei na sua conta amanhã, ou no mais tardar depois de amanhã, os valores devidos pela sua rescisão de trabalho. Como confio plenamente em você, enviarei o termo de rescisão pelos Correios. Quando o receber, é só assinar e devolver a minha via para os nossos arquivos. Se houver qualquer dúvida sobre os valores, é só entrar em contato.

Seu patrão prometeu que a carta de recomendação seria enviada também, e que os documentos chegariam na semana seguinte.

Paula ficou um pouco triste porque, mais uma vez, percebeu como as pessoas com quem trabalhava eram boas amigas, mas precisava fazer isso pela sua mãe.

Assim que desligou o telefone, Paula tomou a resolução de retornar à sua antiga residência o mais rápido possível para embalar as suas coisas e enviá-las para a casa de sua mãe. Se providenciasse tudo com rapidez, poderia rescindir o contrato de locação e não teria de pagar mais um mês de aluguel. Era só achar alguém que pudesse ficar com Margareth.

Conseguiu que uma vizinha e antiga amiga de sua mãe ficasse com ela enquanto estivesse viajando. Prometeu-lhe um pagamento pelo trabalho, mas dona Cândida não aceitou.

– Margareth ficou ao meu lado muitas vezes, quando estive doente, e não será agora que lhe darei as costas. Pode ir tranquila, minha filha, eu a ajudarei – disse dona Cândida.

No dia seguinte, bem cedinho, Paula pegou o primeiro ônibus que saía para a sua casa e chegou lá quase no horário do almoço. Como não teria tempo para almoçar, comeu apenas uns biscoitos e enlatados que tinha na despensa. Jogou fora os alimentos que estragaram pelo tempo em que ficou fora, comeu o que sobrou e começou a embalar as suas coisas. Não tinha muito para levar, mas embalou o pouco que tinha com carinho.

Doou a uma instituição carente, próxima de sua casa, os utensílios domésticos e eletrodomésticos que a sua mãe já possuía, bem como alguns móveis que não mais lhe serviriam. As doações foram rapidamente aceitas.

No dia seguinte, o pequeno caminhão que transportaria suas coisas apareceu logo cedo e, às onze horas, já estava com tudo dentro dele.

Ao sair, Paula parou diante da porta de entrada daquela casa que foi o seu lar pelos últimos dez anos, e falou consigo mesma:

"Ainda bem que não precisei me preocupar com as coisas do Fabrício. Espero que a sua companheira as tenha recebido.".

Paula pensou na esposa de Fabrício, que parecia ser uma boa pessoa. Percebeu o quanto havia ficado triste, naquele dia, ao entender o que ele fez com elas, mas parecia não ter forças para modificar essa relação, talvez pelos filhos. Em razão disso, quando despachou as coisas de Fabrício, enviou também uma carta explicando que não sabia da existência da sua família e pedindo desculpas por qualquer desgosto. Desejou sorte a ela e aos filhos para conseguirem enfrentar aquela situação tão difícil que era vê-lo na prisão. Explicou que o advogado tinha sido contratado para a defesa dele até o fim do processo e mandou o contrato original para qualquer eventualidade.

Na verdade, quando estava separando as coisas dele, teve vontade de queimar tudo, mas não conseguiu fazer isso. Pensou que, se devolvesse tudo o que era dele, nada mais existiria entre eles e, assim, estaria livre. Após alguns dias do flagrante no presídio, ela, determinada, conseguiu o endereço de Dalva com o advogado que contratou para a defesa dele e enviou tudo para a esposa.

É claro que, após ter sido flagrado na prisão, Fabrício pensou que não teria Paula mais ao seu lado e então, deixou com o advogado o endereço de sua esposa para qualquer eventualidade.

Ao sair de seu antigo lar, foi à casa do locatário do imóvel e, explicando o ocorrido, pagou a ele tudo o que devia, entregando-lhe as chaves do imóvel sem precisar pagar multa.

Como terminou tudo antes do planejado e do horário de sua viagem, que seria à noite, foi ao seu antigo emprego para se despedir dos amigos. Agradeceu muito ao senhor Tiago pela compreensão que teve naquele momento de dificuldade e pela oportunidade que tinha dado, há dez anos, a uma menina sem um currículo especial, mas com muita determinação para aprender. Ele, generoso e compreensivo, disse:

– Ora, sou eu quem deve agradecer. Você foi uma funcionária dedicada e jamais me decepcionou. Se soubesse que viria aqui hoje, entregar-lhe-ia os seus documentos em mãos, mas eles já foram enviados pelos Correios.

O senhor Tiago já estava beirando os sessenta anos e, quando a conheceu, já tinha um grande número de clientes. Porém, enfrentava um grave problema causado pela falta de organização – o escritório estava perdendo prazos e, com isso, seus clientes também.

Nesta época, Paula havia sido contratada apenas como secretária para atender telefonemas e anotar recados. No entanto, ao perceber o problema, começou a organizar os papéis e os processos também. Com a estrutura que montou, tudo foi se encaixando e o escritório teve uma melhora considerável nas atividades que lhe eram próprias, os prejuízos foram minorados e outros clientes, conquistados.

Essa era a razão pela qual o senhor Tiago a admirava tanto.

– Não tem problema, senhor Tiago. Também não sabia se conseguiria ver vocês. Obrigada a todos, por tudo. – disse, despedindo-se com lágrimas nos olhos.

Estava feliz porque, no coração daqueles que ficaram, soube construir uma bela amizade.

Capítulo 12

Chegando em casa no sábado, a primeira coisa que Paula viu foram as caixas de sua mudança no canto da sala.

"Que bom! Tudo chegou inteiro ontem." – pensou.

Paula viu que dona Cândida já estava na cozinha fazendo o café da manhã. Ela não tinha visto Paula chegar e esta ficou a observá-la. Era uma senhorinha rechonchuda, bem branquinha, tinha as bochechas rosadas e estava sempre a sorrir. Cantarolava baixinho e, ao ver Paula em pé na porta, veio abraçá-la, dando notícias sobre os dias de seu afastamento:

– Minha filha, sua mãe é uma ótima paciente, não me deu trabalho nenhum! Ao contrário de mim que, quando fico doente, sou uma dengosa profissional – falou, rindo abertamente.

Paula riu muito do comentário e do jeito maroto da dona Cândida.

Esta logo voltou a falar, dizendo à Paula:

– Pode ficar à vontade que vou terminar o que comecei. Tome um banho e depois venha com a sua mãe para tomar o café.

Paula estava com muita saudade de sua mãe e não vacilou em ir ao seu quarto. Infelizmente, Margareth estava dormindo. Tinha um sorriso leve nos lábios e parecia que o seu sonho era lindo, pois estava serena e feliz.

Paula não a acordou. Saiu e foi até o seu quarto guardar a sua mala, sem desfazê-la. Faria isso depois. Precisava tomar um banho rápido e dispensar dona Cândida, que já estava fora de casa há dois dias.

Após o banho, mais recomposta, Paula foi até a cozinha e encontrou a mesa arrumada com esmero.

– Dona Cândida, não tenho como lhe agradecer por tudo o que fez por nós.

– Ora, Paula, você não sabe o que sua mãe já fez por mim. Você esteve fora por muito tempo e, quando mais nova, não percebia a elevação moral de sua mãe. Todos nós aqui da vizinhança já fomos beneficiados por ela em algum momento, seja como alvo do seu carinho quando estávamos sós, seja por algum dinheiro que não tínhamos onde conseguir. Ela sempre esteve aqui para nos ajudar.

Você sabia que o filho da Otília, o Tavinho, sofreu um acidente e quase morreu? A Otília precisava de recursos financeiros para uma operação que o sistema público somente oferecia meses depois. Quando sua mãe soube do problema, saiu de porta em porta para conseguir qualquer colaboração para a operação de Tavinho. Fiquei sabendo que ela foi além do nosso próprio bairro. Em quatro dias, conseguiu um valor considerável e, juntando com o que os pais já tinham, ele foi operado. Esta é sua mãe, minha filha,

Paula estava comovida e envergonhada. Realmente, dona Cândida tinha razão, ela não conhecia a sua mãe. Tinha em casa um ser precioso e quase o perdeu por causa do seu orgulho infantil.

— Veja se Margareth já acordou para que possamos tomar o café da manhã juntas.

Paula foi até o quarto de sua mãe que já estava acordando. Ela a ajudou a se levantar e a passar uma água no rosto para espantar o sono. Margareth estava tomando remédios fortes que lhe causavam sonolência, mas, como foi pedido para ela se locomover dentro de casa fazia sempre as refeições à mesa.

Chegaram à cozinha, sorridentes, e dona Cândida estava terminando de colocar o pão sobre a mesa.

Conversaram muito e, após o café, assim que acomodaram Margareth no seu quarto, dona Cândida ajudou Paula a arrumar a bagunça. Depois, foi juntar suas coisas para voltar para casa.

Quando dona Cândida se foi, Paula refletiu sobre como as últimas experiências vividas estavam lhe abrindo os olhos. Jamais tinha notado o quanto as amizades conquistadas eram valorosas e sinceras. Ela teve de passar por maus momentos para poder valorizar tudo isso na vida.

Foi para o seu quarto arrumar as coisas e desfazer a mala. Depois, foi desfazer as caixas da mudança, parando somente para preparar a comida do almoço e do jantar e fazer as refeições com sua mãe. Até às vinte e duas horas, ela ainda não havia terminado. Acabou deixando o resto para o outro dia, pois estava muito cansada.

Na parte da tarde de domingo, aproveitou para lavar e passar as roupas que tinham se acumulado, bem como as sujas que tinha trazido de seu antigo lar. Queria fazer tudo naquele final de semana, como se, ao fazer isso, pudesse deixar todo o seu passado enegrecido para trás.

Enquanto faxinava, resolveu que não procuraria emprego ainda. Conversaria com Felipe sobre o assunto, pois sua mãe ainda precisava de apoio. Com o dinheiro que ela recebeu da rescisão, daria para ficar um pequeno período sem trabalhar e ajudar sua mãe. Quando esta não dependesse mais de seus cuidados ou o seu dinheiro tivesse acabando, ela procuraria um emprego. Tinha ao menos uma certeza: não dependeria da aposentadoria dela. Pensava em guardá-la para qualquer emergência de saúde da mãe porque tinha visto o quanto havia ficado sua internação e, mesmo que não pudessem ter um quarto particular novamente, pelo menos teriam um pouco de dignidade se algo acontecesse.

Capítulo 13

Chegou o grande dia para Paula. Ela e Margareth retornariam ao consultório de Felipe.

Paula estava ansiosa para vê-lo novamente, pois não se viam desde a última consulta. Tinha notado que ele ficou mais tranquilo e aberto naqueles momentos e isso lhe deu esperanças de que, pelo menos, pudessem ser amigos.

Naquele dia, porém, ele teve uma cirurgia de emergência e teve de desmarcar todas as consultas em seu consultório. Quando Paula soube disso, ficou extremamente decepcionada, mas nada pôde fazer a não ser marcar a próxima consulta para dali a dois dias.

Margareth percebeu a decepção da filha e perguntou se ela estava bem:

— Sim, está tudo bem – respondeu, tentando disfarçar as emoções. Precisava conversar com o Felipe sobre quando poderei começar a trabalhar.

Ao ver uma sombra de tristeza no rosto de sua mãe, Paula explicou:

– Por favor, não pense que a senhora está me atrapalhando, não é isso. É que não quero ficar nas suas costas como já fiz antes. Sou outra pessoa, mamãe e, se ainda não mudei completamente, quero fazê-lo logo.

– Minha filha, não estou lhe cobrando nada. Sei que está sem trabalhar por minha causa e é mais do que justo que usemos a minha aposentadoria para o pagamento das despesas da casa. Quando voltar a trabalhar, poderemos dividir as despesas, se acha que assim se sentirá melhor.

– Eu ainda tenho o dinheiro que recebi da minha rescisão. Não é muito porque o meu salário também não era alto e ainda devo o empréstimo que pago todo mês, mas o que tenho dá para ficarmos tranquilas por um tempo. Não posso receber o auxílio desemprego, pois pedi demissão. Então, não adianta ficarmos aqui cogitando nada. Quando voltarmos ao consultório do Felipe, poderei perguntar sobre isso tudo. Agora, já que estamos na rua, vamos tomar um sorvete? Hoje está bem quente e a senhora precisa se refrescar.

Margareth estava muito feliz com as mudanças ocorridas em sua filha. Ela estava mais amadurecida, responsável, voltada às necessidades do próximo. Quando era mais jovem, não se importava com os outros. Apesar de a mãe sempre tentar levar ao seu coração o entendimento de que não vivemos sozinhos e que devemos nos importar com as necessidades alheias, ela não queria saber disso. Margareth sempre acreditou que isso acontecia em função da imaturidade e da pouca idade da filha. Quando ela saiu de casa, pensou que a tinha perdido para sempre.

Que bela surpresa quando abriu os olhos no hospital e a viu ao seu lado! Rezava todos os dias para que ela fosse feliz, mesmo que para isso precisasse ficar longe. Mas o seu coração sempre ficava apertado por não saber se a filha estava bem ou mesmo viva.

Agora, Margareth estava tranquila. Apesar dos pesares, Paula estava de volta e parecia ter encontrado um pouco de felicidade.

Margareth suspeitava que Paula estivesse interessada em Felipe. Ela nada comentou com a mãe, mas, toda vez que se encontravam, Paula parecia se iluminar. O problema é que, segundo o seu conhecimento, Felipe tinha uma namorada de longa data. Ainda não eram noivos, mas isso devia ser uma questão de tempo.

Após tomarem o sorvete, foram para casa. Paula pediu à dona Cândida que ficasse um pouco com sua mãe, pois precisava ir ao mercado comprar alguns mantimentos e a amiga logo aceitou o pedido, sem pestanejar.

Quando estava no mercado, Paula observou que um rapaz bastante atraente a estava encarando. Tinha a impressão de conhecê-lo, mas não sabia quem poderia ser. Na sessão de enlatados, ele a abordou:

— Seu nome é Paula, não é?

— Sim – respondeu, olhando-o de maneira curiosa.

— Você não se lembra de mim? Meu nome é Mário, fomos vizinhos na infância e brincávamos juntos lá no terreirinho. Sou filho do Cleto e da Carmem.

— Claro, Mário! Eu bem estava reconhecendo-o de algum lugar, mas você está muito mudado, nem parece aquele menino magricela de antes.

— É verdade! Cresci bastante e fiquei um pouco mais forte, não é? – deu uma gargalhada, olhando para si mesmo. Mário era um rapaz bonito, alto, de cabelos crespos, pretos, bem forte e musculoso.

— E como estão seus pais?

— Minha mãe ficou muito doente nesses últimos anos, o que nos levou a procurar um lugar mais tranquilo para morarmos. Infelizmente, ela morreu há pouco mais de um ano e, por isso, eu e meu pai resolvemos voltar para cá. Ele queria se lembrar dela nos momentos felizes de suas vidas e não lá, onde ela lutou muito para sobreviver.

— Eu sinto muito.

— Tudo bem, isso já passou. Que bom que nos encontramos! Vamos nos ver novamente? Sair para comer alguma coisa?

— Eu adoraria, mas a minha mãe acabou de fazer uma cirurgia e preciso estar com ela. Mas, me liga. Quem sabe, não é?

Paula passou-lhe o número de seu telefone e foi embora com uma sensação estranha. Mário foi um dos seus amigos de infância e, agora, não parecia ser diferente. Porém, da mesma forma de quando eram crianças, havia algo nele que a amedrontava e ela não sabia o quê.

Capítulo 14

Paula estava em sua cama, pronta para dormir. No dia seguinte, iriam ao consultório de Felipe e estava bastante ansiosa por isso.

Ainda não havia tido coragem de perguntar nada sobre ele à sua mãe. Tinha certeza de que Margareth sabia alguma coisa a mais sobre a vida particular dele, mas tinha medo de descobrir algo que não fosse do seu agrado, como, por exemplo, o fato de ele ser casado.

Já teve tantas decepções com Fabrício que tinha medo de se envolver novamente. Isso, no entanto, não a impedia de sentir algo por aquele médico tão contraditório, que ora a olhava com desprezo, ora com paixão.

Da última vez em que se viram, ele a olhou com uma intensidade que fez seu coração bater mais rápido, mostrando-se muito atencioso e cortês, bem diferente daquele médico que sempre a encarava com desprezo no hospital.

"Bem, não adianta ficar fantasiando os sentimentos dele" – pensou ela. Precisava dormir porque a consulta na manhã seguinte era bem cedo e elas precisavam pegar a condução mais cedo ainda.

Margareth, já deitada em seu quarto, tentava se concentrar para a oração de agradecimento que fazia todas as noites, mas estava tendo dificuldades para tal. Muitas lembranças do passado teimavam em ocupar seus pensamentos. Lembrava-se de que quando Paula se foi ela se sentiu muito só e entrou em profunda depressão. Acreditava que tinha errado muito com a sua garotinha e ficava pensando que, se tivesse agido diferente, ela não teria ido embora, que se tivesse sido mais compreensiva, ela teria escutado os seus conselhos e não teria fugido com aquele rapaz irresponsável.

Naquela época, ao mesmo tempo em que pensava assim, também achava que Paula tinha sido ingrata, que não valorizava nada do que recebia, e a mistura de todos esses pensamentos e sentimentos conflituosos não lhe fez bem. Sentia-se tão culpada e injustiçada que seu coração, que já não estava bem, não aguentou e enfartou.

Após a operação cardíaca, Margareth ficou internada por um bom tempo, e foi aí que começou uma nova etapa de sua vida. Conheceu Pâmela, uma enfermeira do hospital que a ajudou muito, pois percebeu que ela não tinha familiares para lhe fazer companhia, apesar de receber a visita de amigos em alguns momentos, e de ter feito amizade com a mãe de Felipe. Então, Pâmela sempre aproveitava o seu tempo de descanso para ficar alguns minutos com Margareth. No início, a enfermeira levava o jornal diário para ela, conversavam sobre amenidades e as notícias do mundo.

Um dia, Pâmela encontrou-a chorando em seu leito. Rita, mãe de Felipe, estava dormindo no leito ao lado. Ela perguntou à Margareth o que a incomodava e, pela primeira vez, se abriu por inteiro com a amiga. Estava tão abafada que lhe revelou a fuga de sua filha, a sua culpa por não ter aceitado as suas escolhas e tudo o mais.

Margareth tinha a esperança de ouvir de sua amiga que não era ela a culpada, e que a sua filha era mesmo uma irresponsável, mas não foi nada disso que ouviu. Pâmela, ao contrário do que esperava, não a apoiou. Confirmou o que Margareth mais temia: que, sem dúvida, era a culpada pela reação de sua filha, pois Paula somente agiu como Margareth a havia ensinado, e que ela estava sentindo pena de si mesma. Tudo isso foi um choque para ela, pois pensou que iria receber o apoio da amiga, o que não ocorreu.

Porém, antes de Pâmela terminar, Margareth escutou de sua amiga um "mas":

— Mas, tudo o que fez, fez porque era como você acreditava ser o correto. Ora, em algum momento, você quis o pior para a sua filha? Quando não lhe cobrava nada, nenhuma responsabilidade, pensava em transformá-la em uma egoísta? Quando a poupava de pagar pelas despesas domésticas e, por isso, trabalhava sempre mais, pensava que ela não iria considerar o seu sacrifício? Não! Ao contrário, pensava que iria usá-la como exemplo para fazer a mesma coisa pelos que amava. Você estava fazendo o seu melhor, minha amiga. Entenda que somente ela irá se responsabilizar pelas atitudes dela e que, com relação às suas, cabe a você enxergar corretamente e aprender com elas.

Parou por alguns segundos e continuou:

– Margareth, a vida vai além do que enxergamos. Estamos aqui para aprender, para entender o que é o melhor para nós e, por consequência, para o próximo. Veja como a vida é sábia. É certo que você sempre foi uma boa mãe e uma boa amiga. Vi, nesse pequeno período em que está aqui neste hospital, que recebeu a visita de amigos sinceros lhe trazendo o carinho que plantou em cada um e eles são gratos por isso. Para sua filha, entretanto, seja por qual motivo for, quis dar mais do que ela merecia. O ponto crucial é que somente pôde perceber isso quando ela reagiu e se foi. Como poderia saber?

Pâmela dá uns segundos para Margareth pensar e continua:

– Você era igualmente prestativa com todos os seus amigos? Acredito que, para ajudá-los, no mínimo, formava um juízo de valor para saber se alguns mereciam os seus préstimos e outros, nem tanto. Se fosse a filha de uma amiga sua, teria aconselhado esta amiga a agir como agiu? Acredito que, ao responder com honestidade a todas essas perguntas, começará a entender o curso que deu à sua vida.

Margareth não levantava a cabeça. Estava pensativa.

Pâmela despediu-se da amiga e saiu para que ela pensasse. Era hora de Margareth ser honesta consigo mesma. Sabia que poderia criar uma barreira entre elas falando o que falou, mas já era hora de parar de sofrer e de se ver como vítima das circunstâncias. No dia seguinte, Pâmela esperava ver o resultado de sua semeadura.

Margareth estava muito confusa. Nunca tinha pensado daquela forma. Analisando profundamente, Pâmela tinha razão em dizer que, se Paula fosse filha de uma amiga, ela a teria aconselhado a abrir os olhos e teria pensado que os pais não estavam enxergando o mal que aquela educação poderia produzir.

Falou consigo mesma: "Meu Deus! Se tivesse me colocado como uma pessoa estranha àquela relação, teria condenado a atitude da mãe que não estava dando à filha as responsabilidades necessárias para a construção de seu caráter. Como poderia estar certo Paula me ver trabalhando o tempo todo e jamais se preocupar com o meu bem-estar? E o pior é que como poderia ela ter noção de tudo isso se eu não a chamava para agir com mais responsabilidade frente às dificuldades que enfrentávamos? Pâmela tem razão. Não sou vítima, porque colaborei para que aqueles resultados ocorressem.".

Margareth sentia-se exposta. Até então, achava que tinha sido injustiçada por Paula e por Deus. Sabia que tinha errado, mas não ao ponto de ter sido ela a dar motivos para sua filha se transformar em uma ingrata, não lhe dando o devido valor. No fundo, achava-se uma pessoa boa, e que Deus não lhe havia concedido a felicidade de ter uma vida tranquila.

Pâmela a fez ver que ela contribuiu muito para que tudo tivesse ocorrido. Era uma verdade dolorosa, mas, apesar disso, a amiga também havia lhe tirado o peso que sentia por sua falta ao afirmar que ela estava fazendo o que sabia fazer, que a sua intenção tinha sido a melhor possível, e isso era a pura verdade.

Por mais estranho que parecesse, ela a consolou, trazendo tranquilidade ao seu coração com a exposição da verdade. Naquele momento, Margareth agradeceu a Deus pela amiga conquistada.

No dia seguinte, Pâmela aguardou o horário da quimioterapia de Rita e, após a saída dela do quarto, aproximou-se da cama de Margareth carregando um livro na mão e um sorriso lindo nos lábios. Em seus olhos transparecia uma interrogação silenciosa: "Ainda é minha amiga?".

Margareth retribuiu o sorriso assim que a viu, e as duas conversaram bastante durante todo o tempo disponível. Quando se despediram, não tinha palavras para agradecer por tanto carinho. Já na porta, Pâmela se virou e a viu olhando com curiosidade para o livro que estava em suas mãos.

Voltando à realidade, Margareth sorriu. A partir daquele dia, ela iniciara a sua jornada para se tornar uma pessoa diferente.

Capítulo 15

No dia seguinte, bem cedinho, Margareth acordou e já sentiu o cheiro de um café fresquinho. Sorriu consigo mesma pensando que Paula estava mais ansiosa do que ela para a consulta que teriam hoje.

Paula, na cozinha, cantava baixinho uma melodia de sua infância enquanto passava manteiga no pão. Esperava sua mãe acordar para que tomassem café e saíssem.

Tinha muitas dúvidas para tirar com Felipe e, se Deus quisesse, essa consulta não seria desmarcada.

Paula sorriu de leve com a lembrança do sonho que tivera naquela noite. Sua mãe entrou na cozinha no mesmo momento e, percebendo o sorriso, perguntou:

— Viu passarinho verde hoje?

Com uma risadinha leve, Paula respondeu:

– Eu tive um sonho tão bonito! Estava me lembrando dele.

– Sonhou com algum namorado não revelado? – perguntou Margareth com um sorriso maroto.

– Não, mãe! Eu lhe contei o que Fabrício aprontou comigo e ainda estou tentando me recuperar dessa traição. Não tenho ninguém. Mas, voltando ao meu sonho: eu estava em uma praça com um jardim lindíssimo e um riacho resplandecente com algumas crianças nadando felizes. Junto comigo via amigos que agora, não consigo saber quem eram. Estávamos todos conversando, e a última coisa de que me lembro foi ter visto Felipe chegando também, bastante sorridente. Pena que foi apenas um sonho, pois me sentia muito à vontade naquele lugar.

Suspirou e, abrindo um sorriso, disse:

– Mudando de assunto, ontem encontrei o Mário, filho do Cleto e da Carmem. Lembra-se dele?

– Sim, lembro. Mas eles não tinham mudado?

– Sim, mas ele me disse que voltaram. Dona Carmem faleceu e o senhor Cleto não queria mais continuar morando onde sofreram tanto.

– É, não deve ter sido fácil. Mário deu muito trabalho na época. A família achou melhor mudar daqui para que ele pudesse se afastar...

– Ué! Ele me disse que mudaram por problemas de saúde da mãe! – exclamou Paula, interrompendo Margareth.

— Não foi o que eu soube, era o Mário que estava com problemas. A própria Carmem veio me procurar, logo no início, para desabafar as suas angústias.

Margareth parou de falar e ficou pensativa. Por fim, perguntou:

— Não fiquei sabendo da doença da Carmem. O que ela teve?

— Engraçado, se ele me disse, não me lembro.

Margareth consultou o relógio e disse:

— Olha a hora! Ficamos de bate-papo e esquecemos o horário. Temos de comer rápido e sair.

— Sim, claro. Vamos!

Paula ficou pensativa enquanto comia rapidamente e pegava sua bolsa para sair: "Será que Mário mentiu para ela?". Balançou a cabeça com força, como se pudesse jogar fora aqueles pensamentos. Não tinha nada com isso, mas talvez ele tenha mentido para que o passado ficasse para trás e não mais o atormentasse. Bem no fundo, no entanto, ela não acreditava nisso.

Paula e Margareth pegaram um táxi. Apesar de ser um meio de transporte mais caro, Paula tinha medo de que sua mãe não aguentasse os solavancos do ônibus.

Quando chegaram ao prédio do consultório, Paula, cuidadosamente, ajudou sua mãe a sair do veículo e pagou a corrida. Subiram rapidamente porque já estavam bem em cima da hora.

Para alívio delas, Felipe estava atendendo. Esperaram cerca de dez minutos e ele as recebeu com um sorriso afetuoso. Agora, no entanto, o sorriso era para as duas.

Paula estava exultante. Esperava que o relacionamento dos dois fosse melhorar depois daquele dia em que ele jantou em sua casa. O médico explicava para as duas como estava o progresso de Margareth e afirmava o quanto estava satisfeito. Paula olhava para ele e só pensava em como estava lindo. Parecia não haver mais qualquer barreira entre eles.

Paula aproveitou para questioná-lo sobre quanto tempo mais a sua mãe precisaria ter alguém ao seu lado durante todo o dia. Percebeu que ele franziu a testa, como se aquela pergunta não o agradasse. Ela se apressou em explicar que precisaria procurar emprego, pois não poderia depender dela financeiramente. Com um sorriso satisfeito, pediu para que ela aguardasse mais um pouco, pois Margareth estaria recuperada logo, logo.

Enquanto se despediam, Felipe as convidou para passearem com ele e, depois, almoçar. Só havia mais uma paciente, e logo estaria livre. Ambas adoraram a ideia e o convite foi aceito.

Como uma criança sapeca, deu um beijo na face de Margareth e sorriu para Paula. Elas saíram do consultório e o aguardaram na sala de espera.

Somente ali Paula se lembrou de que tinha a intenção de perguntar se foi ele quem pagou o hospital. "Só pode ter sido ele." – pensou. "Era o único com condições financeiras para isso. Perguntarei mais tarde."

Alguns minutos depois, enquanto esperavam, o telefone tocou. A secretária atendeu e repassou, imediatamente, a ligação para o médico. Paula estranhou a forma como a secretária falou com a pessoa do outro lado da linha, como se ela fosse muito íntima do Felipe, falando baixo, dizendo que para ela o Doutor Felipe nunca estaria ocupado. Depois de alguns minutos, Felipe ligou para a secretária e pediu para que desmarcasse o compromisso com dona Margareth e a filha, dispensando-as, porque tinha acontecido um imprevisto que ele não poderia deixar de resolver.

Paula ficou um pouco chateada com aquilo, mas não podia fazer nada a respeito. "Imprevistos acontecem, não é?" – pensou consigo, sem conseguir se convencer.

"Aquela ligação não era sobre trabalho." – disso tinha certeza. Começou a pensar que aquela mulher do telefone poderia ser alguém muito especial para ele. Sentiu uma pontada na boca do estômago, o que lhe provocou uma vontade forte de chorar, que ela segurou com determinação porque não queria dar vexame ali.

O que mais a desagradou foi Felipe não ter saído da sala para se despedir delas com delicadeza. Parecia que estava fazendo um favor ao acompanhá-las em um passeio. "Ora, foi ele quem convidou!" – pensou.

A indignação crescia e Paula não percebia que estava dando abertura a inúmeros pensamentos desequilibrantes, que eram alimentados por ela a cada vez que alguém a despontava. Quanto mais pensava, mais indignada e revoltada ficava.

Enquanto pegava o elevador, continuava imersa na avalanche de pensamentos negativos. "Ora, quem ele pensa que é? Depois dessa nunca mais aceitarei qualquer convite dele para sair!".

Paula nutria-se de tais pensamentos como se tomasse um suco de frutas gelado e saboroso num dia bem quente de verão. O problema é que, ao final, esse suco estava deixando um gosto bem amargo!

Margareth sentiu que Paula não estava bem e perguntou-lhe diretamente:

— Paula, o que houve?

Como uma represa arrebentando em plena rua, ela desabafou toda a sua frustração:

— Quem ele pensa que é, mãe? Como pôde nos dispensar daquela forma? Esperamos um tempo considerável por ele para que simplesmente falasse para a secretária nos mandar embora. Estou muito decepcionada. Jamais pensei que fosse capaz disso.

— Paula, você não acha que está fazendo uma tempestade muito grande por uma situação tão pequena? Houve um imprevisto e...

— Ora, mamãe, você viu que o imprevisto dele era, com certeza, um rabo de saia!

— Minha filha, e se for? Ele é solteiro, bonito, bem-sucedido. É bem possível que tenha uma namorada, nós apenas não a conhecemos.

Nesse momento, Paula segurou a respiração como se fosse desmaiar. O que sua mãe tinha dito caiu sobre ela como uma bomba! Claro que tinha desconfiado de que ele poderia ter uma namorada, mas escutar isso lhe doía profundamente. Não conseguiu segurar a emoção e começou a chorar compulsivamente.

Margareth segurou o seu braço e a levou para se sentar no banco da praça que ficava do outro lado da rua. Disse-lhe:

— Acho que errei em não ter falado sobre isso com você quando senti que estava se interessando pelo Felipe. Pensei que não deveria me intrometer de novo em sua vida sentimental. Olha, o que sei é que ele tem uma namorada firme há muitos anos. Também sei que não moram juntos porque ele já me disse que morava sozinho, mas isso pode ser só uma questão de tempo. Fiquei sabendo que ela viajou para fazer um curso de mestrado na Europa, mas eles não tinham terminado o relacionamento. Sei que ele é um amor de pessoa, alguém cativante, mas talvez seja bom tirá-lo da cabeça, pelo menos por enquanto.

— Por enquanto? Por que diz isso, mãe?

— Porque percebi que ele sente algo por você. Está na cara que Felipe nos chamou para passear por sua causa, e não pelo meu lindo sorriso. Mas, se foi ela quem ligou, pode ser que tenha voltado ao Brasil, e ele deve ter ficado confuso ou até se deparado com os sentimentos conflitantes que está tendo por vocês duas. Sei que tudo o que estou falando pode ser uma grande ilusão, mas tenho muitos anos de vida para estar enganada – disse, sorrindo modestamente.

Paula abraçou Margareth e declarou:

— Mãe, eu não quero sentir nada por ele. Nem tinha certeza do que sentia até pensar que poderia ter realmente alguém em sua vida. Já sofri tanto! Foram dez anos tão atribulados! Como posso começar a me envolver com alguém já comprometido e que teria dúvidas sobre os seus sentimentos por mim?

Após alguns soluços longos e profundos, continuou, enfática:

— Foi muito bom isso ter acontecido, pois agora sei que devo parar de suspirar por ele e continuar a minha vida.

— Paula, dê tempo ao tempo, que tudo seguirá o seu rumo normal. Creia na Sabedoria da Vida.

— Ora, mamãe! Se fosse assim, não teria sofrido tanto até hoje! A vida não é sábia, é muita injusta.

— Quando e onde ela foi injusta com você?

— Mãe! Como pode me perguntar isso? Eu contei tudo o que passei nesses últimos dez anos. Como pode dizer que ela não foi injusta comigo?

— Querida filha, posso falar sem medo de magoá-la? Sem medo de que você não me perdoe pela minha sinceridade?

— Claro, mãe. Mais do que nunca, sei que devo escutá-la e tentar entender o seu experiente ponto de vista.

— Bem, se eu perguntasse a você: é justo o patrão dar uma gratificação prometida pela realização de um trabalho a um funcionário que o fez bem feito?

— Claro que sim.

— É justo este mesmo patrão dividir a tal gratificação merecida pelo seu empregado com outro que não se esforçou para fazer aquela tarefa?

— É óbvio que não.

— Então está na hora de você começar a enxergar a sua participação nos resultados de seus esforços em cada tarefa. Veja bem, tudo o que você passou foi uma consequência de suas escolhas pela vida afora. Como o empregado que arrisca não ganhar a gratificação por não se esforçar na realização daquela tarefa, nós, quando escolhemos os caminhos que trilhamos, arriscamos vivenciar momentos que poderão ser dolorosos ou não. Se o empregado não trabalha, pode culpar o patrão por mandá-lo embora?

Paula acompanhava o raciocínio da mãe com a cabeça baixa e sabia que ela tinha razão. Se tinha escolhido partir com Fabrício, não poderia culpar a vida pela sua escolha.

— Mãe, entendo o que quer me dizer, fui eu que escolhi o Fabrício e não posso dizer que fui obrigada a estar com ele. Mas, e a traição a que fui submetida? O descaso dele? As dificuldades financeiras por que passei pela falta de ajuda dele em casa?

— Minha filha, pense! Você sabia que ele era assim. Quis acreditar que ele poderia mudar, que seria diferente com você, mas, mesmo que quisesses, ele jamais conseguiu esconder a sua verdadeira natureza porque sempre agiu assim. Você não foi enganada por ele, mas por você mesma. Como podemos dizer que a vida é injusta conosco se o que vivenciamos é apenas um reflexo natural das escolhas boas ou não tão boas que fazemos?

Margareth deu alguns segundos para Paula pensar no que dizia e prosseguiu:

— Quando ele agiu seguindo a sua natureza, você se decepcionou, não só com ele, mas consigo mesma, por ter falhado na escolha que fez.

— Mas, mãe, isso não é justo! Você está colocando toda a culpa em mim. Foi ele que me traiu, foi ele que me deixava passando fome enquanto retirava de mim o que eu ganhava para dar à outra família e, quando foi preso, me deixou endividada, pois me chantageou para que eu contratasse um advogado. "Defensor Público? Nem pensar", dizia ele.

— Filha, não estou dizendo que ele não é responsável pelas escolhas dele. Claro que é. Tanto é verdade que ele já começou a vivenciar as consequências de seus atos. O que estou dizendo é que a vida não é injusta, ela somente dá a cada "empregado" a sua "gratificação" devida. Você fez escolhas que a levaram a ficar à mercê de Fabrício. Depois, quando ele começou a tirar o seu dinheiro suado, você nada fez, não exigiu dele outro comportamento e sempre o desculpava e o justificava, para não encarar que tinha feito uma escolha errada. Queria preservar o seu orgulho, então, o desculpava outra e outra vez.

Paula nunca tinha pensado na sua vida daquela forma. Como ela foi cega! Como era fácil para ela se colocar como vítima e acusar Fabrício de todas as suas dores!

— Agora, olha como a vida funcionou a seu favor: vocês saíram daqui sem nenhum plano aparente, mas conseguiram um imóvel para se fixar. Quando precisou do emprego por não ter mais recursos financeiros disponíveis, apesar de sua falta de escolaridade superior, você o conseguiu e, por causa do seu esforço, teve o reconhecimento devido, a ponto de conseguir gozar suas férias quando eu precisei de ajuda. E ainda conseguiu ter uma rescisão do trabalho sem problemas, com uma ótima carta de recomendação.

Paula permanecia pensativa e de cabeça baixa. Margareth estava decidida a ir até o fim:

– Diante da sua escolha de continuar não enxergando o Fabrício como ele realmente era, a vida precisou trazer luz à escuridão na qual você se colocou: você o flagrou no presídio com a família. Isso foi maravilhoso porque fez com que se mexesse e realizasse novas escolhas. Recebeu um telefonema de alguém que não sabe quem é, mas que a trouxe de volta para casa e fez com que tivéssemos paz novamente em nossos corações. São tantas as bênçãos que recebemos da vida apesar de nossas escolhas equivocadas que ficaríamos aqui nesse parque muito tempo, enumerando-as. Só precisamos ter olhos de ver e ouvidos de ouvir para admitirmos que a vida é sábia – disse, destacando bem o verbo.

Paula já tinha parado de chorar e pensava sobre o que ouvia. Nunca, nunca mesmo, pensou na vida sob aquele enfoque. Era, porém, uma visão tão lógica! Trazia um grande conforto saber que a vida não estava contra ela e sim a protegia de si mesma, apesar das bobagens que escolhia fazer.

– Mãe, você nunca me falou dessas coisas. Sempre vi a senhora como uma pessoa alegre, de bem com a vida, mas não com esses pensamentos. Onde você os aprendeu?

– Ah, minha filha! A dor faz coisas – e deu uma risadinha sem graça.

Paula pensou em quanto sofrimento deve ter provocado em sua mãe quando foi embora. Margareth percebeu imediatamente que ela se torturava com a sua afirmação, e desculpou-se:

– Minha filha, não se julgue em função do que lhe disse porque não foi minha intenção cobrar de você outro comportamento.

Entenda que, naquele dia, você não poderia ter escolhido diferente.

— Como, mamãe? – interrompeu-a, abruptamente – claro que eu poderia ter escolhido ficar em casa com você e dizer para Fabrício que deveríamos esperar mais um pouco!

— Não, minha filha, não poderia. Você diz isso hoje porque vivenciou o futuro daquela escolha. Mas, lá no passado, você tinha ilusões, sonhos e pouca experiência. Tinha ainda uma educação omissa de minha parte, o que facilitou muito a sua atitude egocêntrica.

Paula ia dizer alguma coisa, mas Margareth a impediu:

— Sim, hoje vejo que também errei. Queria tanto protegê-la que não parei para pensar que a incentivava a ser egoísta e mimada. Achava que você, com o meu exemplo, iria valorizar o sacrifício que fazia por você, mas o meu erro foi que jamais a fiz enxergar que tudo o que eu fazia era por amor e não por obrigação, que você também era responsável pelas despesas da casa e que deveria dividir comigo alguma conta, pois estava pesado para mim.

Paula abaixou a cabeça. Sua mãe tinha razão. Apenas quando o seu salário não era mais suficiente para pagar as contas e teve de trabalhar nos finais de semana fazendo bicos foi que percebeu o que sua mãe tinha feito por ela. Antes disso, achava que aquilo tudo era muito natural, e que era obrigação da sua mãe sustentá-la. Foi sua indignação com o Fabrício, que não fazia nada para mudar aquela situação, que a fez enxergar que ela não tinha agido diferente com a sua própria mãe. "Mais um ponto para a Sabedoria da vida." – pensou consigo.

Margareth continuou:

— Por isso que digo que você não teria condições de agir de outra forma. Mas nós crescemos, minha filha. Adquirimos experiências que nos auxiliam a enxergar de modo distinto o que antes nos parecia natural. Hoje você tem um maior entendimento que a faz agir mais conscientemente, mas isso não lhe dá o direito de julgar a si mesma de maneira tão dura com relação ao passado. Você precisa ser justa consigo mesma também.

Paula, então, perguntou-lhe:

— Mãe, isso tudo é muito bonito, esclarecedor e consolador. A senhora disse que a dor faz coisas, mas como a senhora chegou a tantas conclusões assim? Onde aprendeu isso tudo?

— Bem, esta é uma história interessante. Quando fiquei internada em virtude de meu primeiro enfarto, conheci uma enfermeira que é minha amiga até hoje. O nome dela é Pâmela e um dia, quando estava muito cabisbaixa e chorosa, resolvi desabafar com ela sobre as minhas dores, achando que ela iria me apoiar e me confortar. Pâmela, ao contrário, deu-me uma lição de moral igual a que eu lhe trouxe sobre a Sabedoria da vida – sorriu largamente – e isso me fez pensar. No outro dia lá estava ela de novo no meu quarto para me fazer companhia, só que desta vez com um livro nas mãos. Conversamos um pouco e ela teve de retornar ao trabalho, mas não antes de me entregar o livro e me oferecer a escolha de lê-lo ou não.

Margareth respirou fundo, como se relembrasse esse momento, e continuou:

— Você sabe, minha filha, que sempre fui católica, e o livro que ela me trouxe foi O evangelho segundo o Espiritismo, de Allan Kardec. Fiquei pensando sobre tudo o que já havia escutado de pessoas preconceituosas, com ideias antigas e ultrapassadas, a respeito do Espiritismo, lembrando que eu também era uma delas. Tantas coisas se passaram pela minha cabeça naquela hora! Então, minha primeira reação foi colocar o livro sobre a mesinha que ficava ao lado da minha cama e devolvê-lo no dia seguinte para ela. Pâmela tinha me trazido tanta consolação e conforto naqueles poucos dias de solidão que eu pensei que, se ela estava me dando aquele livro, era para me ajudar. Então, peguei novamente o livro e comecei a lê-lo. Nossa! Tenho que dizer que o li em poucos dias, como se estivesse matando a minha sede naquelas páginas de águas cristalinas.

Margareth sorriu e olhou bem nos olhos da filha, como se tivesse feito uma arte:

— Sei que parece exagero, mas eu comecei a fazer as pazes comigo mesma. Comecei a entender minha participação ativa em minha própria vida e na vida do outro. Compreendi o quanto Deus nos ama e não nos julga, que Ele é tudo porque tudo sabe, porque é o Deus do amor, da paz e da compreensão. Depois disso, li vários outros livros espíritas e hoje posso dizer que já consigo estar em paz comigo. Você me perguntou onde aprendi essas coisas, não é? Foi nessas leituras!

Paula estava surpresa e jamais pensou que sua mãe lia livros espíritas. Margareth nunca foi uma católica radical, mas não era afeita a pensamentos diferentes dos dogmas católicos.

Num rompante, disse à mãe:

— Mãe, quero muito ler esses livros. Também quero acabar com a minha ignorância em suas páginas e poder dormir tranquila comigo mesma, como a senhora faz.

Quando Margareth ia responder, viu a fisionomia de Paula mudar drasticamente. Olhou para a mesma direção que Paula e viu Felipe saindo do edifício acompanhado por uma loira muito bonita. O seu braço enlaçava a cintura perfeita daquela mulher.

Paula fazia esforço para não chorar. Não entendia porque aquele médico mexia tanto com ela, já que eles quase não se viam. Foram poucas as vezes em que estiveram juntos, e sempre por causa de sua mãe. "O que eu pensava, então?" – questionou-se – "Que ele teria se apaixonado perdidamente por mim? Com uma namorada daquela, quem olharia para mim?".

Margareth sentiu o abalo sofrido por sua filha e perguntou se ela estava bem.

— Para falar a verdade, não estou bem, não. Não entendo porque o Felipe me atrai tanto, mas isso não importa. Agora, não tem como eu ignorar que ele é comprometido. Já aprendi algumas coisas na minha vida e uma delas é que quero ser feliz. Vou esquecê-lo e pronto. Vamos embora, mamãe? A senhora precisa descansar.

Confirmando com um aceno, Margareth apoiou-se no braço da filha e ambas se dirigiram ao ponto de táxi mais próximo.

Capítulo 16

Mãe e filha chegaram em casa muito cansadas, cada uma por um motivo diferente.

Paula pediu um tempo para a sua mãe antes de esquentar o almoço. Precisava tomar um banho para relaxar e tentar retirar de si aquelas sensações de derrota e de incapacidade que a machucavam.

Já debaixo do chuveiro, fazia uma promessa a si mesma, de que não mais cairia naquelas armadilhas do coração. Não se deixaria levar pelos sentimentos impulsivos que nutria por Felipe, como fez com Fabrício. Ele jamais se insinuou nem deu alguma esperança de que sentia algo por ela. Toda a sua atenção era para a sua mãe. "Mamãe está errada. Ele não gosta de mim." – pensou, tentando acabar com aqueles pensamentos que a atormentavam.

Após o banho, Paula estava preparando o almoço quando o telefone tocou e seu coração quase saiu pela boca. Pensou imediatamente que fosse Felipe, pedindo desculpas pelo bolo que deu nas duas. Mentalmente, já estava preparando um repertório de respostas curtas e secas para despachá-lo quando a sua mãe, que atendeu ao telefone, a chamou, dizendo que a ligação era para ela.

Tentando segurar a ansiedade, ela pergunta quem estava ao telefone e Margareth, colocando a cabeça para dentro da cozinha, responde:

— Mário!

Paula tentou não demonstrar a decepção sentida, e foi atender a ligação:

— Oi, Mário. Tudo bem?

— Oi, Paula. Está ocupada?

— Realmente, estou ocupada agora, preparando o almoço.

— Ah! Puxa, nem percebi a hora! Também estava ocupado com alguns trabalhos e nem vi a hora passar. Só queria perguntar se você gostaria de sair comigo hoje à noite.

O primeiro impulso de Paula foi dizer não. Mas depois pensou melhor e perguntou:

— Onde você gostaria de ir?

— Pensei em uma pizzaria que fica no bairro ao lado. Nada muito chique – e deu uma risadinha.

Num rompante, Paula disse que iria, e que ele poderia buscá-la às vinte horas. Pensou consigo: "Ora, qual o problema? Eu preciso parar de pensar no Felipe. Mário será uma boa companhia.".

Margareth ouviu a resposta da filha e estranhou o seu comportamento, principalmente depois de tê-la avisado de que Mário tinha um passado complicado, mas resolveu não se meter. "Com certeza, está fazendo isso por causa do Felipe. Espero que ela saiba o que está fazendo." – pensou.

Ambas foram almoçar. O assunto dos livros espíritas ficou esquecido diante dos acontecimentos. Paula estava quieta e mexia no prato sem nada comer.

Margareth, por sua vez, apesar de preocupada, tinha tomado a decisão de não se meter na vida da filha, respeitou o silêncio reinante e se forçou a comer.

Após o almoço, Paula foi arrumar a cozinha, despachando a mãe que protestava dizendo conseguir ajudar em algo. Como Paula foi irredutível, Margareth foi se deitar. Estava bastante cansada, pois ainda não tinha se recuperado bem da cirurgia.

Alguns minutos se passaram, e Margareth adormeceu. Viu-se em um jardim bonito acompanhada por um senhor que lhe era muito familiar. Após alguns poucos segundos, reconheceu-o. Era Nestor, um amigo querido de muitas vidas. Eles se abraçaram e ela o questionou por que estavam ali. Ele explicou que dali para frente ela tinha de ser forte porque Paula necessitaria muito de seus conselhos e de sua amizade. Margareth ficou apreensiva, mas o amigo logo esclareceu:

– Querida amiga, você, mais do que ninguém, sabe que Paula tem uma relação muito estreita com Mário e Felipe, originada em suas vidas anteriores. Todos já sofreram muito com as traições e os desenganos que os seus relacionamentos provocaram. Hoje, por se sentir muito fragilizada Paula está buscando em Mário, mesmo o temendo, amparo afetivo por acreditar que Felipe não a ama. Ela tem tanto receio de sofrer de novo que não busca saber a verdade de todos os fatos. Já Mário reconheceu em Paula o seu antigo amor e deseja ter com ela o mesmo relacionamento do passado. Para que esta existência tivesse um melhor resultado, foi programado para ele o auxílio de outra mulher que pode ajudá-lo a mudar. Infelizmente, quando ele viu Paula no bairro, seus sentimentos por Cristina vacilaram, ignorando totalmente o final trágico vivido com Paula em outra existência e os avisos de cautela que surgem do seu inconsciente.

— O que posso fazer, meu amigo? Tenho medo de afastá-la de mim novamente se tentar me meter em sua vida.

— Margareth, seu coração é maravilhoso e, talvez por isso, tenha demonstrado que você tem condições de trabalhar esses temores em seu íntimo. Diga-me, quando você ficou realmente sozinha? Sempre existiu alguém ao seu lado para lhe dar a amizade e o carinho de que necessitava. Não se apegue à ausência de alguém que você ama para resumir a sua vida como sendo desamparada. Afaste-se de suas experiências anteriores traumatizantes e liberte-se!

— Eu tentarei! Mas você, mais do que ninguém, sabe que não é fácil para mim.

— O que sei é que você pode, confie em você. Quanto à Paula, lembre-se do que já aprendeu até agora. Se você não fizer tudo o que está ao seu alcance para ajudar sua filha, como se sentirá se ela sofrer novamente? Se ela não aceitar a sua ajuda, pelo menos saberá que fez a sua parte. Além de aconselhá-la, você sabe que a prece em seu favor será uma bênção de luz para que ela possa enxergar o caminho tortuoso em que está se embrenhando.

— Meu amigo, foi tão difícil passar esse tempo todo sozinha, foram dez longos anos! E se ela se afastar de mim novamente? Não sei se aguentarei outro abandono.

— Margareth, não estou pedindo que você faça algo que não deseja. Estou aqui, com a autorização do mais Alto, para lembrá-la de que uma de suas funções nessa caminhada é ajudar Paula a seguir um caminho mais reto, sem atalhos. Você está indo muito bem, não se preocupe, mas a sua intervenção agora é bastante necessária.

Após alguns momentos de silêncio, para a devida análise de Margareth sobre o que foi falado, Nestor se despediu:

— Preciso ir. Você não se lembrará plenamente dessa nossa conversa, mas sentirá que tem de tomar algumas medidas mais enérgicas em relação a esse possível relacionamento. Que a Paz de Jesus a acompanhe!

Margareth acordou com uma sensação de leveza e determinação. Tinha ido dormir com o coração preocupado, mas agora sentia que não poderia deixar a sua filha se envolver com Mário sem tomar alguma medida para protegê-la.

Enquanto isso, Paula terminou a limpeza da cozinha e já estava em seu quarto, encolhida em sua cama, perguntando-se: "Por que aceitei o convite de Mário? Não me senti tranquila quando estive com ele da última vez. Não sei o que era, mas senti que não deveria me envolver. Por que, então, aceitei o seu convite? Que burra que eu sou!" – pensava aturdida.

"Certamente foi porque estava muito triste com o bolo do Felipe, que nem teve a consideração de nos ligar e se desculpar pessoalmente. É claro que foi isso que me fez aceitar o convite, agora me arrependo amargamente."

Paula estava pensando em uma forma de desmarcar o compromisso com Mário, mas todas as vezes que pensava em Felipe abraçado àquela loira exuberante, ficava irritada e pensava que aquele jantar não seria nada demais.

Se Paula pudesse ver o ambiente espiritual de seu quarto, ficaria surpresa. Próximo a ela estava o espírito de uma mulher cuja beleza já existiu, mas agora havia poucos vestígios dela. Seu nome era Vanessa e ela se colocava por sobre os ombros de Paula, emanando uma energia acinzentada e desequilibrada, fazendo-a lembrar da infidelidade de Felipe cada vez que ela titubeava. A mulher dizia:

— Ele não é confiável. Poderia ter lhe contado da outra, mas não o fez. Ficava lhe mandando olhares insinuantes e fingia se preocupar com a sua mãe só para ficar próximo de você e depois dispensá-la quando a outra chegasse. E que outra, linda! Você é um chinelo feio perto dela. Ele queria mesmo é brincar com você.

Paula escutava espiritualmente tudo isso e pensava que ele jamais deveria tê-la olhado daquele jeito, já que era comprometido. Parecia que dava mais atenção a sua mãe só para que ambos ficassem mais próximos. Ele foi muito impiedoso, deu-lhe esperanças que não existiam.

Estevão, seu mentor espiritual, tentava reequilibrá-la, enviando energias mais salutares e lembrando-a de que tudo isso era fruto de sua vontade de ter seus sentimentos correspondidos. Felipe jamais lhe deu qualquer esperança ou tocou no assunto sobre qualquer relação entre eles. Dizia também que, se Felipe se interessou por ela, talvez precisasse de um pouco mais de tempo para conhecê-la melhor. Tentava fazê-la entender que sair com um amigo não era o problema, mas sim os sentimentos de alerta que a invadiam quando pensava nele é que deviam ser levados em consideração.

Paula parecia estar em meio a um jogo de cabo de guerra. Vanessa puxava os seus pensamentos para um lado e Estevão para o outro. O problema é que Paula estava mais propensa a aceitar as sugestões de Vanessa que, apesar de não enxergar Estevão, sentia que não estavam ali sozinhas.

A mulher pensava: "Hum! Algum trabalhador do Cordeiro deve estar por perto, vou-me embora. Ela já está bem confusa para deixar de ir a este encontro. Paula, Paula! Você sofrerá como me fez sofrer. Eu já tinha conseguido levá-la para a sua destruição quando você fugiu com Fabrício, mas deu tudo errado. Apesar de todos os meus esforços, você foi ao presídio naquele dia. Agora, você voltou para casa, mas não será feliz. Mário se encarregará de fazê-la sofrer." – e riu de seus pensamentos.

Vanessa saiu do quarto e, como ela bem disse, o estrago já tinha sido feito. Paula estava aborrecida com os pensamentos incutidos por Vanessa e pensou: "Que mal fará se eu sair um pouco? Não posso ficar chorando as dores de um amor que jamais existiu. Se Felipe tem namorada, se é noivo ou qualquer coisa do gênero, que faça bom proveito. Eu vou sair e comer uma pizza com um amigo.".

Capítulo 17

Margareth bateu à porta do quarto de Paula, colocou a cabeça para dentro e perguntou se poderia entrar.

— Claro, mamãe. Estou me preparando para sair com o Mário. Vamos numa pizzaria aqui perto.

— Minha filha, você sabe o que está fazendo?

— Sim, por quê?

— Lembra quando eu lhe falei que Mário teve complicações no passado e sua família precisou mudar daqui?

— Sim, eu sei. Mas ele me disse que o motivo de sua mudança foi o problema de saúde de sua mãe, tanto que retornaram quando ela morreu.

— Minha filha, não sei se Carmem teve problemas de saúde mesmo. Lembre-se de que eu lhe falei que ela mesma veio falar comigo sobre os problemas do filho. O que sei é que

Carmem era o pulso firme daquele lar. Talvez, eles tenham retornado porque, com a morte dela, Cleto não tenha conseguido segurar o Mário. Não é difícil imaginar, também, que ele pode ter inventado uma doença para a mãe, apenas para não lhe falar sobre um passado sombrio que teve.

— Mãe, entendo a sua preocupação, mas eu já estou decidida. Não vejo problema em sair com ele, é só uma pizza! Vou voltar logo.

Após um suspiro dolorido, Paula continuou com tom de desilusão:

— Eu preciso sair, mãe. Estou muito triste e esse encontro me fará bem. Além do mais, passado é passado. A senhora mesmo disse que a gente pode mudar e, talvez, ele tenha mudado.

Margareth deu-se por vencida. Além do medo de aborrecer Paula e afastá-la de novo de sua vida, ela tinha que concordar com Paula sobre o fato de que Mário poderia não ser mais o mesmo rapaz irresponsável de antes.

Estevão e Nestor tentavam de tudo para que ambas os escutassem, porém, o medo que a mãe sentia e o aborrecimento de Paula os impulsionavam para longe, o que servia de munição necessária para Paula não aceitar a sugestão de nenhum deles.

— Nestor, não podemos fazer mais nada.

— Estevão, precisamos esperar. Ambas se encontram em um momento em que o seu livre-arbítrio precisa ser respeitado. Paula retorna aos vícios antigos do passado, não se permitindo falar sobre os seus sentimentos com quem deveria saber deles e, com isso, vive com base em conjecturas, tendo uma certeza ilusória dos fatos na qual baseia todas as suas atitudes equivocadas. Margareth, por sua vez, está mergulhada em seus medos de desagradar alguém que ama e ficar só. Ambas, para possível mudança de comportamento, precisam vivenciar mais um pouco desse caminho ingrato que escolheram.

Assim, Nestor e Estevão fizeram uma prece singela por aqueles espíritos que estavam se embrenhando por caminhos tortuosos tão somente porque não acreditavam, plenamente, na Justiça Divina como boa conselheira para as dores sofridas.

Às vinte horas em ponto a campainha tocou na casa de Paula. Ao atender, ela dá de cara com Felipe. Sua surpresa foi tanta que se esqueceu de lhe dar boa-noite. Ficou olhando para ele sem reação.

— Boa-noite! – disse ele, depois de longos segundos.

— Boa-noite! O que faz aqui? – perguntou, desconcertada.

— Sei que deveria ligar para avisar, mas precisava falar com você e achei que poderia arriscar uma visita surpresa – sorriu.

"Ah! Que belo sorriso ele tem!" – pensou Paula, derretendo-se emocionalmente. Já tinha se esquecido completamente de Mário.

Margareth saiu da cozinha e, ao ver Felipe, abriu os braços para ele, que entrou para cumprimentá-la.

Ao se virar para Paula, Felipe diz:

— Você está muito bonita, Paula! Vai sair?

Somente aí Paula se lembrou de Mário e pensou na besteira que fez. Mas Vanessa, vendo que as suas pretensões não poderiam sucumbir, fez Paula se lembrar da loira que estava com o Felipe naquela manhã e que não era só ele ir à sua casa quando quisesse para pedir desculpas que estaria à disposição dele. Infelizmente, Paula concordou com o argumento de Vanessa, o que a motivou a responder:

– Sim, vou a uma pizzaria com um amigo. Ele já deve estar chegando.

Paula viu, com certa satisfação, que Felipe ficou desapontado.

Nesse momento, a campainha tocou. Paula foi atender e Mário entrou. Estranhou a presença de Felipe e o olhou com desconfiança e irritação.

– Mamãe, Felipe, nós já vamos sair. Desculpe-me, Felipe, conversaremos em outro momento – Paula falou, esnobe.

– Claro. Divirtam-se! – disse Felipe, meio a contragosto.

Felipe estranhou a atitude de Paula. Desde que a conheceu, sempre se manteve afastado por achá-la irresponsável, imatura e egoísta. Depois que a foi conhecendo, pensou que tinha mudado, principalmente no que se referia à mãe, pois abriu mão de seu trabalho para ajudar Margareth quando ela mais precisou. Isso o fez querer estar mais perto dela, mas essa reação o surpreendeu. Ela nem parecia mais aquela mulher pela qual estava se interessando. Viu-a saindo com o amigo, que passou a mão pela sua cintura sem ter sido rechaçado. Numa fração de segundos, pensou que tinha sido muito bom não ter falado nada a ela. Ele não precisava de alguém assim na sua vida.

Margareth acompanhou o olhar de Felipe e se entristeceu. "O que Paula quer afinal?" – pensou.

Felipe ficou somente por alguns minutos. Viu como estava a sua velha amiga, despediu-se dela e foi para casa. Precisava pensar, tinha de tomar uma decisão difícil e achou poder contar com a ajuda da Paula, mas isso não aconteceu. Agora, sentia-se um pouco perdido. Todas as vezes que se sentia assim, Felipe se fechava em seu quarto e buscava na oração uma forma de se encontrar.

Enquanto se mantinha orando, Felipe recebia energias reconfortantes de seu mentor para lhe dar a condição de raciocinar sem os destemperos dos sentimentos desequilibrantes.

Apesar de estar muito mais difícil fazer isso do que nas outras vezes, Felipe abriu O evangelho segundo o espiritismo ao acaso e se deparou com a seguinte passagem: "Todos os sofrimentos: misérias, decepções, dores físicas, perda de seres amados, encontram consolação em a fé no futuro, em a confiança na Justiça de Deus, que o Cristo veio ensinar aos homens. Sobre aquele que, ao contrário, nada espera após esta vida, ou que simplesmente duvida, as aflições caem com todo o seu peso e nenhuma esperança lhe mitiga o amargor. Foi isso que levou Jesus a dizer: Vinde a mim todos vós que estais fatigados que eu vos aliviarei.".[1]

Após a leitura, sentindo-se mais equilibrado em seus pensamentos e sentimentos, Felipe entendeu que deveria esperar um pouco mais. Talvez não fosse bom tomar decisões precipitadas, afinal, o que ele precisava escolher faria diferença para o resto de sua vida. Mais resignado, foi tomar um banho e dormir. Tinha certeza de que, na manhã seguinte, sua mente estaria mais apta para as novas experiências.

---

[1] *O evangelho segundo o espiritismo*, capítulo 6, item 2 – Allan Kardec – Editora FEB.

Capítulo 18

Mário foi uma companhia muita atenciosa e gentil, mas Paula só pensava na ida de Felipe à sua casa: "O que será que ele queria?".

Ele percebeu que a garota estava meio aérea, mas não se importou muito com isso. Quando retornaram, no portão de sua casa, Paula se despediu de Mário e ele tentou lhe dar um beijo, mas foi delicadamente impedido. Paula agradeceu a noite agradável e entrou.

Mário ficou remoendo a atitude de Paula. Pensou que estava agradando na pizzaria e que teria dela algum agradecimento maior no final da noite. "Não tem problema, ela ainda será minha." – pensou.

Paula chegou em casa e buscou pela mãe. Apesar de não ter chegado tarde, Margareth já estava dormindo, o que foi uma decepção para a filha, que queria saber o motivo da visita de Felipe.

Conformada, foi para o seu quarto. Iria tomar um banho e dormir, pois o dia seguinte seria puxado, já que era dia de faxina.

Quase uma hora depois, Paula deitou-se em sua cama e sentiu vontade de fazer uma oração, atitude bastante incomum para ela nos últimos anos. Sentou-se e iniciou o Pai Nosso. Depois, como se estivesse embalada, fez uma oração singela, vinda de seu coração, pedindo a Deus amparo para os momentos que viriam, pois estava se sentindo muito perdida. Sentia-se como se fosse aquela jovem que saiu de casa com o namorado, só que, desta vez, com a angústia de saber que tudo daria errado.

Muito emocionada, porém mais reconfortada com as orações, deitou e dormiu logo.

Paula acordou no plano espiritual e, quando viu Estevão que a aguardava, correu para o amigo amado como se ele fosse a resposta às suas súplicas. Chorou em seus braços. Este, calmo e compassivo, deixou que ela desabafasse aquele sentimento perturbador.

Mais calma, os dois puderam sentar num banquinho de uma praça que Paula conhecia há bastante tempo e adorava, mas eram raras as vezes que ele a levava ali.

– Você sabe o quanto gosto desta praça, com as suas flores perfumadas e os pássaros que cantam suas canções melodiosas e cativantes. Por que você me traz tão pouco aqui? Meu querido Estevão, por que você me abandonou?

– Minha menina, é claro que não a abandonei! Estou com você o tempo todo, mas quantas vezes está me permitindo ajudá-la nos momentos de dificuldade? Você sabe muito bem que não posso interferir em seu livre-arbítrio, mas posso ajudá-la a pensar e a enxergar melhor os fatos para fazer as suas escolhas.

No entanto, quantas foram as vezes que você permaneceu em estado de equilíbrio para que eu pudesse intuí-la?

Paula ouvia tudo de cabeça baixa, envergonhada. Sabia que somente ela poderia dar condições para que o seu amigo pudesse estar a seu lado, para que ele pudesse aconselhá-la nos momentos de grandes incertezas de sua vida. "Realmente, o que estou fazendo em meu benefício? Quando as dificuldades vêm, qual é a postura que estou escolhendo ter?" – pensava, inconsolável.

– Estevão, eu lhe peço desculpas. Estou parecendo uma criança mimada que não sabe o que quer e, quando sabe, não luta pelo que acha certo. Tenho consciência das minhas imperfeições e rezo agora para que consiga ultrapassá-las.

– Não, minha querida. A tarefa não é ultrapassar as imperfeições, mas sim compreendê-las. Não adianta apenas passarmos por cima das dificuldades que aparecem porque, se elas vierem de novo, podem estar maiores e mais complicadas, impossibilitando que você simplesmente as ultrapasse. Precisamos compreendê-las para não ter de enfrentá-las novamente. É pelo entendimento das experiências que deixamos de ter de passar por elas de novo. Tudo é aprendizado, e você sabe disso.

– Eu sei, mas é muito difícil, Estevão. Quando estamos aqui, no plano espiritual, todas as promessas parecem tão fáceis de serem cumpridas! Todas as expectativas que criamos, todas as pendências em nossos corações parecem estar ao alcance de nossas mãos, prontas para serem resolvidas.

– Paula, tenha fé em si mesma. Tudo está ao alcance de suas mãos. Os pontos principais são: o que é este tudo e quando é que poderá alcançá-lo. Você precisa entender que não tem condições de ter tudo o que quer no momento em que deseja. Esforce-se para seguir o caminho com a retidão de seus ideais e você alcançará o que necessita no momento certo.

— Mas estou fazendo isso!

— Será? O que me diz de hoje? O que fez? Queria se vingar de Felipe e maltratou a si mesma. Você fez igual ao inimigo que quer ferir o outro, mas atira em seu próprio pé.

— Admito que fiz isso, sim. — disse, com a cabeça abaixada — Queria muito magoar o Felipe como ele me magoou.

— Não, minha querida amiga, ele não a magoou. Você se magoou. Viu algo que entendeu como sendo ruim e trouxe para o seu coração como uma atitude pessoal de Felipe contra você.

Após uns segundos de silêncio para que ela pensasse sobre o que disse, Estevão retornou:

— Paula, ninguém pode nos obrigar a odiar, a amar, a nos magoar. Ninguém! Todos os nossos sentimentos são desejados por nós e criados com o nosso livre-arbítrio. Você preferiu interpretar os fatos à sua maneira. Não permitiu qualquer explicação de Felipe, ainda que você pensasse em pedi-la e ele desejasse dar. Se os resultados de uma experiência não estão em nossas mãos, temos de buscar entendê-los com pensamentos positivos, o que não foi o seu caso. Entenda, mesmo que você descobrisse que a verdade de Felipe era a que você temia, ainda assim, estava em suas mãos, e somente em suas mãos, a escolha da perda da paz de seu coração.

Ela estava muito envergonhada. De novo, estava fazendo tudo errado. Tinha prometido a si mesma que não deixaria a sua felicidade ser corrompida por suas conclusões precipitadas, mas, novamente, repetia os erros do passado.

– Não, Paula, você não está fazendo tudo errado de novo. – interviu Estevão em seus pensamentos – Está somente vivendo, acertando e se equivocando. O que peço a você é que se dê a oportunidade de ser realmente feliz. Veja-se como uma agente ativa de suas obras e de seus próprios sentimentos porque, quando fizer isso, se sentirá forte para mudar o seu presente. Do contrário, quando deixa os outros a manipularem com suas ações e gostos, fica sem condições de tomar a sua vida nas próprias mãos. Por livre escolha, deixa o outro tomar o seu presente de você e fazer o que quiser. Isso é muito perturbador, não acha?!

Paula compreendeu. Como era importante estar ali com o seu querido amigo! Em uma prece silenciosa, agradeceu a Deus por mais aquela oportunidade. Estevão, por sua vez, também estava grato.

Antes de se despedirem, ele deu uma última orientação:

– Paula, observe-se diariamente. Não exija de você mais do que pode dar, mas sinta a energia que constrói ao seu redor. Lembre-se de que, se estiver bem, eu poderei estar ao seu lado, mas se construir desarmonia, estará convidando outros espíritos a estarem com você. Suas atitudes e escolhas são o seu sinal de que deseja ou não estar com os obreiros da luz.

– Não se preocupe, vou me lembrar disso. Recomeçarei a fazer as minhas preces diárias e terei cuidado com os meus pensamentos. Eu sou a única responsável pelos meus atos e sentimentos.

Paula acordou repetindo essas palavras.

Capítulo 19

No dia seguinte, Paula estava cantarolando enquanto fazia a faxina de sábado. Ela estava se sentindo muito melhor.

Quando acordou, tinha em sua mente uma frase que fez todo sentido para ela: "Eu sou a única responsável pelos meus atos e sentimentos.". Pensou: "A oração da noite me ajudou muito. O que acho que estou fazendo comigo? Será que não tenho experiência suficiente para entender que sou a única responsável pelo meu estado emocional?".

Paula sentia-se cansada de sofrer pelas atitudes alheias, principalmente quando estas não atendiam às suas expectativas. Agora, ela queria viver e ser feliz. Tomou a decisão de aguardar um pouco mais os acontecimentos e decidiu que não sairia mais com o Mário. Ele era um bom amigo, mas a atitude de querer beijá-la a fez entender que estava criando uma expectativa no coração dele que não seria viável. Ela gostava mesmo é de Felipe.

Teve certeza dos seus sentimentos quando quis magoá-lo ao vê-lo em sua casa. "Por que o ser humano é tão contraditório? Por que, quando amamos, todas as atitudes daqueles que nos são caros nos atingem tão profundamente que queremos machucá-los quando nos machucam? Acho que, realmente, ainda não aprendemos a amar como Jesus nos ensinou." – pensava – "Mas, uma coisa é certa: ninguém pode me magoar se eu não quiser, nem pode determinar os meus sentimentos porque, estes, apenas eu comando.".

Margareth percebeu, preocupada, a alegria de Paula. Atribuía tal estado ao seu encontro com Mário. Estava para perguntar a ela o que tinha acontecido, quando o telefone tocou:

– Alô! Só um minutinho, por favor! Paula, é para você, minha filha!

– Quem é, mãe?

– Mário – disse Margareth, com tom de preocupação que foi sentido por Paula.

– Alô! Ah, oi, Mário! Tudo bem? Não, sinto muito, não posso sair com você hoje. Tenho muitos afazeres e obrigações. Sei, sei. É, mas não posso, desculpe-me. Quem sabe numa próxima ocasião. Tudo bem. Outro. Tchau!

– Ué! Pensei que toda a sua felicidade de agora tinha sido provocada pela sua saída com Mário! O que houve?

– Mamãe, descobri que para ser feliz não preciso de ninguém. Se encontrar aquele que amo em minha vida, serei duplamente feliz, mas enquanto ele não chega, vou viver e aprender a me satisfazer com as pequenas dádivas que possuo.

— Minha filha, que bonito!

— É, mãe! Pode até ser bonito, mas ainda não aprendi a colocar isso em prática. Ontem foi tão difícil para mim! Fiz a escolha mais burra que poderia ter feito: saí com alguém, mas, no fundo, só fiz isso porque me sentia só. Depois, quando aquele que mais me interessava veio até mim – o que desejei o dia inteiro que acontecesse – saí com outro e esnobei quem eu realmente queria que estivesse ao meu lado. O mais interessante é que nada disso faz sentido quando a gente acorda no dia seguinte após uma boa noite de sono.

— É, minha filha, você tem razão!

— O pior é que sinto que a minha atitude pode ter provocado uma onda em cadeia, ou seja, Felipe me magoa, eu o magoo, e assim sucessivamente. Por isso, não quero mais sofrer e pretendo viver a minha vida. Peço a Deus que, se for para a minha felicidade, que eu tenha paciência para esperar as Suas graças.

— Minha querida, se você conseguir colocar isso em prática, pode ter certeza de que a felicidade será, realmente, o seu estado de espírito predominante.

Diante do assunto, Margareth aproveitou para falar dos livros espíritas que tinha e que podiam ajudá-la neste momento. Ambas continuaram conversando enquanto Paula varria a casa. Ela não deixava sua mãe fazer os serviços domésticos, então, esta ficava sentada ao seu lado, distraindo-a com conversas muito divertidas.

Quando terminou a tarefa, Paula convidou a mãe para um passeio no parque, que foi aceito na hora.

Ambas foram se arrumar. Margareth estava muito feliz com aquela atitude de Paula e sentia que a filha estava começando a construir algo em seu próprio benefício.

Quando fecharam a porta, depararam-se, no portão, com Mário. Ele estava parado lá, como se estivesse esperando por elas.

Paula, ao vê-lo, disse, meio a contragosto:

– Bom-dia, Mário! O que faz aqui?

– Bom-dia, Paula. Estava passando por aqui e resolvi bater.

Paula sabia que não era verdade, mas manteve a compostura e respondeu:

– Entendo. Bem, infelizmente, você perdeu o seu tempo, porque precisamos sair.

– Ora, mas aonde vão? Se quiserem, posso dar uma carona para vocês.

– Não, não é necessário mesmo. Mamãe precisa andar um pouco e, caso precise, tomaremos um táxi.

– Olha, eu faço questão. Onde já se viu? Sua mãe operada e você querendo que ela ande! Meu carro está logo ali, vamos até ele – foi falando e pegando na mão de Margareth para levá-la ao carro.

Margareth olhou para filha sem saber o que fazer e viu Paula suspirando e indicando que era melhor irem com ele.

— Para onde vão? – perguntou Mário, atrás do volante, após ter ajudado Margareth a sentar no carro.

— Vamos para o mercado. – disse Paula num rompante.

— Então, tá. Levo vocês até lá e as ajudo carregando as compras. É claro que não vou deixá-las carregar peso até em casa.

Paula entrou em desespero. Mário queria apenas ajudar, mas estava sendo muito inconveniente.

Não se sentindo capaz de magoá-lo, Paula e Margareth tiveram de fazer compras e foram levadas para casa por Mário, que queria ficar, mas foi delicada e terminantemente impedido por Paula.

— Mário, agradeço de coração a sua ajuda, em pleno sábado de manhã, indo conosco ao mercado, mas mamãe está muito cansada e tenho de ajudá-la no que precisar. Podemos nos ver outro dia, não é? – e foi tocando Mário para fora de casa.

Mário, muito decepcionado com a atitude de Paula, mas, acreditando que era por causa da sua mãe, respondeu:

— Claro! Compreendo! Desculpe, não tinha me tocado.

Quando fechou a porta atrás de si, Paula suspirou aliviada. Ela foi até a mãe, para saber se estava bem.

— Sim, filha, estou bem. E você? Como está?

— Irritada, mãe. Não com o Mário, que só tentou ser um bom amigo, mas comigo que não tive coragem de falar a verdade para ele. Pensei que, se dissesse que iríamos passear, ele iria querer ir junto. Bem, não adiantou nada, a emenda foi pior que o soneto.

Ambas riram. Margareth tinha algo a falar com a filha:

– Paula, desculpe-me se estou me intrometendo, mas achei muito estranha a atitude de Mário.

– Por que, mãe?

– Você não tinha dito que não iria poder sair com ele?

– Sim, disse.

– Então, por que ele veio aqui? E, pelo que vi, estava esperando lá fora. Não estava chegando para tocar a campainha!

– Ora, mãe! Acho que ele devia estar pensando se tocava ou não.

– Bem, se você diz! Eu achei muito estranho. – ia continuar a falar, mas desistiu.

Margareth não se convencia. Sabia que Mário era sinônimo de problema. Que ele tinha feito muita coisa errada no passado, só que Paula parecia não querer saber sobre isso. Precisava ficar atenta.

Capítulo 20

Felipe tinha marcado com Letícia para almoçarem juntos naquele sábado. Tinha pensado que, ao conversar com Paula à noite, já teria alguma ideia do que fazer de sua vida. No entanto, como nada ficou esclarecido, não sabia o que fazer.

Letícia era sua namorada. Eles foram colegas de escola e, após alguns anos, se reencontraram em uma festa de amigos, e ali se aproximaram. Por estarem sozinhos, foi natural o início de um relacionamento.

No entanto, Felipe percebeu que eles não tinham nada em comum. Ela adorava fazer compras e frequentar festas. No início, Felipe até se encantou com esse lado arrojado de Letícia e se sentia orgulhoso de estar ao lado de uma mulher linda que causava admiração às pessoas ao redor. Mas, com o tempo, isso o cansou, e estava pensando em terminar o relacionamento quando ela o informou de que iria estudar fora por um ano. Felipe pensou que esse distanciamento seria proveitoso para saber o que sentia realmente por ela. Se sentisse a sua falta talvez percebesse que aquelas diferenças entre eles eram irrelevantes, mas, se o contrário acontecesse, terminaria com ela quando retornasse nas férias.

E lá estava ela, alegre, expansiva, inteligente e linda. Só que ele tinha certeza de que os sentimentos dele não lhe pertenciam mais. Teve a certeza de que realmente gostava de Paula. O problema foi o que aconteceu na noite anterior. Ele pensou que Paula também gostava dele, mas aquela saída com o suposto amigo o intrigava. Por que ela parecia tão distante e esnobe? Por que ela parecia querer feri-lo, se ele nada fez contra ela?

Lembrou-se de que desmarcara o encontro com ela e sua mãe na manhã daquele dia. Será que isso a havia magoado? Mas isso era tão pouco! Será que ele desejava se juntar a uma mulher que, ao menor sinal de contrariedade, o trairia com outro? Bem, não podia adivinhar o que aconteceria. Como ele tinha pensado na noite anterior, deixaria a vida se encarregar de mostrar a ele a verdade. Tinha apenas uma certeza: não podia mais enrolar Letícia, ela não merecia isso!

Determinado a revelar sua decisão, Felipe dirigiu-se ao restaurante em que tinham marcado o almoço. Para a sua surpresa, ao chegar lá, Letícia já o esperava. E não estava só, seus pais a acompanhavam.

Felipe gostava muito deles, principalmente do pai de Letícia, que tinha um caráter sem igual. Verônica, por sua vez, era o espelho de Letícia, adorava festas e compras. Era uma mulher muito bonita com os seus cinquenta e poucos anos, mas, como ele jamais teve muito contato com ela, não poderia fazer uma análise de seu caráter. Sorriu sinceramente ao vê-los e abraçou a ambos com carinho.

Após terem feito os pedidos, dirigiu-lhes a palavra, questionando:

– Como vocês estão? Fiquei sabendo que tinham viajado. Foram a passeio ou a trabalho?

– Ah! Meu querido, fomos a passeio. Mas acabamos ficando menos tempo do que desejávamos. Você sabe como é, negócios! – respondeu Verônica, prontamente.

Felipe sabia o quanto os pais de Letícia se amavam e se respeitavam, mas o senhor Roberto era um executivo de prestígio nas altas rodas da sociedade, trabalhava muito e não dispunha do tempo que gostaria para estar com a sua família. Letícia já havia reclamado disso há algum tempo.

– E você, Felipe? – perguntou Verônica, mudando de assunto – como está a sua vida? Percebemos que está muito ocupado, trabalhando sem parar. E quando vamos começar a fazer os preparativos para o noivado de vocês?

– Mamãe! – exclamou Letícia.

Felipe, no entanto, percebeu que a sua namorada, apesar de ter chamado a atenção de sua mãe pela indiscrição, também tinha um ar de interrogação em seu rosto.

– Desculpem-me os dois – disse Verônica – mas vocês já namoram há muitos anos e ainda não se decidiram.

– Como a sua filha ainda está estudando fora do Brasil, dona Verônica, acredito que estaríamos nos precipitando se firmássemos qualquer compromisso agora – afirmou Felipe para sair do desconforto que aquela pergunta tinha lhe causado.

Verônica e Letícia não gostaram da resposta, mas nada comentaram.

A partir daí, o almoço transcorreu tranquilamente, apesar de certa irritabilidade por parte de Verônica. Roberto e Felipe conversaram sobre assuntos diversos, inclusive sobre uma viagem de Roberto para dali a algumas semanas que poderia provocar um salto fantástico nos seus negócios e não notaram a alteração de humor de Verônica. Letícia, porém, sabia que sua mãe não estava contente.

Quando acabou, Felipe, com a desculpa de que precisava visitar um paciente no hospital, despediu-se de todos e foi embora.

Capítulo 21

Felipe saiu do restaurante com um peso na consciência. Não gostava de enrolar ninguém, muito menos alguém como Letícia, que sempre foi uma amiga para ele. Mas não teve coragem de finalizar aquele compromisso com ela na frente dos seus pais. Isso seria errado. Então, preferiu dar qualquer desculpa e marcar uma nova data para ambos conversarem sozinhos.

Letícia, por sua vez, estava pensativa no carro com seus pais. Ela já tinha percebido que algo estava errado, mas não sabia o quê. Felipe já não era mais o mesmo e, no dia anterior, quase teve certeza disso. Ele estava distraído e quase não falou nada. Também, mesmo sem ela perguntar, existiam aquelas desculpas de que não podia viajar para Londres por causa do trabalho. Certamente ele tinha alguém e não teve coragem de contar para ela.

Em razão disso, confidenciou à mãe suas desconfianças, fazendo Verônica dizer que ia com Roberto ao encontro dos dois. Se ele ainda estivesse interessado em Letícia, com certeza, sairiam dali com alguma data marcada. Se não...

Feliz ou infelizmente, suas suspeitas estavam corretas. Letícia sabia que Felipe não era o homem de sua vida porque ambos não tinham os mesmos interesses. Porém, ele era uma pessoa maravilhosa, rico, bonito, da alta sociedade e atendia aos critérios exigidos por seus pais. O problema é que o coração de Letícia também não pertencia mais a ele.

Letícia conheceu Pierre em Londres, na faculdade onde ambos cursavam seus respectivos mestrados e eles estudavam algumas matérias juntos. No primeiro dia de aula quase se derrubaram quando, dando a hora da primeira aula, sem terem notado um ao outro, entraram ao mesmo tempo na sala de aula. A bolsa de Letícia se abriu ao cair no chão e tudo se espalhou. Todos os alunos riram da cena e ele, atencioso, ajudou-a a recolher o material caído. Quando sorriu para ela, o mundo parou. Ela nem reparou que o professor os aguardava para começar a aula. Seu coração descompassou, e ela parou de respirar. Pierre era lindo e tinha um sorriso cativante. Quando o professor pigarreou, eles se dirigiram aos seus lugares, vermelhos de vergonha. A partir daí, não se separaram mais.

"Mas – balançou a cabeça para espantar os pensamentos que a traíam – ele é pobre. Meus pais não vão aceitá-lo. Por isso, devo me casar com Felipe e não com Pierre" – pensou Letícia entristecida, acreditando que se casasse com Felipe esqueceria Pierre.

Apesar de não querer pensar em Pierre, ela teve os seus pensamentos tomados pelas lembranças dos momentos íntimos que eles compartilharam. Depois de algumas semanas que já estavam juntos, descobriu que ele era pobre, mas não conseguia mais deixar de estar com ele porque era tudo o que desejava. Sentia-se feliz apenas por ficar ao seu lado e, com a desculpa de começarem a elaborar um trabalho exigido por um dos professores, foram para o apartamento de Letícia após as aulas e, naquela noite, e em outras tantas, Letícia se entregou a ele. Não se arrependia do que fez, mas sabia que não poderia continuar com aquele relacionamento. O problema é que também não sabia como parar, ele era o seu oxigênio.

Estava tão compenetrada nas suas lembranças que somente escutou a pergunta sussurrada por sua mãe na terceira tentativa:

– E agora, minha filha, o que fará?

Verônica soube do seu romance em Londres pela própria Letícia, pois a filha não escondia nada dela. Após o primeiro mês de relacionamento com Pierre, Letícia ligou para a mãe contando que estava apaixonada e que iria terminar com Felipe. Verônica ficou muito feliz, mas, quando descobriu que ele era pobre, foi taxativa ao dizer que Roberto jamais aceitaria aquele relacionamento e que ela ficaria sem o apoio dele pelo resto de sua vida.

Verônica não sabia da opinião de Roberto, mas com certeza ela não aprovava a união de sua filha com um pobretão: "É claro que eu não aceitaria o casamento de minha única filha com um pé rapado! O que diriam os nossos amigos?" – pensava Verônica consigo, sem levar em conta os sentimentos de Letícia.

Letícia, acreditando em sua mãe, ficou muito triste. Jamais pensou que os seus pais iriam contra aquele relacionamento, principalmente pelo histórico de vida da sua família, mas não teve coragem de usar esse argumento com sua mãe. Não sabia ir contra a sua família, por mais que amasse Pierre. "Como poderia saber se ambos se amariam para toda a vida? No futuro, poderia precisar do apoio do pai." Ela, então, decidiu que se casaria com Felipe, se ele a quisesse. E ela sabia que Roberto gostava dele.

Com um aperto no coração, afirmou baixinho para a mãe:

— Não sei, mãe. Agora, só quero ir para casa.

Capítulo 22

Quando chegou em casa, Verônica puxou Roberto para o seu escritório a fim de contar sobre o fato de Felipe não querer assumir compromisso com Letícia, mas, como sempre, ele não tinha as mesmas ideias que ela. Disse que seria melhor que ambos rompessem agora do que mais tarde, quando já estivessem mais compromissados. É claro que, como não era a resposta que Verônica queria, ela a ignorou.

Verônica entrou em seu quarto com dor de cabeça. "Aquela situação não podia continuar!" – pensou ela – "Felipe não parecia mais interessado em Letícia. E isso ficou claro com a resposta que ele lhe deu. Mas isso não ia ficar assim! Quem Felipe pensava que era! Não podia jogar fora a sua filha. Letícia acabaria mal falada pela sociedade e isso ela não aceitaria!".

Verônica era uma mulher bonita, muito vaidosa. Não aceitava a idade que tinha e toda e qualquer ruga que aparecesse em sua face era implacavelmente eliminada. Ela se vestia com classe, sabia se comportar muito bem, era uma ótima anfitriã, dava festas maravilhosas e não media esforços e recursos para isso. Todos queriam ser convidados por ela.

Ela, no entanto, nem sempre teve tantos recursos. Roberto a conheceu quando eram muito jovens e, apesar de ele ter muito mais dinheiro do que ela, não se importava com o fato de ela vir de uma família de classe inferior. Fez como qualquer rapaz de boa índole faria, foi até sua casa pedi-la em namoro ao seu pai. Depois disso, ficaram noivos e casaram-se numa linda, mas singela cerimônia religiosa.

Verônica, claro, não ficou satisfeita com isso. Sempre sonhou em ter um casamento rico e pomposo, mas Roberto entendia que não poderia humilhar os seus sogros, já que eles não teriam condições de ajudar no casamento.

Até os pais de Roberto concordaram que tudo tinha de ser muito simples para que os pais da noiva se sentissem acolhidos. Eles sempre ensinaram a Roberto que o valor de um ser humano não estava em seus bens, mas sim nos tesouros interiores conquistados. Verônica, por tudo isso, não quis ajudar em nada. Nem parecia que era o seu casamento. Tudo estava ruim e somente o vestido a contentou, pois Roberto deixou que ela o escolhesse. Ela entrou na igreja majestosa, pensando que nunca mais viveria na pobreza.

Foram poucos convidados para a festa e as mães dos noivos fizeram tudo com muito carinho e bom gosto. Infelizmente, somente Verônica não tinha olhos para enxergar a alegria e o orgulho dos seus pais.

Hoje, propositalmente, ela quase não os vê, e as poucas vezes que ela ainda vai à sua antiga casa é quando Roberto ou Letícia desejam visitá-los. E os seus pais respeitam a sua decisão.

Mas não foi o dinheiro que a fez se casar com Roberto, pois ela o amava e ainda o ama muito. Ela só não vê com bons olhos as ideias caridosas do marido, acha que ele é bom demais e pode ser enrolado com facilidade.

Infelizmente, não aprendeu com suas próprias experiências e, por isso, não consegue aceitar que a filha fique com um "Zé Ninguém". Faria de tudo para impedi-la de cometer esse suicídio social.

Capítulo 23

Paula pensava, com tristeza, que Felipe já não as visitava há muito tempo. Queria poder dizer a ele o quanto se sentia mal por ter saído naquele último dia em que as tinha visitado, mas agora era tarde. Também, de que adiantaria? Ele era comprometido e ela não iria se envolver de novo com um homem que, depois, a abandonaria.

Precisava se concentrar no que estava fazendo, mas era muito difícil, só pensava no quanto tinha sido imatura. Observou que, no terreno das emoções, era muito ingênua e insegura.

Com a recuperação de Margareth indo bem, não havia necessidade de marcarem consultas semanais. Antes de tudo acontecer, Felipe ligava sempre para saber sobre o estado de Margareth, mas quinze dias se passaram e ele não havia ligado nenhuma vez. "Que médico ruim este! Não liga para os seus pacientes para saber como estão!" – pensava Paula, com desdém.

Paula estava procurando emprego nos classificados quando o telefone tocou. O seu coração bateu forte, pensando que poderia ser Felipe, mas as suas esperanças se foram quando a sua mãe lhe informou que era o Mário. Já era a quarta vez que ele ligava para ela depois que foram na pizzaria e ela sempre inventava uma desculpa para não sair com ele. "Ah! Não queria falar com ele agora. Maldita hora que saí com Mário.". Paula se levantou e foi atendê-lo.

— Alô, Mário! O que houve?

— Olá, Paula! Não houve nada. Gostaria de saber se você não quer sair comigo hoje à noite, poderíamos ir àquela boate que eu lhe falei outro dia para dançarmos um pouco.

Ela não queria mais ser desonesta com Mário, não queria alimentar falsas expectativas E, por isso, foi direto ao assunto:

— Mário, quero agradecer muito o fato de você estar me convidando para sair, mas realmente eu não quero ir. Somos amigos de longa data, mas estou apaixonada por outro e não desejo que você fique alimentando esperanças sobre algo que não poderá haver entre nós.

O rapaz ficou irritadíssimo, não esperava essa cortada de Paula, e sim que ela desse alguma brecha para conseguir apanhá-la no laço.

— Ora, Paula, o que é isso? Ele gosta de você? Por que se ele gostasse estaria do seu lado e, pelo que sei, não está. Mas estou aqui e poderíamos ser muito mais do que amigos!

— Desculpe, Mário! Isso não será possível. Realmente estou muito apaixonada por ele...

Sem deixá-la terminar, continuou:

– Paula, você não deve ficar esperando por um cara que nem lhe dá bola e que não a merece.

– Quero agradecer pelas suas palavras amigas, mas eu lhe peço para não esperar por algo que não vai acontecer.

Paula já estava incomodada com a postura dele. Queria acreditar que estava tentando consolá-la pelo amor não correspondido.

– Se é assim, tudo bem. Tenha uma boa noite, Paula.

– Obrigada, Mário.

Margareth ouviu boa parte das respostas dadas por Paula e, quando ela desligou o telefone, foi perguntar o que aconteceu.

– Ora, mamãe. Mário estava confundindo as coisas e eu deixei claro para ele que somos apenas amigos, e que gosto de outra pessoa.

– Ele, pelo jeito, não reagiu muito bem.

– Pelo contrário, tentou me consolar dizendo para eu não ficar esperando por alguém que não me merece, que, se este alguém me amasse, estaria do meu lado, essas coisas. Ele não sabe nada da situação em que vivo e deixei bem claro que não teremos um relacionamento mais íntimo.

– Isso é muito bom. Como você sabe, não confio nele e não gostaria que você sofresse por uma pessoa como o Mário.

– Mamãe, acho que você está sendo precipitada. Ele não é uma má pessoa.

Margareth, novamente, resolveu se calar. Não queria que sua filha ficasse chateada com ela.

— Ah, esqueci de falar que o Felipe ligou.

— O quê? Como a senhora se esqueceu de me falar isso? Quando ele ligou?

— Ele ligou quando você foi ao mercado. Como você demorou, acabei esquecendo, só me lembrei agora.

— O que ele queria, mãe?

— Nada demais, filha. Queria saber como eu estava; se estava passando bem; comendo bem, essas coisas. – Margareth deu uma pausa proposital e, quando viu que Paula estava para explodir, continuou – e perguntou também como você estava.

— Ele perguntou por mim? – Paula revelou um sorriso sonhador.

— Sim. Se você já tinha conseguido um emprego, se estava bem e, depois de muitas outras perguntas bem disfarçadas, se já estava se relacionando com alguém. – Margareth fez uma careta sorridente ao falar essa última parte.

— Mãe, não brinca com isso. Sério? Ele perguntou se eu tinha alguém? O que você respondeu?

— Ora, que você não estava namorando sério, mas que o Mário...

— Mãe! – Paula entrou em desespero.

— Estou brincando, minha filha! Claro que eu não diria isso.

Disse que você estava muito ocupada comigo e que ficava toda noite do meu lado, tomando conta de mim para que eu não exagerasse em nada. Ele também perguntou o que faríamos hoje porque gostaria de vir aqui para nos ver. Infelizmente, disse pra ele que estava muito cansada e que seria muito ruim se ele viesse aqui hoje.

– Mãe!

Margareth soltou uma gargalhada. Parecia ver, em sua filha, todas as inseguranças e incertezas de uma adolescente apaixonada.

– É melhor você se preparar, porque ele disse que viria por volta das dezoito horas.

Paula saltou do sofá e deu um beijo forte em sua mãe, indo para o seu quarto com um olhar sonhador.

"Como deveria agir com ele?" – pensava. Da última vez que escutou o seu orgulho bobo, quase enlouqueceu com as consequências de sua atitude. Olhou-se no espelho, estava com os olhos brilhando e com as bochechas vermelhas, parecia uma adolescente que está prestes a sair com seu primeiro namorado. Riu de si mesma. Já tinha sido casada. Como poderia estar assim por um homem?

Capítulo 24

No consultório, Felipe também parecia um adolescente que iria ver a sua futura namorada. Estava muito feliz e isso foi logo percebido por seus pacientes e por Renata, sua secretária.

Ao final do dia, Felipe despediu-se da secretária que, mencionando a sua felicidade estampada na face, perguntou-lhe se ele sairia com a Letícia. Ele pareceu desconfortável com a pergunta e disse que não. Tinha outro compromisso.

Quando foi embora, Renata ligou imediatamente para Verônica. Esta, tão logo soube da desconfiança de Letícia sobre a falta de interesse de Felipe por ela, pediu a Renata que a informasse de tudo o que parecesse suspeito em relação a ele, pois seria muito bem recompensada por qualquer informação preciosa.

A secretária achou que este pedido era uma bobagem, pois o doutor Felipe sempre foi muito respeitável, mas hoje aquela alegria era bem suspeita. Parecia estar apaixonado, e não era por Letícia.

– Alô! Oi, dona Verônica! É a Renata, a secretária do doutor Felipe. Sim. Acho que algo não está certo. Ele estava todo feliz hoje, mais do que o normal. Quando perguntei se iria ver Letícia, ele respondeu que tinha outro compromisso. Sim! Claro que continuarei observando e avisando a senhora. Boa-noite!

Verônica estava vermelha de raiva do outro lado da linha. "Como Felipe ousava trair Letícia? Isso não ficaria assim. Suas suspeitas estavam certas. Amanhã mesmo procurarei pelo Wander para descobrir o que está acontecendo." – pensou Verônica. Se ela pudesse ver o que os seus sentimentos menos nobres construíam ao seu redor, tomaria mais cuidado com tais revoltas sem sentido.

Tinha em sua casa um conjunto de três cômodos com ligação direta com o seu quarto, onde ela passava praticamente todo o seu tempo: um closet de vestir, um pequeno escritório e um lavabo para se maquiar. Eram maravilhosamente decorados com os mais puros cristais e tecidos finos; no entanto, o ambiente desses cômodos, visto do plano espiritual, era nebuloso, e aqueles objetos finos e caros, muito admirados pelos encarnados, estavam repletos de miasmas, sujos pela revolta, egoísmo e vaidade exacerbados daquela filha de Deus que ainda não compreendia os verdadeiros valores da vida.

Se Roberto frequentasse mais aqueles cômodos, talvez os mantivesse com a sua energia, e os tornasse um ambiente espiritual respirável e harmônico, como era o quarto deles. No entanto, ele quase nunca entrava ali, pois tudo era de sua mulher, e, por sintonia, todas as vezes que Verônica ficava irritada por suas vontades não terem sido atendidas, era para lá que ia automaticamente. Lá era onde os seus convidados espirituais se instalavam com total liberdade.

Felipe, no carro, já tinha se esquecido do desconforto que sentiu com a pergunta de sua secretária, pois estava envolvido pela felicidade que sentia em poder rever Paula e Margareth. Ambas eram muito importantes para ele e sentia muitas saudades, pois fazia tempo que não as via.

Tocou a campainha da casa com a respiração suspensa, e quando Paula abriu a porta, o seu coração parou. Ela estava linda! Com uma camiseta branca, calça jeans e de chinelo de dedo, mas muito bonita.

Paula não queria deixar transparecer a sua ansiedade e por isso escolheu roupas simples, mas que sabia que valorizavam o seu corpo.

Felipe cumprimentou Paula com um sorriso alegre e sincero de saudades. Dona Margareth estava na cozinha e veio encontrá-lo quando o viu na sala. Felipe a abraçou com muito carinho, já perguntando como ela estava.

– Muito bem, meu filho! Estou ótima! Também, com uma enfermeira assim, do que preciso mais? – e riu gostosamente quando viu que Paula ficou vermelha diante do olhar de Felipe.

– Tenha certeza, Felipe – disse Paula com tom de brincadeira – que isso é propaganda enganosa. Ela que é uma paciente muito fácil de lidar, não dá qualquer trabalho.

– Eu sei muito bem disso! Rezo todo dia para que pelo menos a metade dos meus pacientes seja parecida com a Margareth.

Agora foi a vez de Margareth ficar vermelha de vergonha. Todos riram muito com a troca de elogios.

A noite foi muito tranquila. Felipe tomou uma sopa bem gostosa salpicada com manjericão e acompanhada de torradinhas salgadas. Elas sabiam que ele adorava aquela sopa e a fizeram especialmente para ele. Por volta das vinte e três horas, Felipe despediu-se de ambas e, na varanda, voltou como se quisesse falar com Paula, mas se desculpou e disse que não era nada.

Decepcionada, Paula sorriu e o viu indo embora em seu carro.

Escondido nas sombras, perto dali, porém, um homem se encontrava vigiando os acontecimentos daquela residência. Era Mário, que estava com muita raiva.

No carro, Felipe falava consigo:

"Ainda é muito cedo, Felipe. Você ainda não conseguiu terminar o seu relacionamento com Letícia. Não seria justo com Paula se firmasse um compromisso com ela estando ainda ligado a outra pessoa.".

Ele foi para casa, mais convencido do que nunca de que precisava ter uma conversa particular com Letícia e dar fim àquele relacionamento.

Capítulo 25

Logo pela manhã, Felipe pediu para Renata ligar para Letícia marcando um horário em que ambos pudessem se encontrar. Tão logo ela conseguisse marcar, que repassasse a informação para ele.

Renata sentiu que algo estava errado de novo. Normalmente, ele mesmo conversava com Letícia e Renata ficava apenas incumbida de marcar o local que eles indicavam. O semblante carregado do médico demonstrava que não teria uma boa notícia para dar à filha daquela que lhe pagaria muito bem por qualquer informação. Aproveitou não ter ninguém na recepção e ligou para Verônica, que atendeu na segunda chamada:

– Alô!

– Alô, dona Verônica! – sussurrava – Aqui é a Renata, secretária do doutor Felipe. Hoje, ele chegou pedindo para entrar em contato com Letícia, mas tenho que lhe dizer que desconfio que algo não parece estar bem. Ele não está agindo normalmente no que se refere à Letícia.

— Muito bem, Renata! Foi bom você ter me ligado. Nem tente ligar para Letícia hoje. Diga a ele que não está tendo sucesso em contatá-la. Não quero que eles saiam hoje.

Na hora do almoço, Felipe questionou Renata sobre a ligação para Letícia, mas ela lhe disse que ainda não havia obtido sucesso. Ele, então, a orientou para continuar tentando e, caso conseguisse, deveria marcar algo para o jantar. Ele iria almoçar e só retornaria na hora da próxima consulta.

Felipe pegou seu carro e saiu do prédio determinado a ver Paula. Já estava com saudades e resolveu fazer uma surpresa para ela.

Mal sabia ele que Verônica, por indicação de uma amiga, já havia contratado Wander, um detetive particular conhecido dela, para ter conhecimento sobre o caso de Letícia, logo após ela ter confessado o seu amor por Pierre. Wander foi orientado a acompanhá-la para saber se ambos continuariam juntos.

Por sorte, após algumas semanas de investigação em Londres, Wander confirmou o afastamento temporário do casal e Verônica mandou suspender a vigilância. Ele desaconselhou a suspensão alegando ser cedo demais, mas Verônica já havia se dado por satisfeita.

Letícia afastou-se de Pierre por pouco mais de um mês, mas sua determinação fracassou e eles voltaram a se encontrar. Ambos se amavam muito.

Agora, Wander estava vigiando Felipe e o seguiria até a casa de Paula.

Capítulo 26

Felipe chegou à casa de Paula com a respiração suspensa. Queria muito vê-la, tê-la em seus braços e poder dizer que a amava, mas não poderia fazer nada disso, porque não achava justo nem com ela nem com Letícia, ainda mais que ele ainda não havia rompido seu compromisso.

Postou-se à frente do portão e tocou a campainha.

Paula apareceu à porta mais linda do que nunca. Quando o viu, abriu um sorriso lindo, mas com uma perceptível preocupação com a aparência. Passava a mão nos cabelos como que para penteá-los. Mal sabia ela que, para ele, estaria adorável sempre, despenteada ou não.

— Felipe, o que aconteceu? Algum problema?

— Claro que não! Estava passando aqui perto e resolvi parar para vê-las.

— Mas, isso tudo é saudade? Tenho de concordar que faz muito tempo que não nos vemos – disse Paula rindo com ironia, pois tinham se visto na noite anterior.

— Também acho que foi há um tempão – foi dizendo e entrando na casa.

Apesar de não terem falado muito alto, Wander tinha um aparelho de alta frequência que, direcionado para o casal, ampliava suas vozes e dava a ele o conhecimento do que falavam. Tudo foi gravado e anotado.

Wander continuou tentando ouvir o que conversavam na casa:

— Mamãe, veja quem está aqui! Felipe veio nos ver.

Margareth saiu da cozinha, como sempre, com um sorriso no rosto:

— Boa-tarde! Você almoçou, Felipe? Estamos comendo um macarrão maravilhoso feito por Paula. Não quer um pouco?

— Não estarei incomodando? – perguntou ele.

— Claro que não! Ela fez bastante e sobrará com certeza. Pode comer sem susto.

— Então, estou dentro. – disse ele, alegre.

Eles conversaram sobre amenidades durante o almoço – os acontecimentos da manhã, as preocupações diárias com a saúde de Margareth, entre outros temas.

Infelizmente, Felipe tinha consulta marcada às catorze horas, o que o fez se despedir antes da vontade de querer ir. "Se dependesse de mim, não sairia nunca mais daqui" – pensou. "Gosto tanto da companhia das duas que ficaria o dia inteiro com elas." – e se despediu, já com saudades.

Wander ligou para Verônica porque ela disse que, naquele dia, precisava saber exatamente o que Felipe estaria fazendo.

– Oi, dona Verônica! Sim, é o Wander. Ele foi almoçar com uma jovem e sua mãe. Elas são pessoas simples, moram num bairro de periferia e, pelo que entendi, são amigas dele, e a mais velha é também sua paciente. Não, não parecem namorados, ainda! Claro, continuarei investigando. Fique tranquila, qualquer novidade, eu a avisarei e, no final da semana, conversaremos.

Verônica estava atônita, não queria acreditar que Felipe trairia Letícia. "Ele é um rapaz de tão boa índole! O que iria querer com pessoas tão simplórias? Wander disse que a mãe era paciente de Felipe. Então devia ser isso: caridade!" – pensava, enquanto andava de um lado para outro em seu escritório. De repente, parou, e como se escutasse uma voz interior, respondeu irritada:

– Se não for isso, se ele pensa que pode nos fazer de bobas, está muito enganado!

Ao chegar ao consultório, Renata, orientada por Verônica, avisou-o de que tinha conseguido falar com Letícia, mas que naquele dia ela não poderia vê-lo.

Felipe agradeceu a Renata e pediu que marcasse com ela para o dia seguinte, se ele tivesse tempo na agenda. Antes mesmo de terminar a primeira consulta da tarde, foi chamado com urgência para uma cirurgia no hospital, tendo de cancelar todas as consultas posteriores e ir correndo para lá.

Renata ligou para Letícia, mas somente marcou o almoço para dali a três dias. Com essa emergência, ele não teria muito tempo sobrando naqueles dois dias seguintes.

Letícia ficou ansiosa com esse convite. Foi conversar com sua mãe sobre o pedido de Felipe de almoçarem juntos novamente porque acreditou que finalmente iria pedi-la em noivado, como era a vontade de sua mãe, mas Verônica acabou com toda a sua esperança. Letícia não sabia o que havia de errado, mas sentia que sua mãe sabia mais do que estava contando a ela. Sua afirmativa sobre o que ela poderia esperar daquele convite não pareceu boa:

— Ora, Letícia! O que você está esperando ouvir do Felipe? Quem sabe ele a pedirá em noivado, o que eu duvido, pois você não está fazendo nada para que ele se convença de que você é a mulher da vida dele. Espero que vá bem bonita nesse encontro!

— Mãe, o que a senhora está querendo dizer com isso? Sempre estou bem vestida e aprumada, principalmente quando vou me encontrar com ele.

— É, e o que mais? Vocês ficaram longe um do outro por vários meses. Você mesma se esqueceu dele em seu mestrado!

— Ora, mamãe! Já conversamos sobre isso.

— É isso mesmo que eu estou dizendo... Se você foi capaz de esquecê-lo, será que ele também não se envolveu com alguém durante esse tempo? Bem, não se preocupe, faça a sua parte que eu farei o resto.

— O que você quer dizer com isso?

— Eu só peço que se ele, nesse almoço, pedir um tempo ou quiser terminar, não deixe. Faça a sua parte: chore, chantageie, não importa. Não saia desse encontro com o relacionamento de vocês rompido.

Na data e horário marcados, Letícia estava no restaurante, adiantada alguns minutos e ansiosa com o que Felipe iria dizer a ela.

Interrompeu seus pensamentos com a entrada de Felipe no restaurante. Ele era muito bonito, isso não podia negar, e esta foi uma das primeiras coisas que chamou sua atenção quando há quatro anos se reencontraram naquela festa badaladíssima. Suas amigas logo ficaram assanhadas quando o viram entrando no salão, mas foi Letícia que o chamou para dançar. Ele achou muito engraçado aquele jeito irreverente dela, que não mudou nada com o tempo. Depois disso, estavam sempre juntos nas festas.

Fez um sinal para ele e este, ao vê-la, se aproximou, dando-lhe um beijo em seu rosto.

"Mamãe está certa! Algo não vai bem!" — pensou Letícia.

— Está me esperando há muito tempo? Desculpe-me!

— Não, não! Cheguei um pouco adiantada porque os outros compromissos anteriores terminaram mais cedo — mentiu ela.

— Que bom! Não gostaria de deixá-la esperando por muito tempo.

Eles conversavam assuntos amenos e sem muita importância enquanto almoçavam. Ambos receavam o que estava por vir: ela temia que ele terminasse o namoro e ele, que ela fizesse um escândalo.

Quando o almoço já estava por terminar, Felipe resolveu se abrir:

– Letícia, pedi para nos encontrarmos porque preciso lhe falar. Espero que me compreenda, mas eu acredito que não dá mais para continuarmos com o nosso relacionamento.

– Felipe!

– Letícia! – interrompeu-a delicadamente – desculpe, mas me deixe terminar. Começamos o nosso relacionamento há quatro anos, sei que o certo seria eu estar lhe pedindo em noivado, mas, com a nossa separação, descobri que não a amo o suficiente para concretizarmos um compromisso tão sério quanto o casamento. Eu sei o quanto você é maravilhosa, mas...

– Felipe! – foi a vez de ela interrompê-lo – eu entendo o que me pede, mas preciso que você compreenda o meu lado também. Foram quatro anos compartilhando emoções, fazendo planos de um futuro juntos e você, do nada, me pede para acabar. Isso é muita insensibilidade.

– Não foi a minha intenção magoá-la, Letícia, apesar de saber que seria uma reação natural, mas compreenda que não dá mais para mim.

Raciocinando uma forma de atender ao pedido da mãe, mesmo sabendo que ambos não estavam mais em sintonia naquele relacionamento, disse-lhe chorosa:

— Será um impacto muito forte para o meu pai saber que você, pessoa que ele considera tanto, está fazendo isso comigo. Ele sempre confiou em você.

— Ao contrário, Letícia. Tenho certeza de que seu pai aceitará com muita tranquilidade, pois sempre foi um homem de bem. Ele jamais desejaria que você fosse infeliz comigo, sabendo que não a amo mais.

Quase sem argumentos, Letícia jogou duro com ele:

— Pode até ser, mas preciso de sua compreensão agora. Você sabe que papai mencionou em nosso último encontro que iria fazer uma viagem de negócios, e eu não posso comunicá-lo por telefone do término de nosso relacionamento. Preciso que você espere o seu retorno para que eu conte a ele, com carinho, pois meus pais já estavam fazendo vários planos para nós, desde aquele nosso último encontro – mentiu.

Felipe não esperava por aquilo. Sabia que Roberto iria viajar, mas não tinha entendido que ele iria imediatamente. Talvez Letícia tivesse razão e esse comunicado por telefone poderia lhe causar certa contrariedade. Meio a contragosto, mas acreditando ser o mais acertado, ele concordou com ela:

— Tudo bem, Letícia. Esperarei que você o informe sobre a nossa decisão o mais rápido possível. Sei que você conseguirá lhe falar tão logo ele volte.

— Pode deixar. Compreendo que não me ame mais e, claro, não o quero amarrado a mim além do que for necessário – mentiu novamente.

Apesar de não amá-lo mais, se é que em algum momento o amou verdadeiramente, Letícia estava com o seu orgulho ferido e, pior, teria de enfrentar a sua mãe, que não iria gostar nada daquela situação.

Despediram-se e Felipe voltou cabisbaixo para o consultório. Tinha planejado ir à noite à casa de Paula para se declarar para ela, e agora? O que faria? Estava com saudades, não a via há alguns dias em decorrência do excesso de trabalho.

Como o consultório estava cheio, não teve tempo para pensar em mais nada, retornando para o trabalho que tanto adorava.

Letícia, entretanto, estava muito apreensiva no carro, tinha medo de sua mãe. Sabia que a reação dela não seria agradável e que, no final, seria considerada culpada por isso.

"Mas, o que mamãe esperava? Eu amo outro, e o tempo que estou aqui no Brasil está me sufocando porque a falta de Pierre me faz sofrer. Queria estar em seus braços agora e para sempre." – pensava atormentada.

Ela não tinha forças para vencer essa batalha, pois o seu medo de desagradar a mãe e de que seu pai não a apoiasse era tanto que ela preferia viver com quem não amava.

Chegou em casa sem saber o que fazer. Para a sua sorte, Verônica tinha saído com algumas amigas e só chegaria mais tarde. Letícia foi para o quarto chorar suas mágoas.

Já era tarde quando Felipe terminou de atender no consultório e, enquanto guardava os seus instrumentos de trabalho, voltou a pensar em Paula. "Como eu gosto dela!" – pensou, assustado com os próprios sentimentos – "Sinto a sua falta, como um peixe sente falta d'água. Preciso pensar em qual caminho seguir: devo esperar o sinal verde de Letícia e somente aí me declarar à Paula? Poderia me declarar dizendo a verdade sobre estar aguardando o comunicado do término do relacionamento ou poderíamos começar um relacionamento sem nada dizer a ela, já que Letícia logo me liberará deste compromisso?".

Era tão difícil decidir! Ele, sendo um homem honesto, deveria escolher a primeira opção, mas a decisão se tornava difícil, porque tinha medo de Paula se aborrecer e se envolver com outro, e aí a perderia para sempre, já que não conseguia se esquecer daquele amigo com o qual ela saiu àquela noite.

Tinha de pensar.

Capítulo 27

Naquele mesmo dia, Paula começou a pesquisar um novo emprego nos jornais. Sabia que sua mãe estava bem agora e não podia mais ficar dependendo da aposentadoria dela para o pagamento de todas as suas despesas e as de casa.

O dinheiro que Paula recebeu na rescisão foi generoso, mas insuficiente para pagar todas as despesas das duas por tanto tempo. Ele já estava acabando e, como tinha de pagar as prestações mensais do financiamento que fez, ela não tinha mais opção – precisava trabalhar.

Selecionou todos os empregos que acreditava ser capaz de atender com suas qualificações. Primeiramente, destacou com amarelo aqueles que teriam um ordenado maior e cargos mais complexos, e com verde os empregos de menor complexidade. Se não desse sorte com os primeiros, poderia abraçar os últimos com humildade, o que queria era trabalhar.

Conversou com a mãe sobre a sua determinação em arranjar um emprego, mas Margareth disse à Paula que não precisava se apressar. Ela deveria conseguir um bom emprego e não seria necessário se submeter a ganhar pouco, como ela mesma afirmou, se não conseguisse nada. Sua aposentadoria não era muita, mas as sustentaria pelo tempo que ela precisasse.

Paula, emocionada, abraçou a mãe e lhe disse:

— Mãe, você ainda não aprendeu? Não tente me proteger de mim mesma, deixe-me ralar para que eu aprenda no trabalho o que é ser humilde. Passei muito tempo com Fabrício, alimentando o meu orgulho por não querer admitir que tinha escolhido o companheiro errado. Agora, preciso seguir em frente, preciso saber até onde posso ir, considerando que aprendi algo com tudo que vivi. Foi isso que compreendi com a leitura de todos os livros que a senhora me indicou e dos exemplos de vida que a senhora me deu.

Paula respirou fundo e continuou:

— Mãe, quero acreditar que conseguirei um dos empregos marcados com amarelo, mas entenda que destaquei todos para os quais me considero capaz. Não tive de pegar vários outros empregos, por longo tempo, para me sustentar só porque o Fabrício pegava todo o dinheiro que recebia do escritório? A senhora não teve de fazer o mesmo nos finais de semana, para sustentar a minha total falta de visão da vida? Eu não me sinto menor por fazer isso, mãe, e sei que a senhora também não se sentia assim. Vejo que quer me proteger de novo e não é preciso!

Margareth abraçou a filha com orgulho. Estava muito feliz com a pessoa que a Paula estava se transformando e sabia que esse progresso não pararia ali.

— Por isso, quando terminarmos de almoçar, vou começar a procurar emprego. Quem sabe não chego hoje mesmo com uma boa notícia!

Ambas foram para a cozinha e fizeram um almoço gostoso. Arrumaram toda a bagunça e, após muitas recomendações à sua mãe, principalmente no tocante àquela tosse que estava um pouquinho mais forte naquele dia, Paula saiu.

Ela tinha feito um cronograma para maximizar as idas aos escritórios que selecionou. Mas, em razão dos muitos candidatos que esperavam para ser entrevistados, ela ficou retida nos dois primeiros escritórios escolhidos. Quando foi submetida, no segundo escritório, aos testes de praxe, já era pouco mais de dezoito horas.

Paula chegou em casa somente às dezenove horas. Estava muito cansada, mas também se sentia tranquila, porque havia dado o melhor de si. Em nenhum dos dois empregos, o resultado foi divulgado, pois o escolhido seria comunicado posteriormente pelos telefones indicados na ficha.

Margareth preparou um jantar leve para elas, que o comeram com gosto. Paula arrumou a cozinha, deu um beijo em sua mãe e foi dormir.

E Felipe, depois de um dia de trabalho, voltava para sua casa. Há algumas semanas ele não tinha tempo de se dedicar às leituras consoladoras e sabia, mais do que ninguém, como essa prática era importante em sua vida. Não era de frequentar casas espíritas, mas era um leitor assíduo dos livros sobre esse assunto, e foram essas leituras que lhe deram a força moral para que ele pudesse enfrentar o desencarne de sua mãe e, antes disso, o afastamento do seu pai.

Já em casa, enquanto comia um bom lanche da noite, pensava no seu pai:

"Como ele pôde fazer isso conosco? Eu só tinha oito anos, e ele não teve problema nenhum em nos abandonar por outra mulher bem mais nova que a mamãe. Por muitos anos achei que o seu afastamento era culpa minha, e ele nunca me procurou para explicar a sua conduta.

Por mais que a minha mãe se esmerasse para me explicar que eu não era culpado da partida dele, nada me convencia. Meu pai não me falava isso, então, ele não me perdoava!

Por consequência, minha adolescência não foi nada boa também. Como eu era revoltado! A vida me concedeu vários momentos de esclarecimentos, mas só um deles me marcou. Como era de praxe, eu e meus amigos resolvemos aprontar porque tudo estava muito chato, só que o tiro saiu pela culatra. Em nossa brincadeira, Marcelo teve contato com fios de alta tensão e, na ida para o hospital, o seu coração parou. Na ambulância e no hospital, foi ressuscitado várias vezes, até que ficou fora de perigo. Meu Deus! Não gosto nem de lembrar! Não foi fácil vermos o nosso amigo com partes do corpo queimadas. Por isso, foi submetido a várias cirurgias de reparação de pele durante meses de dor e sofrimento."

Felipe suspirou. Aquelas lembranças ainda chegavam até ele com uma pontada de dor. Apesar de Marcelo ter sido enfático em afirmar que ninguém poderia ter evitado o que aconteceu, Felipe pensava que, se não tivesse aceitado seguir com aquela brincadeira irresponsável, talvez Marcelo não tivesse se ferido.

Foram meses em que Felipe viu a força interior de seu amigo se manifestar e ajudou-o a superar aquele momento desesperador.

Foi em uma dessas visitas que Felipe conheceu Calixto, outro amigo de Marcelo.

— Felipe, este é Calixto, um amigo meu.

Ele o olhou curioso. Jamais tinha visto ou ouvido falar dele, e Marcelo e Felipe eram amigos de infância!

— Ele é um grande amigo que frequenta a mesma casa espírita que eu.

Felipe sorriu ao se lembrar de sua reação na época: retirou a mão que ia oferecer para o cumprimento. Ele não sabia que o seu amigo era espírita, e isso foi uma surpresa para ele. Calixto percebeu a reação dele e sorriu suavemente, pois ele compreendia que, apesar do preconceito ter diminuído bastante com o passar dos anos, muitos ainda não entendiam a Doutrina dos Espíritos e levavam em seus corações ideias equivocadas sobre ela.

Marcelo também percebeu a reação do amigo e disse, bancando o bravo:

— Tá vendo, Felipe, por que eu não lhe contei que era espírita? Você é muito preconceituoso e não queria perder a sua amizade por um motivo tão bobo. Sou espírita, e ainda bem que sou, caso contrário, não sei se aguentaria essa barra pela qual estou passando. Imagino que estaria revoltado com tanta dor e me veria como vítima diante de consequências que somente eu provoquei.

Essas palavras calaram fundo em Felipe que afirmou, categoricamente, que não era verdade.

— Pense comigo, Felipe: alguém me obrigou a entrar naquele galpão abandonado? Alguém me fez subir naquela plataforma? Como, então, eu poderia culpar alguém que não fosse eu mesmo?

— Mas, se não fôssemos nós, você não teria ido lá.

— Até posso concordar em parte, mas também sei que poderia ter dito não, e não disse. Foi uma escolha só minha. Graças a Deus, tenho amigos como vocês ao meu lado para me lembrar que sou querido e que muito fiz para conquistar as amizades que possuo. Porém, não posso esquecer de que ainda estou crescendo evolutivamente e que tenho de provar a mim mesmo que sou capaz de muito mais.

— Você quer me dizer que tinha de passar por esse acidente e sofrer? Por quê?

Marcelo já estava um pouco cansado de falar, então, fez sinal para que Calixto respondesse aos questionamentos de Felipe:

— Na verdade, Felipe, o ponto não é esse. Não tem nada a ver com ele ter de passar por esta ou aquela experiência. O fato é que Marcelo tomou atitudes para que tudo isso acontecesse com ele. Possivelmente, tinha em seu histórico de vida a necessidade de passar por alguma experiência que fortalecesse sua fé, sua crença na valorização da vida e muitas outras coisas. Em razão disso, por meio de suas atitudes irresponsáveis, ele construiu para a sua vida a possibilidade de resgatar consigo mesmo tais posturas. Se é assim, tenho de dizer que ele está se saindo muito bem! – disse, sorrindo para o amigo convalescente.

— Mas, então, vocês acreditam que tudo de ruim que acontece conosco é merecimento nosso? Essas coisas ocorrem porque precisamos sofrer para que Deus fique feliz com o nosso sacrifício? — questionou Felipe.

— Claro que não! Não foi isso que eu disse. Deus não deseja o nosso sofrimento nem nosso sacrifício, deseja que cresçamos e, para isso, temos de compreender a vida como ela é na realidade. Ele não nos pune quando agimos equivocadamente, só nos ensina. Para isso, Ele fez leis imutáveis e perfeitas que incidem sobre nós o tempo todo e atuam quando nós agimos.

Calixto respirou fundo e, como se tivesse uma ideia, disse:

— Vamos entender isso com um exemplo. Se nós jogamos algo para cima, o que acontece?

— Esse algo cai, claro!

— E por que cai?

— Porque existe a lei da gravidade que atrai para o centro da Terra tudo que existe aqui.

— Exatamente! A lei da gravidade é uma das leis da vida. Se você decidir jogar algo para cima, sabe que esse algo cairá, é a lei. Mesmo que não saiba de sua existência, ela simplesmente incidirá. Se fizermos algo bom ou não tão bom, teremos das leis divinas a sua incidência e o reflexo desse ato na nossa vida. Mas tudo o que nos acontece será na proporção de nosso entendimento. Se Marcelo não conseguisse realmente compreender os reflexos desse acidente em sua vida, ele não aconteceria assim, ou com essas proporções. Todas essas circunstâncias chegam conforme a capacidade que temos de vivenciá-las, e isso nos dá a certeza de que estamos prontos para enfrentá-las.

Calixto parou um pouco quando viu que Felipe ficou pensativo. Sabia que era muito para ele absorver, mas aproveitava o momento para semear em seu coração a possibilidade de consolo de que ele muito precisava. Somente depois de conhecê-lo melhor Felipe descobriu que Calixto, apesar de jovem, atuava com a sua mediunidade de forma natural, o que o levava a escutar o seu mentor com muita facilidade. Naquele dia, ele o orientava para o esclarecimento necessário ao novo amigo.

Felipe nunca tinha pensado daquele jeito. Como aceitar que as coisas ruins da vida vinham em decorrência de nossas ações? Como aceitar o que aconteceu com Marcelo como algo bom, como algo que pudesse fazê-lo crescer? E por que com o Marcelo? De todos eles, Marcelo era o mais sensato. Era muito difícil aceitar tais ideias. Então, perguntou:

— Marcelo, como isso tudo pode ser bom para você? Se você, que é o mais sensato entre nós, sofreu isso, então o que teremos de passar para entender a nossa vida?

— Felipe, entenda, cada um necessita de suas próprias experiências para poder crescer. O fato de você me achar o mais sensato não me faz santo ou isento de passar por circunstâncias que me farão crescer e aprender. É a mim mesmo que preciso convencer de que estou melhorando e perdoar pelas minhas falhas.

— Desculpe-me dizer isso, mas, como você não se culpa pelo ato de burrice que teve e que o deixou machucado nessa cama de hospital? Se fosse eu, estaria me martirizando com tudo isso.

— Como estava dizendo, primeiro eu mesmo preciso me perdoar pelos meus equívocos, e não Deus ou Jesus. Sou eu que preciso acreditar que, pelas minhas escolhas, estou me melhorando. Em segundo lugar, pense em tudo o que aprendi até agora. No mínimo, nunca mais me aventurarei a experiências tão malucas como aquela, e isto é um ponto positivo — disse sorrindo. Você sabe que fui contra aquela brincadeira, mas aceitei quando fui voto vencido, escolhi estar lá e me aventurar com vocês. Essa experiência me fez ter consciência do quanto a minha vida é importante, do quanto os meus pais sofreriam com a minha morte e do quanto já sofrem por me ver nesse estado. Tudo isso me faz pensar o que estou fazendo comigo e quais são os meus verdadeiros valores. Qual seria o meu futuro se continuasse nesse caminho de não pensar nas consequências reais de minhas ações?

Parou para respirar um pouco mais e prosseguiu:

— Respondendo a sua pergunta: eu tento não me culpar, porque já fiz a besteira. É claro que tenho recaídas e choro pela minha burrice, mas sei que, se eu ficar escravizado à culpa, só estarei andando para trás nesta experiência. Pense, só eu sei as consequências dessa escolha porque elas vieram para me mostrar que posso ser mais cuidadoso da próxima vez. Ela me trouxe para cá. Agora, é evitar outras escolhas inconsequentes que me trarão de volta a este lugar. É assim que enxergo esse momento de minha vida.

Felipe estava impressionado. Como Marcelo e Calixto podiam saber tanto? O amigo parecia sincero. Não, ele sabia que o amigo estava sendo sincero diante daquela experiência porque as suas ações eram coerentes com o que ele lhe falava agora.

Felipe queria pensar daquele jeito e ter a paz que sentia vir daqueles dois jovens que eram apenas um ano mais velhos que ele. Se parasse para pensar, Marcelo sempre havia sido o mais centrado de todos do grupo. Sempre tinha algo bom a dizer para qualquer um deles que estivesse passando por um momento de dificuldade. Sim, ele queria isso para ele, queria que parasse de se culpar e tivesse paz.

Capítulo 28

Felipe foi interrompido em seus pensamentos por uma ligação de Paula.

— Felipe, desculpe-me ligar neste horário, mas a mamãe está passando mal. Já estava me deitando quando ouvi um barulho no quarto dela, fui até lá e a encontrei no chão, com respiração ofegante. Ela não consegue respirar direito, está ficando com os lábios roxos e não para de tossir. Desculpe, mas não sei o que fazer!

— Ligue agora para o serviço de emergência e peça uma ambulância. Diga que a sua mãe é cardíaca e descreva o que está acontecendo. Já estou indo aí. Se a ambulância chegar antes de mim, deixe os paramédicos a atenderem, mas avise que eu estou chegando.

— Obrigada, Felipe. Não sei como agradecer.

Felipe pegou as chaves de seu carro e dirigiu o mais rápido possível para a casa de Paula. O quadro descrito não era bom e não queria arriscar.

Estava preocupado, pois sabia que a ambulância demoraria um pouco para chegar e, se a sua desconfiança fosse confirmada, Margareth precisaria muito de oxigênio. Para a sua surpresa, a ambulância chegou primeiro que ele, e os paramédicos já tinham providenciado as medidas emergenciais com a utilização do oxigênio para facilitar a respiração de Margareth. Em razão de seu quadro, Felipe não teve outro jeito senão seguir com a paciente para o hospital mais próximo.

Paula estava desesperada. Sabia que a sua mãe estava debilitada, mas se sentia culpada por ter saído de casa na parte da tarde e de, talvez, tê-la sobrecarregado de alguma forma: "E se ela tivesse passado mal quando eu não estivesse em casa?" – pensou. Seu coração estava pesado de remorso. Seguiu com sua mãe na ambulância e Felipe foi logo atrás.

– Mãe, perdoe-me. Como sou burra! Hoje, não pensei na senhora e não imaginei que poderia ainda estar necessitada de atenção. Saí de casa, colocando a sua vida em risco. Ainda bem que passou mal só agora.

Margareth olhava a sua filha com olhos de pena, não era para Paula se sentir assim. Realmente, ela estava tossindo um pouco, mas se sentia muito bem recuperada da cirurgia. Ela não culpava Paula por ter ido buscar o seu caminho no mundo, se não a culpou antes, também não a culpava agora. O problema é que ela não conseguia responder. Com o oxigênio, a sua respiração melhorou um pouco, mas não o suficiente para que ela conseguisse falar sem tossir muito.

Paula pensava sobre o que seria dela se a sua mãe faltasse. Novamente, se via enfrentando os mesmos sentimentos que a dominaram quando, há poucos meses, pensou que sua mãe estava morta.

"Nossa, parece uma eternidade! Quantas coisas já aconteceram depois disso!" – Paula pensou, e olhou pela janela da ambulância. Viu o carro de Felipe logo atrás. "Naquela época, Felipe achava que eu era muito mesquinha, egoísta, não gostava de mim, e não posso discordar dele. Mas agora somos amigos. E o que seria de mim se ele não estivesse hoje conosco?"

Eram muitos os pensamentos que fervilhavam em sua cabeça, trazendo-lhe o desespero e a desesperança. Enquanto isso, Felipe não tinha tempo para outros pensamentos que não fosse os exames que pediria para descobrirem o que estava acontecendo com Margareth.

Paula não desgrudava de sua mãe. No entanto, quando saiu da ambulância, a sua presença foi solicitada na recepção, pois precisavam dos dados da paciente.

Com um aperto no coração, viu a sua mãe sendo levada para além daquelas portas brancas, tendo que ficar para resolver os problemas burocráticos. Felipe foi imediatamente conversar com o médico de plantão para resolverem quais exames poderiam solicitar naquele horário da noite.

– A senhora poderia me dizer se a sua mãe tem algum plano de saúde? – perguntou a recepcionista, antes mesmo de dizer boa-noite.

– Não, não temos plano de saúde.

– Esse atendimento será particular ou pelo sistema público de saúde?

– Bem, não tenho certeza, pois não sei o quanto será cobrado pelos exames ou internação de que a minha mãe necessitará, mas acredito que não teremos dinheiro para pagá-los.

A recepcionista fez uma cara de desdém, como se as pessoas pobres não pudessem ser atendidas por um hospital daquele gabarito, mas, sem nada dizer, pediu os documentos de identificação da paciente. Após ter se comunicado com o setor responsável, ela finalizou o cadastro. Sem ter orientado Paula sobre o que fazer, esta a questionou:

– Eu gostaria de ficar com a minha mãe. Onde posso encontrá-la?

– Infelizmente, como a sua mãe será atendida pelo sistema público, não poderá ter um quarto individual. Por isso, ela deve ficar em uma das enfermarias. Pode entrar por aquelas portas, seguir pelo corredor até o final e perguntar por ela nas enfermarias.

Paula estava triste. Não podia dar um atendimento melhor para a sua mãe porque não tinham condições para isso. Estava envergonhada.

Quando chegou às enfermarias, Paula deparou-se com um quadro que a deprimiu. Muitas macas com pacientes em estado grave e nem todos tinham parentes ao seu lado. Via-se em seus olhos muita tristeza e abandono.

Ela perguntou para uma enfermeira sobre a sua mãe e ela, muito prestativa, levou-a até Margareth. Como da primeira vez que a viu no hospital, Paula ficou chocada com o que viu. Ela estava com uma máscara de oxigênio, de olhos fechados e com a tez muito branca. Parecia um pouco mais serena, mas ainda assim não conseguia respirar direito.

Passaram-se poucos minutos e Paula ouve um burburinho no corredor. Quando se deu conta, viu Felipe chamando a atenção do grupo hospitalar por terem colocado a paciente na enfermaria quando esta precisava ter ido para a emergência.

— Isso é imperdoável. Essa paciente precisa fazer vários exames urgentes e aqui ela não os fará. Está em estado grave, é cardíaca e pode parar a qualquer momento!

Felipe providenciou para que Margareth fosse direcionada imediatamente para os setores onde ela poderia fazer os exames indicados por ele. Enquanto isso, falou com Paula que seria melhor ela ficar lá fora, pois não poderia acompanhá-los naquela maratona de exames dentro do hospital. Ele, assim que possível, a informaria sobre o estado de sua mãe.

Paula estava exausta fisicamente. Estava indo dormir quando ouviu um barulho no quarto de sua mãe, correu para lá e a viu com tamanha dificuldade de respirar que não teve tempo de pensar direito e muito menos sentir o esgotamento físico. Agora que estava ali, parada na recepção, sentia todo o seu corpo doer e a cabeça estava latejando.

Ainda bem que Felipe estava com elas. Não queria nem pensar no que teria acontecido se ele não estivesse ali. Provavelmente sua mãe permaneceria naquela enfermaria até que algo mais grave acontecesse.

Poucas horas depois, Paula estava com Margareth em um quarto do hospital e estava cansada, muito cansada. Enquanto esperava, só pensava em como a sua mãe estava debilitada. Felipe tinha conseguido aquele quarto depois de Paula ter resistido muito em aceitar a sua ajuda, mas quando ele disse que já tinha feito isso antes, que ela estava sendo orgulhosa e que não pensava em sua mãe, pois estava fazendo aquilo de bom grado, ela desistiu de lutar.

Agora que estava ao lado de sua mãe no quarto, pensava em como a vida dava voltas. Relembrou o dia em que a reencontrou. Agora, sabia quem tinha sido o benfeitor que pagou todas as despesas médicas e hospitalares de sua mãe. Ele nunca escondeu o carinho que tinha por ela. Quando Paula voltasse a trabalhar, conversaria com ele sobre como poderia pagá-lo.

Margareth estava recebendo oxigênio e soro com remédio e Felipe desconfiava de que ela poderia estar com edema pulmonar. Perguntou se ela esteve tossindo muito naqueles últimos dias, o que foi confirmado por Paula.

— Por que vocês não me ligaram? Ela não pode ter nem uma gripe, quanto mais uma pneumonia. Ela não pode adoecer. Essa tosse vem de muito líquido nos tecidos dos pulmões e gera uma sensação desagradável, porque o paciente tem a impressão de não conseguir respirar.

— Nós já o incomodávamos tanto! Ela estava tossindo, mas nada muito carregado, e não reclamou de nenhum incômodo. Talvez ela tenha piorado muito hoje, mas eu não estava com ela. – parou de falar, sentindo-se péssima e com lágrimas nos olhos.

— Não se culpe, Paula! – disse Felipe, abraçando-a e afagando os seus cabelos – Essas coisas acontecem, e ela agora está bem. Tente descansar um pouco, pois vocês passarão a noite aqui. Se ela tiver uma melhora, veremos o que fazer. Ainda aguardo alguns exames e chamei um amigo meu para avaliá-la, pois é a especialidade dele.

Felipe parou de falar, mas não a largou. Ela estava tão feliz com aquela manifestação de afeto que ficou quietinha para não quebrar o encanto do momento. Porém, quando Felipe se lembrou de Letícia, afastou-se devagar, lutando para não beijar a mulher de sua vida.

Paula sentiu que algo aconteceu com Felipe ao afastá-la, mas não seria o momento nem o local para esse tipo de conversa. Naquele exato momento, o médico, amigo de Felipe chegou, e ele teve que direcionar toda a sua atenção para a paciente.

Ambos, depois de conversarem e analisarem a paciente, saíram, dizendo que voltariam logo.

Felipe retornou apenas no início da manhã, com ar muito cansado.

Ficou constatado pelos exames que Margareth estava com pneumonia e, por isso, não poderia sair do hospital. No caso dela, era necessário o acompanhamento médico e a medicação intravenosa.

— Felipe, precisamos mudá-la para a enfermaria, não temos como pagar esse quarto.

— Nem pense nisso! Eu arcarei com as despesas. Não deixarei Margareth na enfermaria.

— Mas Felipe, não temos como pagá-lo. Estou desempregada e, com a aposentadoria de minha mãe, mal dá para pagarmos as despesas mensais. Foi por isso que eu saí para procurar emprego.

— Paula, não vou discutir com você sobre isso, mas não deixarei Margareth naquela enfermaria. Eu nunca lhe contei o que a sua mãe fez pela minha, e isso é o mínimo que posso fazer por ela agora.

— Tudo bem. Se a gratidão que sente por ela é igual a que sentimos por você, então eu compreendo. Em algum momento pagarei a você tudo o que está fazendo por nós – e elevou o olhar para ele com admiração.

— Então, o que sente por mim é somente gratidão? – perguntou Felipe, consternado.

— Não, Felipe. Não é. – disse Paula, enrubescida.

Ele viu nos olhos de Paula que ela o amava e não aguentou. Estava tão cansado de lutar contra o que sentia por ela e com tanto desejo de tê-la em seus braços que a abraçou e beijou com carinho. Não pensou, não analisou as suas atitudes, só seguiu a vontade profunda de estar com a mulher que amava. Ele ficaria com ela, não esperaria e não se importava com mais nada.

— Paula, eu a amo muito.

Ela ficou radiante, era tudo o que queria ouvir, pois também o amava demais. Queria que aquele momento fosse eterno e permaneceram abraçados, como se temessem que, ao se afastar, algo os levasse para longe um do outro. Saíram daquele estado apenas quando Margareth começou a tossir novamente.

Felipe afastou-se e chamou a enfermeira, que já deveria ter trocado o medicamento anterior pelo prescrito pelo médico especialista.

Paula ficou no quarto com a mãe. Queria tanto contar a ela sobre sua felicidade, trocar ideias com ela, fazer o que não tinham feito quando era mais nova! Naquela época não via sua mãe como uma amiga confidente, como agora.

Olhava para ela e sentia tanto carinho! Como Deus estava sendo bom para ela! Não conseguia descrever seus sentimentos pelo fato de a vida tê-la levado de volta para casa e ter encontrado a sua mãe viva. Todas as vezes que pensava sobre esse episódio, perguntava-se quem poderia ter ligado para ela e dito que a sua mãe estava morta. E por que morta? Não seria melhor dizer que ela estava no hospital? Talvez jamais descobrisse, mas no final foi maravilhoso.

Seus pensamentos foram interrompidos pela chegada da enfermeira com os remédios.

Felipe voltou alguns minutos depois. Ele precisava ir para atender alguns pacientes no consultório, mas voltaria.

— Paula, precisamos conversar. Quando eu voltar, precisamos conversar – repetiu. Ela sentiu como se algo o preocupasse, mas ele falou isso com ela nos braços e já lhe dando um beijo rápido de despedida.

Ela não queria se preocupar. Quando ele voltasse, conversariam, porque agora a sua atenção precisava estar concentrada em sua mãe.

Capítulo 29

No carro, Felipe pensava no quanto ele tentou resistir a respeito do que sentia por Paula e a ansiedade que isso lhe causava. Por fim, o seu ato impensado antecipou o desfecho. Ele a amava muito e queria se casar com ela, tê-la ao seu lado todos os dias.

O que fazer então? Agora, já não havia mais volta, pois com aquele beijo e a declaração de seu amor, tinha selado o relacionamento dos dois. Mas como poderia dizer a ela que estava comprometido com outra? Mesmo que dissesse que ele já tinha rompido o relacionamento e que estava esperando a resposta de Letícia, ficaria a sensação de que ele não foi honesto com ela. "Ah! O que devo fazer?" – pensou desolado. Tinha receio de que Paula até entendesse, mas não o aceitasse enquanto não terminasse definitivamente com a outra.

A imagem daquele rapaz aguardando-a para saírem naquela noite fatídica e a sua mão ao redor da cintura de Paula ainda o assombrava. Não sabia explicar o porquê, mas a presença de

Mário o incomodava muito. Tinha a impressão de que ele era muito perigoso para o seu relacionamento com Paula.

Por fim, Felipe resolveu que não iria contar nada a Paula. O seu relacionamento com Letícia já estava terminado, só não era oficial porque ela temia desrespeitar o seu pai, mas ela se comprometeu a lhe contar o quanto antes.

"Está resolvido, eu não falarei nada com ela e enquanto não for oficial não ficarei saindo com Paula para que ninguém nos veja e possa chegar aos ouvidos de algum amigo de Roberto antes do tempo, mas não arriscarei perdê-la para outro só porque Letícia tem medo da reação de seu pai."

Pérsio, seu mentor e amigo inseparável desde muitos séculos, estava ao seu lado tentando auxiliá-lo a raciocinar melhor, mas, com medo de perder Paula, Felipe não o escutava. Pérsio, por ter tido escolhas mais sábias, cresceu e conquistou experiências para ser aprovado como seu mentor e auxiliá-lo nesta reencarnação. O amor criado entre eles nas vidas sucessivas os uniu para sempre.

Era notório que Felipe, nesta existência, tentava ser um ser humano compreensivo diante das adversidades da vida, lia muito os conceitos trazidos pela Doutrina Espírita, mas, se lhe perguntassem, dizia-se apenas cristão, porque sua grande paixão era o Novo Testamento. Adorava ler O evangelho segundo o espiritismo porque nele podia ampliar a visão sobre o que lia na Bíblia e, por seu coração bondoso e suas atitudes, recebia uma proteção energética natural.

Agora, entretanto, ao reencontrar Paula, estava muito suscetível ao desequilíbrio.

Quando retornou ao hospital naquele dia, ela o questionou sobre o que desejava falar, mas ele desconversou e nada disse, somente a abraçou e a beijou como se não houvesse amanhã.

Apesar de preocupada com a sua mãe, Paula estava muito feliz. Não deixava de estranhar, porém, algumas reações de Felipe. Este, todas as vezes que alguém entrava no quarto do hospital, se afastava rapidamente dela e parecia querer esconder o relacionamento deles. Mesmo assim, preferiu pensar que no hospital não eram permitidas manifestações íntimas dos médicos e deixou de se preocupar.

Após alguns dias, Margareth pôde voltar para casa e ambos estavam mais ligados do que nunca. Felipe era um homem atencioso e não exigia dela mais do que ela desejava lhe dar.

Capítulo 30

Quando Felipe chegou à casa de Paula num domingo, Margareth, que estava bem melhor, perguntou para o casal se não desejavam jantar fora, afinal, ela estava sempre entre eles.

Felipe não gostou da sugestão e Paula percebeu isso. Já estavam namorando há quase um mês e eles jamais saíram juntos como namorados. Quando a sua mãe deu a sugestão do jantar, ela imaginou que essa ideia iria fazê-lo vibrar de alegria, mas não foi o que aconteceu.

Realmente, era o que ele mais queria, porém seria muito arriscado, já que Letícia ainda não lhe retornara após o seu ultimato na festa que fora obrigado a ir com ela, no final de semana anterior. Apesar de todo o esforço que fizera para que ela falasse ali mesmo com o pai, ela o convencera de que seria inapropriado.

Já cansado dessa situação, tentou entrar em contato com ela inúmeras vezes no domingo, mas a ligação sempre estava ocupada ou caía sem ninguém atendê-lo.

"Amanhã, terei de falar pessoalmente com ela. Não posso mais continuar assim" – pensou.

– Margareth, agradeço que você esteja preocupada conosco, mas estamos bem, queremos que você se restabeleça completamente antes de sairmos e largarmos você sozinha.

Paula ficou preocupada: "Será que mamãe está tão mal assim que não pode ficar sozinha?".

Aproveitando o momento em que Margareth foi à cozinha, perguntou ao Felipe:

– Meu Deus, Felipe! Mamãe não está melhor? Você não me disse que ela precisava ficar sempre acompanhada. Por não saber disso, já saí para o supermercado e para a farmácia, algumas vezes.

– Não se preocupe, Paula. Ela está bem, mas hoje prefiro ficar aqui.

Paula sabia que Felipe sempre foi honesto com ela, mas parecia que ele escondia algo desde a última internação de sua mãe. Talvez fosse o verdadeiro estado de saúde dela. Tentou ficar tranquila, mas não conseguiu.

Felipe estava se sentindo péssimo, sabia que tinha preocupado Paula à toa, pois Margareth estava ótima, sua recuperação foi um sucesso e ela realmente não precisava ter uma acompanhante ao seu lado o tempo todo. Ele desconfiava de que Paula não iria dormir bem naquela noite, o que realmente aconteceu.

Pérsio já não sabia mais o que dizer para tentar conscientizar o seu tutelado de que o tempo estava se esgotando e que ele poderia se arrepender dessa atitude.

Sob a influência de Pérsio, Felipe foi para casa bastante pensativo. Não saía da cabeça a ideia de que era imprescindível retornar à casa da Paula e lhe contar a verdade: "Não, não tenho coragem, preciso pensar. Isso não pode continuar, já não tenho mais desculpas para dar e hoje eu vi o quanto a minha mentira afetou Paula.".

Ele começava a se arrepender de não ter esperado mais um pouco para iniciar o seu relacionamento com ela, sentia que estava sendo desonesto e a situação só piorava porque acabava contando uma mentira atrás da outra.

"Sempre me orgulhei de ser uma pessoa honesta, de ter princípios, de acreditar que a vida é sabia e que ela me levaria às experiências certas para o meu crescimento, mas, depois de muitos anos praticando essa verdade, me deparei com uma situação em que não consigo agir como devia. Quis tomar conta da situação, mesmo me utilizando de desculpas esfarrapadas para não perder Paula. Agora, sofro e a faço sofrer!" – pensou.

Felipe estava em seu quarto, na penumbra, tentando raciocinar sobre as construções equivocadas que, por falta de segurança na sabedoria divina, tinha atraído para ele e para quem amava. Ele não confiou em Paula, não confiou no amor que ela poderia ter por ele, decidiu enganá-la para não correr riscos de perdê-la, mas nada do que fazia parecia estar certo agora.

Para os amigos do plano espiritual, estava claro como essa experiência era importante para Felipe e Paula, porque ambos teriam de provar a si mesmos, nesta existência, que compreenderam o sentido real da expressão "confiança mútua".

Diante disso, Pérsio dirigiu-se em pensamento aos seus instrutores e pediu auxílio para o caso. Pouco tempo depois, chegou à casa de Felipe a sua mãe, que sempre foi o seu porto seguro. Rita lhe trazia a sensação de segurança de que ele necessitava e, a partir daquele momento, ele precisaria ser mais forte do que nunca para enfrentar as experiências que viriam. De acordo com os instrutores espirituais, se os ventos não mudassem e segundo as tendências dos envolvidos, a hora do aprendizado havia chegado.

Rita colocou-se intimamente numa posição acolhedora e se ligou ao filho com o amor profundo de seu coração, tentando convencê-lo de que a verdade era a única que o libertaria daquela escravidão de sentimentos menos dignos e que ela precisava ser dita sem demora. Transmitia para ele a imagem dele ligando para Paula e dizendo-lhe a verdade. Felipe escutava a mensagem de sua mãe e se via fazendo a ligação, mas o seu medo o dominava. Depois de muita luta interior, ele decidiu que do dia seguinte não passaria, ligaria para Letícia logo quando chegasse ao consultório e, se não conseguisse falar com ela, iria até a sua casa na hora do almoço. Ele descobriria se ela havia conversado com o seu pai. Se não, ele mesmo o faria. Se ela já tivesse feito isso, no entanto, tudo estaria resolvido e nada precisaria ser dito à Paula.

Por fim, não conseguindo convencê-lo, Pérsio e Rita começaram a emanar fluidos benéficos para que ele se sentisse mais reconfortado. Agora, era hora de descansar e enfrentar a sua realidade. Felipe foi se sentindo mais tranquilo e dormiu se sentindo mais otimista.

Capítulo 31

Voltando um pouco no tempo, infelizmente a única providência que Letícia tomou foi levar ao conhecimento de sua mãe o pedido de término do relacionamento.

Imediatamente, Verônica determinou à filha que nenhuma palavra deveria ser dita ao seu pai e que, todas as vezes que Felipe perguntasse sobre isso, era para ela enrolá-lo. Enquanto isso, Verônica esclareceu para a filha que tomaria as providências necessárias a fim de saber o que realmente estava acontecendo.

Verônica entrou em contato com Wander para ser atualizada da situação, mas este, em razão do acúmulo de serviço de Felipe e dos imprevistos que aconteciam, somente podia reportar que ele estava indo de casa para o trabalho e do trabalho para casa.

A situação só se modificou quando Margareth foi internada novamente e Wander desconfiou do atendimento VIP prestado àquela paciente. Começou a questionar como alguém que mora na periferia poderia ter dinheiro para pagar o hospital. Então, por meio de suborno a um funcionário do hospital, descobriu que Felipe era quem pagava todas as despesas.

"Isso é algo a ser reportado" – pensou satisfeito. "Dona Verônica não tem muita paciência. Se eu não levar nada ao seu conhecimento, desistirá também dessa vigilância."

Ele sabia que tinha sido retirado cedo demais no caso da Letícia. Ela e Pierre estavam muito ligados para terem desistido tão rápido daquele relacionamento, mas dona Verônica não o escutou.

Ligou para ela:

– Dona Verônica, descobri algo importante. O doutor Felipe está agindo de forma suspeita com uma paciente dele. Está pagando todas as despesas dela no hospital e a conta é altíssima.

– Wander, você me decepciona. O que é suspeito em um médico rico pagar a conta de uma paciente, sendo ela idosa? Ele jamais deixaria a minha filha por uma idosa, pelo amor de Deus!

– Mas é que esta é a paciente que tem aquela filha muito bonita.

– Então, algo há, com certeza. – parou de falar, desconfiada. Continue a vigilância. Traga-me mais detalhes.

Apesar de Felipe ser discreto, a vigilância apurada de Wander e o suborno pago a alguns funcionários do hospital para ficarem atentos quanto ao comportamento do casal foram suficientes para confirmar que os dois estavam tendo um relacionamento.

Quando o detetive contou para Verônica o que descobriu, ela ficou indignada. Então, pensando que deveria conhecer melhor a sua adversária, determinou a Wander que descobrisse tudo o que podia a respeito dela, pois precisava saber se ela tinha algum podre e que lhe trouxesse fotos.

Em poucos dias Wander trouxe as informações solicitadas e, quando Verônica viu as fotos, ficou profundamente irritada. "Aquela mulher não merecia a felicidade!" – pensou.

Os dados que Wander lhe trouxe eram exatamente o que ela esperava: um passado totalmente questionável. Infelizmente, ela foi avisada de que Felipe já a conhecia e que ela havia mudado muito com o tempo e com o sofrimento, sendo agora uma pessoa diferente. Tudo isso chegava aos ouvidos de Verônica, mas ela não acreditava. Com certeza, Paula era uma interesseira e ela iria provar. "Mas como?" – pensava.

Junto com estas informações, Verônica ficou sabendo que era possível que Paula não soubesse do relacionamento de Felipe com Letícia, pois ele fazia de tudo para não sair de casa com ela.

"O que eu posso fazer, então?" – pensou.

Neste momento, em seu socorro, veio Ary, um dos seus acompanhantes espirituais que tinha como função influenciá-la negativamente, principalmente contra Paula. Dizia para ela as suas crenças deturpadas:

– Manipule-a! Essas mulheres precisam muito convencer aos demais que estão acima dos pecados mundanos e não dão chance aos outros de explicarem os seus erros. Ela não o escutará se as provas que tiver em mãos forem fortes o suficiente para condená-lo sumariamente.

Juntamente com as palavras, Ary e outros emissários enviavam para o campo mental de Verônica imagens de uma festa, onde Felipe estaria traindo Paula.

Verônica via e escutava tudo isso como se os pensamentos fossem seus.

– Claro! Como não pensei nisso? Se ela quer convencê-lo de que é uma mulher de princípios, menos oportunidades dará a ele de se explicar se for flagrado traindo-a. Mas... e se ele falar com ela antes da festa?

Ary continuou o seu trabalho de convencimento:

– Ora, Verônica, mesmo que ele conte, você é inteligente e saberá fazer um plano muito bom para que ambos se separem.

Verônica, com um sorriso convencido, começou a maquinar o seu plano.

Ary sorriu para uma das suas comparsas, que via tudo e aprovava.

Capítulo 32

Verônica, sintonizada com as energias de seus companheiros mal intencionados, programou uma mega festa que aconteceria dali a alguns dias.

Seu plano era fazer Letícia levar Felipe a essa festa e não sair do lado dele. Ela sabia que ele iria se recusar a participar, por isso ela mesma o convidou e deu certo, Felipe não conseguiu recusar.

A partir daí, determinou à Letícia que ela deveria estar sempre abraçada a ele na festa, sorridente e melosa, pois o que ela queria eram fotos bem comprometedoras!

Letícia não entendeu o porquê das fotos e questionou sua mãe, que então lhe contou ter descoberto o motivo de Felipe estar tão estranho, que ele tinha sido envolvido por uma mulher interesseira. Assim, entendia que, estando Letícia com ele na festa, poderia fazê-lo lembrar de como era bom estar com ela e talvez largasse aquela mulher sem escrúpulos. Já as fotos serviriam para afastar a fulaninha dele.

— Mãe, como a senhora sabe que ela é interesseira? Talvez eles se amem de verdade e nós estaremos fazendo algo muito errado, separando-os.

— Minha filha, não pense que sua mãe é uma leviana. Eu mesma pedi para um detetive particular segui-lo para sabermos o que havia de errado e foi ele quem me trouxe essas informações. Gostaria de ler?

Verônica conhecia sua filha e sabia que ela não aceitaria participar de um plano como aquele se não entendesse que Paula era uma mulher com interesses mesquinhos. Por isso, mostrou todo o dossiê trazido por Wander com a descrição da vida pregressa de Paula como uma filha egoísta e mulher de bandido.

Letícia, acreditando estar ajudando Felipe, aceitou fazer parte daquela farsa. Segundo os planos de Verônica, na segunda-feira Paula receberia em sua porta um exemplar do jornal com as fotos de Felipe e Letícia juntos na festa, acompanhado de um bilhete maldoso que dizia: "Espero que as manchetes destacadas abram os seus olhos. Você está sendo enganada! De um amigo que se importa!".

A manchete mencionada mostraria as fotos mais comprometedoras que eles conseguissem.

No dia da festa, tudo foi feito como planejado, mas conseguiram apenas duas fotos do casal. Em uma, Letícia estava pendurada no pescoço dele, toda sorridente, e em outra, ela o beijava. Esta última foi conseguida a duras penas e de surpresa, porque Felipe não dava oportunidade para Letícia ir muito além, esforçando-se muito para ficar longe dela.

Quando ela o beijou, ele a puxou para um canto e a questionou do porquê de estar fazendo aquilo. Acusou-a de saber que eles não estavam mais juntos e mesmo assim não fazer qualquer esforço para falar com o seu pai sobre o término do relacionamento dos dois. Depois disso, foi embora.

Capítulo 33

Na manhã de segunda-feira, Paula acordou muito cansada, porque passou a noite toda muito preocupada com a sua mãe e não tinha dormido direito, pois ficava o tempo todo tentando escutar qualquer barulho que viesse do quarto dela. Somente às cinco da manhã dormiu um pouco, por puro cansaço.

Quando acordou, às nove horas, estava cansada, com dor de cabeça e com seu humor um pouco abalado, mas se levantou porque escutou o barulho de sua mãe na cozinha, não queria que ela se esforçasse além do necessário.

Ao chegar lá, viu um envelope pardo endereçado a ela sobre a mesa, mas não estava selado. Estranhou.

– Mãe, o que é isso?

– Não sei, filha. Foi deixado lá fora, perto da porta. Sabe de uma coisa? Não gosto disso! Normalmente, essas coisas são maledicências. Não tem selo, você viu?

Margareth, intuída por Nestor, já tentava amenizar o que estava por vir. Quando ela achou a carta, desconfiou imediatamente das intenções do remetente, pensou até em não entregar, mas a sua honestidade não permitiu que fizesse isso. A carta estava direcionada à sua filha. E ela não tinha o direito de abri-la ou de se desfazer dela.

— É verdade – concordou Paula, abrindo o envelope.

Dentro dele tinha um jornal com a primeira página aberta, com alguma coisa marcada em vermelho, e um bilhete. Após lê-lo, Paula pegou o jornal com ansiedade e empalideceu. Margareth viu a reação da filha e juntou-se a ela, perguntando:

— O que foi, filha?

Em choque, Paula entregou os papéis à mãe e se sentou. Estava sentindo tantas emoções juntas que não conseguia chorar: raiva, indignação, tristeza, revolta. Estava profundamente sentida.

Somente quando Margareth a abraçou é que ela extravasou os seus sentimentos com um choro sentido, pesado e doído.

— Filha, tem que haver uma explicação!

— Qual, mãe? Qual explicação pode haver nesse caso? Está tudo muito claro, ele está me enganando, é quase noivo da outra! Por isso ele nunca quis sair comigo. Agora, tudo faz sentido, lá no hospital, quando chegava alguém no quarto, ele se afastava de mim e, quando a senhora perguntou se queria sair comigo ontem, ele disse que não deveríamos. Não era com a senhora que ele se preocupava, mas sim, de sermos descobertos juntos. Como ele pôde fazer isso comigo? Não tem coração! Depois de tudo o que já passei com Fabrício, ele fez a mesma coisa. Como fui boba!

Margareth não sabia o que dizer. A notícia do jornal parecia ser verdadeira, havia fotos comprometedoras de Felipe com aquela loira bonita que elas viram saindo com ele do consultório. Ela se chamava Letícia e o jornal, de apenas dois dias atrás, noticiava o relacionamento antigo do casal que, com certeza, comunicariam o noivado em breve. Falava da festa e de que a anfitriã novamente surpreendera os seus convidados pelo bom gosto e sofisticação.

— Felipe não é assim, em todos esses anos de convivência ele sempre demonstrou integridade e honestidade. Como isto aconteceu? – falava Margareth, num sussurro, sem conseguir respostas.

Paula, ainda chorando, levantou-se e voltou ao seu quarto, fechando a porta. Ela não queria falar com ninguém nem pensar em nada, queria voltar a dormir, porque a sua cabeça latejava.

Enquanto isso, Felipe chegava ao seu consultório. Renata tinha sido orientada por Verônica para colocar o jornal sobre a mesa de Felipe e fazer, de alguma forma, com que ele o lesse ainda pela manhã.

Quando entrou no consultório, depois dos cumprimentos de praxe, Renata o informou de que o jornal estava sobre sua mesa. Ela também o parabenizou pelo seu relacionamento com Letícia estar indo tão bem.

— As fotos ficaram lindas! – disse ela, propositalmente.

Ele estranhou, mas, ao se lembrar da festa, correu para ler o jornal.

Quando viu a reportagem de página inteira com o título "Mais um casamento na sociedade?", sentou-se, pesadamente, em sua cadeira.

"Meu Deus! Isso não é verdade, foi tudo alterado." – pensou.

Verônica tinha sido muito esperta. Como ela conhecia o colunista, conseguiu dele que a notícia parecesse fofoca e sensacionalismo. Jamais Felipe desconfiaria dela ou de Letícia, porque o que queria era que Felipe, abandonado por Paula, voltasse a namorar sua filha.

Felipe estava transtornado. Se Paula visse isso, jamais o perdoaria. "Meu Deus, o que devo fazer?"

Enquanto isso, em casa, Verônica contava para a filha o que havia planejado, e por fim concluiu:

— Nessa hora, ambos já devem estar sabendo da publicação.

Apesar de ter ajudado a mãe na festa, Letícia não tinha a noção exata de tudo o que ela havia planejado. Achava tudo aquilo medonho, mas pensava que tinham feito o melhor para ele, não queria que Felipe sofresse se envolvendo com uma pessoa de mau caráter como Paula. Letícia não o amava, mas gostava dele, e por pensar que o estava protegendo, continuava a ajudar a mãe.

— Mãe, eu não entendo o porquê de fazer Felipe tomar conhecimento junto com ela... não seria melhor ele ser surpreendido por ela com o término do namoro? E como a senhora sabe que ela vai terminar? A senhora mesma disse que ela é uma interesseira e, então, nada disso a incomodará.

187

– Bem se vê que você não tem maldade, Letícia. Quero que ele saia correndo do consultório para a casa dela cheio de sentimento de culpa, que pareça culpado e, assim, tudo o que está no jornal ficará como verdade aos olhos dela. Você acha que ele terá alguma credibilidade depois disso? Sendo uma interesseira, ela será obrigada a fingir que se importa, e por isso terá de terminar com ele.

Letícia via a sua mãe falar sobre o sofrimento alheio sem se alterar e isso a assustava, mas queria acreditar que estavam fazendo o certo.

– E tem mais, se ele for agora, os sentimentos de culpa dele estarão mais fortes, o que fará com que aceite sem discutir o pedido dela. Por isso, orientei Renata para desmarcar todas as consultas da manhã para que ele não tenha nenhum impedimento de vê-la agora – concluiu a mãe, sorridente.

Realmente, ao descobrir que não teria nenhuma consulta pela manhã, Felipe decidiu ver Paula. Iria contar toda a verdade para ela. Estava tão ansioso que nem estranhou o fato de que, na sexta-feira, tinha visto na agenda quatro consultas marcadas para a manhã de segunda-feira.

Decidiu fazer uma surpresa e seguiu para lá sem avisar.

Capítulo 34

A surpresa de Margareth foi tanta que Felipe percebeu que algo estava errado. Parecia que ela não queria deixá-lo entrar.

— Bom-dia, Margareth! Sei que vim sem avisar, mas queria fazer uma surpresa para vocês.

Margareth entendia que deveria dar uma oportunidade para as pessoas se explicarem quando algo está errado, mas naquela situação achou que não era o momento. Paula não iria ouvi-lo.

— Felipe, meu amigo! Gostaria de lhe pedir um favor, vá embora! Não posso explicar agora, mas retorne em outro momento, ligando antes para combinar com a Paula um horário para vocês conversarem.

"Meu Deus, elas sabem!" – pensou Felipe.

— Mas, Margareth, eu preciso conversar com ela agora.

– Sinto muito, Felipe, mas ela está deitada. Acabou de tomar um remédio para dor de cabeça e... – foi interrompida por Paula, que ouviu a voz de Felipe na varanda.

– Não, mãe! Vamos acabar logo com isso, não há motivos para deixarmos algo para depois.

Paula estava com os olhos inchados e parecia ter chorado muito, suas duras palavras demonstravam o que ele mais temia.

– Bom-dia, Paula! – e quando foi abraçá-la e beijar seus lábios, ela se afastou.

Paula sentou na cadeira e apontou o sofá para ele se sentar. Margareth foi para a cozinha.

Felipe resolveu falar tudo de uma vez. Não havia outra opção:

– Paula, vim aqui hoje porque preciso contar uma coisa para você. Nós estamos namorando há pouco menos de um mês e não tive coragem de contar algumas coisas do meu passado – parou um pouco para pensar como iria continuar.

Quando eu a conheci, namorava uma mulher de nome Letícia já há alguns anos, e neste período fui percebendo que nós não tínhamos muita coisa em comum. No início do ano, ela viajou para Londres para fazer um mestrado e, com a nossa separação, tive certeza de que não tínhamos futuro juntos, mas deixei a interrupção de nosso relacionamento para quando ela retornasse. Entretanto, nesse período, eu conheci você.

Felipe respirou profundamente e continuou:

— Quanto mais eu a conhecia, mais tinha certeza de que não gostava suficientemente de Letícia, e por isso terminei o namoro pouco depois de ela retornar para o Brasil. Lembra-se daquele dia em que nos beijamos no hospital? Eu já tinha terminado o nosso relacionamento. No entanto, ela me pediu para não oficializar o término do namoro, pois o seu pai estava viajando e não queria lhe dar aquela notícia por telefone.

Paula, nessa hora, demonstra, em seu rosto, a sua reprovação ante aquela situação e ele, percebendo, continuou:

— Eu sei, Paula, que tinha de ter lhe falado sobre isso, mas era uma questão de tempo para Letícia falar com o pai dela e eu, realmente, entendi que o nosso relacionamento tinha terminado.

Paula estava muito magoada, não acreditava nas coisas que ele dizia. Já tinha sofrido tanto com as mentiras de Fabrício que não queria passar por tudo aquilo de novo. Estava cansada e com muita, muita dor de cabeça.

Para finalizar logo aquela conversa, ela o interrompeu:

— Se é assim, o que foi fazer na festa da sua ex-namorada nesse último final de semana?

— A mãe da Letícia me ligou dizendo que eu tinha de comparecer. Como ia dizer para ela que não iria à festa se ela não estava sabendo de nada?

— Deve ter sido muito difícil para você ter de sustentar tantas mentiras ao mesmo tempo. Para a mãe da sua ex-namorada, você não podia falar a verdade porque a perturbaria, e para mim, a sua namorada, você também teve de inventar uma história de estar passando mal para não me encontrar e ir à malfadada festa. Não deve ter sido fácil pensar, enquanto estava se divertindo, sobre o quanto eu poderia estar preocupada, durante toda a noite, com o seu bem-estar. – afirmou Paula, com ironia

Felipe abaixou a cabeça. Realmente havia pisado na bola. Não sabia mais o que fazer. Ele se enforcara em suas próprias mentiras.

– Felipe, eu poderia acreditar em tudo o que você acabou de me falar se antes dessa festa você tivesse vindo a mim e conversado sobre os seus problemas. Poderia acreditar em você porque não haveria entre nós omissões ou mentiras. Você, com certeza, me falaria da sua necessária ida à festa e depois teria me contado sobre o que tinha acontecido nela, e isso me prepararia para as fotos e para o que li no jornal. Possivelmente, eu o teria perdoado e pensado que tudo isso era sensacionalismo de um colunista fofoqueiro. Mas...

Paula parou de falar por alguns segundos. Suas dores físicas e morais eram imensas:

– Mas você não me contou sobre a festa, não me contou sobre Letícia nem sobre precisar beijá-la ou ter sido beijado por ela, que acredito ser a sua próxima desculpa. Você estava aqui comigo ontem, Felipe! Estava comigo, me beijou, me abraçou, me deu carinho, mas não foi honesto comigo em nenhum momento.

Paula agora chorava silenciosamente, sem saber se era pelo seu coração dilacerado ou pela imensa dor de cabeça que sentia.

– Você sabia do meu passado, contei tudo para você. Até aqueles momentos dos quais eu mais me envergonhava, eu lhe contei. Eu me abri para você, atitude que você não soube ter comigo. Infelizmente, Felipe, não acredito em você ou não quero acreditar, sei lá. O que sei é que não dá para ficarmos juntos se não confio mais em você.

Ela parou por alguns segundos para segurar a cabeça que latejava, mas continuou:

– Só lhe peço um favor, não abandone mamãe! Ela o ama e o defende como a um filho e não tem culpa por não termos dado certo. Seu problema é comigo, e não com ela. Pode ter certeza de que não serei problema nenhum para a sua futura esposa.

– Mas, Paula, eu não me casarei com a Letícia...

– Isso, Felipe, é uma escolha sua, somente você decidirá com quem quer se casar e, como eu disse, não serei nenhum empecilho para você. Mas, por favor, não desconte na mamãe o fato de não estarmos mais juntos.

Paula levantou-se com as mãos na cabeça e disse:

– Agora, eu realmente estou com muita dor de cabeça e gostaria de me deitar.

Felipe estava arrasado, nunca poderia imaginar que perderia a Paula assim. Mas, com o pouco de serenidade que ainda possuía, conseguiu escutar Pérsio dizendo que a vida era sábia e que ele deveria acreditar nela. Dessa vez, aceitou o conselho. Levantou-se e disse:

– Você não precisa se preocupar, o sentimento que tenho por Margareth vai muito além do tempo em que conheço você. Sou eu que peço, humildemente, para você deixar que eu continue como médico dela, pois ainda precisa de muitos cuidados.

Ele se dirigiu para a porta sem falar mais nada. Paula chamou Margareth e disse que Felipe estava indo embora.

Margareth apareceu e ambos se despediram, sem palavras e com os olhos rasos de lágrimas, mas com muito carinho e afeto.

Capítulo 35

Felipe estava muito triste. Entrou no carro e respirou fundo.

Tudo o que ele queria era não perder aquela que amava, mas deu tudo errado. Se fosse honesto consigo, admitiria que o resultado de suas ações só poderia ser este, já que não usou do bom senso nem colocou em prática aquilo que dizia ter aprendido: observar o que a vida estava lhe ensinando e seguir com ela, acreditando em sua sabedoria. Quando foi que se desviou do caminho certo? Desde a adolescência, prometeu a si mesmo que não mais usaria desculpas esfarrapadas para atingir os seus objetivos.

Marcelo teve nele um bom aluno até ele conhecer Paula. Pensava que tinha aprendido algo com a força de vontade e determinação do amigo que, mesmo sentindo dores terríveis, continuava com o seu tratamento sem reclamar ou acusar alguém pelos seus males. Pensou também que tivesse aprendido com a sua coerência, porque tudo o que ele falava, Felipe tentava praticar. Com todas essas novas experiências, para espanto de sua mãe, Felipe tivera uma melhora surpreendente em seu comportamento. Ele começou a olhar com mais responsabilidade as suas obrigações e parar de reclamar diante de qualquer contrariedade. Até no que se referia ao seu pai, ele mudou o comportamento! Apesar da dor do abandono, não comentava mais sobre o fato. Não queria mais sofrer por isso!

Quando Marcelo saiu do hospital, eles não deixaram de se encontrar, pois muito ainda teria de ser feito: fisioterapias, idas a médicos, cirurgias plásticas... e Felipe sempre esteve presente.

Uma vez, Marcelo perguntou:

– Felipe, porque você me ajuda tanto? Sei que é um bom amigo, nunca duvidei disso, mas não acho que seja só isso! Existe algum problema?

Felipe ficou sem graça. Realmente, ele sentia, como um alarme a tocar em sua consciência, que precisava fazer isso pelo amigo, não podia abandoná-lo para sofrer sozinho as suas dores. Era sua obrigação estar com Marcelo, consolando-o, mas sabia que não era só isso. Havia uma parcela de culpa que o conduzia a agir assim.

– Felipe, uma vez você me disse que se sentia culpado, porém, espero que tenha ultrapassado esse sentimento.

Com o silêncio de Felipe, Marcelo teve certeza de que acertara na mosca.

– Meu amigo, já disse que fui o único culpado de ter me machucado. Primeiro, porque fui eu que quis ir, ninguém me convenceu a isso. Segundo, porque, se fui o único que se machucou, possivelmente, essa experiência seria importante para mim e de maneira indireta para vocês também. Observe que os nossos amigos, depois do acidente, tomaram rumos mais responsáveis em suas vidas, inclusive você – riu abertamente.

— Você já me falou isso antes, Marcelo, mas é muito fácil colocar a culpa só em você e me eximir da minha responsabilidade. Ora, todos nós nos incentivamos a sair para aquela aventura irresponsável.

— É verdade, todos nós! Se pensarmos bem, fizemos isso porque ainda não tínhamos nos tocado de que o que fazíamos juntos era muita burrice. A vida tentou nos avisar, mas somente a lição mais grave nos ensinou. Se você começar a lembrar, cada um de nós já passou por um pequeno sufoco nas nossas diversas aventuras anteriores: Caio despencou do barranco e se ralou todinho; Cristóvão feriu o pé com um prego todo enferrujado e teve de tomar várias vacinas antitetânicas; Rogério quase foi soterrado por vários pedaços de madeira que estavam emparelhados na parede de um velho barracão e, se não fosse pela sua rapidez, talvez tivesse morrido. Mas nenhuma dessas experiências nos retirou daquele caminho perigoso por acharmos que nos safaríamos de tudo. Éramos invencíveis, ríamos de tudo. Então, deu no que deu.

Felipe não tinha como contra-argumentar, era verdade o que o amigo dizia. Somente um acidente extremamente grave como o de Marcelo faria com que aquele bando de adolescentes sem juízo parasse e refletisse como eles eram abençoados pela vida que tinham. Podiam não ter tudo, mas as suas vidas não eram ruins.

Voltando ao presente, no carro, Felipe pensava como ele tinha se enganado. Acreditava ter aprendido algo, mas fez errado de novo. Depois de velho, teve da vida uma prova de que ele ainda não tinha crescido o suficiente, pois colocou em risco o seu relacionamento com Paula, achando que nada iria acontecer. Arriscou e perdeu. Estava tão pra baixo que não queria ir para casa. Ainda teria de esperar até as quinze horas para retornar ao consultório. Ele ligou o carro e decidiu: iria ver um velho amigo.

Capítulo 36

— Alô! Claro, dona Fabíola, conheço o doutor Felipe, pode mandá-lo entrar que o atenderei imediatamente.

Felipe entrou no escritório de Marcelo, que era amplo e muito bonito, com um ar clássico, mas com todos os avanços tecnológicos à disposição. Marcelo tinha se formado em Direito e atuava com muita desenvoltura, já tinha conquistado uma boa clientela e era muito respeitado na sua área.

— Felipe, o que faz aqui? Não que eu esteja reclamando de sua visita, mas você está sempre tão ocupado que não nos vemos há tempos!

— É verdade, meu amigo! E só posso me desculpar por isso. — falou abaixando a cabeça como se estivesse constrangido.

— Ora! Ora! Estou brincando. — disse Marcelo, numa gostosa gargalhada. Se você tem culpa, eu também tenho, pois nós dois estamos nos deixando levar pelas atribulações da vida e esquecendo os amigos. Mas o que o traz aqui? Espero que não sejam problemas jurídicos.

— Felizmente, não. O que me traz aqui é um problema pessoal.

— Então, sente-se no sofá que pedirei um cafezinho. Acabei de finalizar uma peça complicadíssima que levarão ao tribunal à tarde e só tenho que dar as últimas orientações sobre o que fazer com ela. Depois disso, terei o dia livre.

— Obrigado, meu amigo, eu também só tenho que retornar ao consultório às quinze horas para atender a alguns pacientes. Podemos almoçar juntos.

Concordando, Marcelo retirou-se da sala para dar as orientações que havia mencionado, enquanto Felipe se sentava no sofá e ficava a pensar sobre suas tormentas.

"Como a minha vida mudou em poucas horas, estava feliz até ver aquele jornal sobre a minha mesa! Como isso tudo pôde acontecer?" – ele tentava entender.

Pérsio estava ao seu lado, ajudando-o a juntar os pedaços daquele imenso quebra-cabeça.

Marcelo retorna. Felipe explica para ele tudo o que ocorreu e finaliza:

— Eu sei que você vai dizer que fiz tudo errado e que foi muita burrice minha, uma vez que já tenho todo esse conhecimento comigo.

— Claro que não, Felipe! Quem sou eu para julgá-lo? Estou caminhando e caindo tanto quanto você, talvez bem mais.

O que percebo é que você tem uma profunda ligação com a Paula e não é de agora. Vocês se reconheceram quando se encontraram e, em razão desses sentimentos profundos, você não conseguiu aplicar as teorias que trazia em seu coração.

– Teorias?

– Claro, meu amigo! Todos os aprendizados que vamos adquirindo com as experiências da vida são teorias que estamos colocando em prática, e reafirmando-as em nossos corações. Depois, quando essa prática se torna natural, elas se consolidam, tornando-se conhecimento. Aí, sim, deixamos de nos equivocar nessas lições.

– E eu que pensava já ter aprendido alguma coisa, percebo agora que estava apenas me enganando, acreditando que sabia de algo. – disse triste.

– Mas é assim mesmo, quando nos deparamos com algumas experiências, pensamos que já aprendemos tudo o que tínhamos para assimilar com elas. No entanto, o que não sabemos é que estamos somente no início de uma grande faxina. A vida nos dá muitas lições para entendermos como limpar da melhor maneira o nosso templo interior, e em cada uma delas podemos sujar ou limpar as vidraças de nossas janelas da alma. Quando nos equivocamos ou quando acertamos, sujamos ou limpamos um pouco mais o vidro para enxergarmos melhor a paisagem que se descortina à frente delas. Somente quando limparmos completamente os preconceitos ou os temores do nosso caminhar é que enxergaremos a paisagem com sua cor e nitidez.

– Bem, a sensação que tenho é que acabei de jogar baldes e baldes de lama nas minhas janelas.

— Não se iluda, Felipe. A lama não suja mais as janelas que você já limpou, pois nós não retroagimos. Podemos cair inúmeras vezes pela ignorância que temos diante dos aprendizados vivenciados, mas, para cada janela efetivamente limpa, um conhecimento foi adquirido.

— Mas, o que você me aconselha, Marcelo? Estou tão perdido que não sei o que fazer. A única coisa que me fez sair daquela casa e vir até aqui foi uma certeza de que a vida me ajudaria se eu me mantivesse calmo e acreditasse nela.

— Seu mentor é sábio! – disse Marcelo, sorrindo.

— Meu mentor? O que tem ele?

— Ora, Felipe, você sabe que cada um de nós tem um mentor espiritual, um anjo da guarda, um guia protetor, como queira chamar, para nos orientar nas dificuldades da vida, e eles sempre estarão a nos orientar para agirmos da melhor maneira quando nos perdemos diante das adversidades.

— Sim, já li sobre tudo isso.

— Então, ele estava ajudando você para não fazer bobagem naquele momento, porque se fizesse talvez não tivesse mais volta.

— Você acha que foi ele também que tentou me avisar de que deveria ligar para Paula ontem à noite?

— Eu tenho certeza disso.

— Então, não o escutei, eu tinha a certeza de que não deveria mentir para a Paula, tinha certeza que deveria ligar ontem para ela, mas estava com muito medo de perdê-la.

— De alguma forma, você já deve tê-la perdido antes, e esse medo inconsciente fez com que você não quisesse arriscar.

Marcelo parou para pensar algo e, de repente, perguntou:

— Ela tem assinatura de jornal?

— Pensando bem, ela não tem. – disse Felipe.

— Então, como conseguiu esse jornal de domingo? – perguntou, vendo o seu amigo dizer que não sabia com o movimento da cabeça.

— Sabe que você me fez lembrar de algo que, até este momento, não tinha percebido? – disse Felipe.

— Eu tenho o hábito de sempre olhar a agenda quando termino o expediente para saber se terei pacientes no dia seguinte e, na sexta-feira à noite, não foi diferente. Quatro pacientes tinham sido marcados para hoje de manhã, mas, quando cheguei ao consultório mais cedo, minha secretária disse que não havia consultas marcadas, e minha reação foi ir imediatamente para a casa de Paula. Parece que tudo nos levou a termos essa conversa final. Será que a vida fez isso?

— Não sei, Felipe. A vida, realmente, nos conduz a passar por experiências para o nosso crescimento, mas tudo isso é bem estranho. Sobre os seus pacientes, você se lembra de quem eram?

— Sim, lembro.

— Então, você pode descobrir o que houve. Quanto à Paula, só podemos supor, por enquanto. Talvez algum vizinho possa ter mostrado o jornal a ela.

– Mas ninguém sabia de nosso namoro!

– Alguém deve ter ficado sabendo e, ao ver a foto no jornal, levou-o até a casa dela para que visse também. O estranho é ter agido tão rápido para fazer isso.

Marcelo parou um pouco para pensar e disse:

– Você me disse que vai continuar tratando a mãe de Paula, não é? Então, pergunte a ela quando tiver oportunidade.

– Bem pensado, vou fazer isso. Não sei por qual razão, mas sinto que algo está bem errado aqui, só não sei o que é.

Após alguns segundos de cabeça baixa, Felipe se tocou que, de tanto se preocupar consigo, não tinha perguntado nada sobre o amigo:

– Vamos deixar de falar de mim. E quanto a você? Como está Margot e as crianças?

– Estão ótimos, graças a Deus!

Margot e Marcelo eram amigos de infância de Felipe.

"Engraçado como a vida dá voltas, eles eram amigos há muito tempo, mas somente quando Margot mudou de cidade é que Marcelo percebeu o quanto gostava dela." – pensou Felipe.

– Estava aqui pensando em como vocês começaram a namorar.

– Nossa, nem me diga! Foi muito doido, não foi? Eu a tinha do meu lado por tanto tempo e, só quando ela se foi, percebi o quanto me fazia falta. Namoramos por carta durante cinco anos e, quando ela conseguiu voltar para a cidade, noivamos e casamos.

– Infelizmente, o retorno dela não foi por um motivo feliz.

– Sim, seus pais tinham falecido em um acidente de carro e ela voltou para a cidade para morar com sua única tia.

– Você ainda fazia faculdade.

– É verdade, quando nos casamos não tínhamos nem um sofá na sala, mas éramos felizes. Eu era estagiário num escritório de advocacia e trabalhava à noite como vigia, recebia um pequeno salário e, apesar de não querer sobrecarregar os meus pais, eles nos ajudaram muito. Alugaram aquele quarto e sala para morarmos e nos ajudavam quando precisávamos. Ela também se esforçou bastante e conseguiu passar numa faculdade pública. Sempre tive muito orgulho da minha Margot. Ela sempre me viu além das minhas cicatrizes.

– Eu sempre tive curiosidade de saber por que você não continuou com as cirurgias plásticas. Pensei que estivesse cansado de tantos hospitais, foi por isso?

– Não, meu amigo, foi porque não havia mais como continuar com as cirurgias que, apesar de terem sido feitas em hospitais públicos, necessitavam de todo um tratamento com remédios, fisioterapias, entre outros gastos, que eram custeados pelos meus pais. Eles já não tinham de onde tirar tanto dinheiro, então, exigi deles que não continuassem mais com aquele tormento. Eu não falei toda a verdade quando lhes disse que não aguentava mais e que estava satisfeito com o que já tínhamos conseguido até ali – disse, dando uma risadinha sem graça.

Felipe sabia que o seu amigo tinha, à época, cicatrizes bem marcantes pelo corpo, já o seu rosto tinha algumas marcas sutis, pois os cirurgiões foram fantásticos.

– Mas agora, você tem dinheiro e é bem-sucedido. Fez as cirurgias que faltavam?

– Até pensei em fazer, mas Margot me disse que, se me submetesse a qualquer cirurgia apenas por estética, ela se separaria de mim, porque ela amava cada uma daquelas marcas – e riu gostosamente.

Ela disse que só aceitaria que eu me arriscasse em mais cirurgias se estivesse mal comigo mesmo, o que não era o caso, então, nada fiz.

– Ela sempre foi maravilhosa!

– É verdade! – e suspirou enamorado.

Felipe sentiu uma pontinha de tristeza, porque isso o fez se lembrar de Paula.

Marcelo, percebendo a tristeza do amigo, mudou de assunto, chamando-o para o almoço, pois estava faminto. Ambos resolveram almoçar num restaurante próximo dali, que tinha uma lagosta maravilhosa.

Chegando lá, após fazerem os pedidos, começaram a conversar:

– Puxa, Marcelo, estou sem graça de incomodá-lo com o meu problema porque ele é tão pequeno! Mas estava tão perdido que logo pensei em você.

— Meu amigo, que bom que pensou em mim, isso significa que a distância não diminuiu em nada a nossa amizade, e fico muito feliz com isso. Pode sempre contar comigo para o que for, se puder ajudá-lo o farei de bom grado.

— Eu sei disso.

Felipe sentia-se esgotado, sem saber o que fazer, e no momento precisava de uma cabeça mais fresca e imparcial para dizer o que estava fazendo de errado e o que fazer para melhorar.

— Felipe, entendo que você esteja chateado com a situação pela qual está passando, mas o bom é que consegue perceber que foi você mesmo quem a criou ou colaborou para que ela se formasse.

— Concordo com você, meu amigo, eu tenho certeza de que sou o único responsável pela situação em que me meti.

— Claro que você é responsável, mas dizer ser o único é querer abraçar mais do que você construiu.

— Não entendo.

— É simples, o seu grande equívoco foi mentir para a mulher que você ama, pensando que sairia ileso dessa situação, mas você tem de concordar que é muito estranho o comportamento da Letícia. Mesmo sabendo que seus sentimentos por ela tinham mudado, agiu como se o relacionamento de vocês estivesse intacto. Pelo que você mesmo disse, ela estava mais melosa do que era no início do relacionamento de vocês, e sei que nesse tipo de festa sempre haverá a mídia cobrindo as possíveis fofocas. Tenho experiência suficiente para perceber que essa publicação que você me mostrou é comprada. A família deu essa notícia em primeira mão.

— Não posso crer nisso, Marcelo. Letícia sempre foi uma mulher de classe, por que ela faria isso? Ela ficaria muito mal na mídia depois, com o possível rompimento do nosso namoro.

— Não tenho como lhe dar essa resposta, meu amigo, mas meu sexto sentido está apitando...

— E, quando ele apita, há algo – interrompeu Felipe, rindo por se recordar de situações em que Marcelo foi certeiro em seus palpites, deixando os amigos boquiabertos.

Marcelo também riu, mas falou como se estivesse se desculpando:

— Você sabe que não estou falando isso para me gabar, mas aí tem coisa.

— Se você está dizendo, eu preciso, no mínimo, considerar. Vou dar mais atenção ao comportamento de Letícia e forçar o rompimento desse compromisso o quanto antes. Nem que eu converse diretamente com Roberto.

— Talvez seja a melhor opção. E quanto à Paula, o que está pensando em fazer agora?

— Não sei, sinceramente. Acho que você me diria: "Deixe o tempo passar e volte aos poucos para a vida dela. A mãe dela ainda é o elo que os unirá.".

O problema, meu amigo, é que existe um rapaz, vizinho dela, que me dá nos nervos e eu não confio nele. Quando me lembro dele, penso imediatamente que ele me fará sofrer, que levará a Paula embora para longe de mim. Isso me angustia e foi por isso que acabei resolvendo não arriscar perdê-la.

— Infelizmente, Felipe, isso você mesmo já providenciou quando não confiou nela. Ela agora está livre e pode fazer escolhas que o desagrade. Se você a ama, está na hora de acreditar que, se for para vocês ficarem juntos, isso acontecerá. Se você acha que vale a pena esperar por Paula, então espere, e aja conforme as coisas forem acontecendo.

— Isso não é nada fácil.

— Não, não é, mas é o melhor a fazer agora. Ela, se for quem você descreveu, é uma pessoa de bem que já sofreu muito em seus relacionamentos e precisa de tempo. Ela diz amá-lo, então, a chance de lhe perdoar também pode existir, se você souber agir.

— É, você tem razão, tenho de ser paciente e agir somente quando perceber que é o momento certo e, agora, não é esse o momento.

Capítulo 37

Quando Felipe chegou em casa naquele dia, estava exausto. Não tinha percebido o quanto havia ficado emocionalmente abalado, até aquele momento.

Seu corpo doía profundamente e, durante a tarde, trabalhou muito, procurou não se concentrar em si próprio. Ao sair do consultório e voltar para casa, começou a sentir sintomas próprios de quem está com as emoções em frangalhos. Precisava de um bom banho e, após fazer uma oração equilibrante, descansar.

Enquanto estava no banho, pensou no final do expediente, quando perguntou para a sua secretária sobre os pacientes que estavam marcados para aquela manhã.

Meio esquiva, Renata disse que não havia nenhum paciente marcado e que, possivelmente, ao olhar a agenda, ela tinha se enganado de dia. Após alguns segundos de hesitação, Felipe a agradeceu, dizendo que na sexta-feira estava mesmo cansado e que era possível ter se enganado.

Ficou de propósito além do horário, esperando que ela fosse embora antes dele. Jamais precisou duvidar de sua secretária, mas já estava desconfiado de que algo não estava certo. Quando ela se foi, pegou a agenda para conferir e percebeu que os nomes dos pacientes haviam sido apagados. Então, ele não estava doido. Se quisesse saber a verdade, precisaria saber por ele mesmo o que tinha acontecido. Marcelo falou que a sua intuição estava apitando e Felipe estava constatando que o seu amigo tinha razão.

Infelizmente, já na primeira ligação que fez a um dos clientes que estavam agendados, confirmou suas suspeitas: foi Renata que desmarcou a consulta naquela manhã, logo cedo, dizendo que ele não poderia atender naquele dia em razão de uma emergência.

"Mas como pode ser isso?" – pensou.

Ligou para mais dois pacientes, que lhe informaram a mesma coisa.

"Meu Deus, por que ela fez isso? Eu não relatei a ela qualquer emergência para que esses pacientes fossem remarcados para outro horário. Com certeza, ela fez isso um pouco antes de eu ter chegado."

Quando terminou as suas ligações, estava indignado. Pensou em ligar para a sua secretária para saber o que estava acontecendo, mas percebeu que não estava com a sua cabeça no lugar para tirar satisfação com ela. Era melhor esperar e pensar sobre o que fazer.

Pérsio ficou satisfeito com Felipe. Finalmente, ele agia com inteligência. Era preciso pensar e saber o que fazer com

213

aquelas informações. Assim, Pérsio intuiu Felipe para que ligasse para Marcelo e lhe falasse sobre o que descobriu. E foi o que Felipe fez.

— Marcelo, como está?

— Oi, Felipe! Tudo bem! E aí? Alguma novidade?

— Infelizmente, sim, meu amigo. Descobri que foi a minha secretária que desmarcou todas as consultas nesta manhã, dando uma desculpa para remarcá-las para outro dia. O pior é que, quando a questionei, ela me disse simplesmente que não havia nenhum paciente marcado e que eu devia ter olhado o dia errado.

— Isso é estranho! Ela já trabalha com você há muito tempo?

— Há mais ou menos três anos. Eu realmente não consigo entender os motivos...

— Você se lembrou de algo, não foi? Você parou de falar de repente...

— Sim, lembrei-me de duas coisas. Primeiro, que foi Renata que me fez correr para o jornal ao me parabenizar pelo meu relacionamento com Letícia; segundo, foi Letícia quem a trouxe para trabalhar comigo. Minha antiga secretária pediu demissão por problemas particulares e eu tinha urgência em contratar outra. Renata trabalhava no consultório de um médico de dona Verônica e, como ele iria se mudar para o exterior, esta soube da sua situação e a indicou para trabalhar comigo.

— Eu ainda não entendi o porquê, mas parece que essa sua ex-namorada está envolvida nisso, pois seria a única que se beneficiaria com o rompimento de seu namoro com a Paula.

— Mas, isso não faz sentido. Letícia sabe que não a amo, já rompi com ela. Por que está querendo manter um relacionamento desses, em que um não ama mais o outro? Ela é bonita e não precisa disso, poderia arranjar um bom partido rapidinho.

— E quem entende a cabeça dessas mulheres contrariadas?

Ambos riram ao telefone.

— Eu, se fosse você, ficaria quieto para conseguir apurar a situação. Não demonstre saber dessa trama que estão armando para você porque, se nada disser, elas continuarão tramando, e você descobrirá cedo ou tarde o que elas querem.

— Você tem razão, Marcelo. Vou fazer isso mesmo.

Agradecido, Felipe despede-se de Marcelo.

Após fazer uma leitura leve do Evangelho, Felipe, mais refeito, fez uma bela oração e foi dormir mais tranquilo.

Capítulo 38

Verônica recebe de Wander notícias que a deixaram muito feliz: Felipe e Paula se separaram, não havia dúvidas. Felipe tinha saído da casa de Paula muito mal e fazia dois dias que não se viam.

— Mas, você tem certeza, Wander? Não quero dar uma notícia errada para a minha filha.

— Claro que eu tenho certeza, dona Verônica. Fique tranquila.

Verônica desligou o telefone exultante, mais uma vitória para ela. Não admitiria jamais que a sua filha fosse abandonada por quem quer que seja, muito menos trocada por uma fulaninha de beira de periferia.

Cíntia, sua amiga espiritual, estava muito triste, pois sua tutelada estava novamente se perdendo e recaindo nos mesmos erros de outrora. Verônica não admitia a pobreza e tinha dificuldade de perdoar.

Sua atual existência foi projetada para que ela compreendesse as dificuldades da vida e trabalhasse o seu orgulho exacerbado para compreender as pessoas que estivessem ao seu redor. Seus pais tinham a atribuição de auxiliá-la nessa tarefa, o que fizeram com muito empenho, mas Verônica voltou a se perder. Eles tentaram passar a ela os conceitos de moralidade e de solidariedade para com os mais necessitados, mas ela não compreendia porque teria de dividir o pouco que tinham com quem tinha menos. Pensava, ainda, que aqueles que não lhe dessem o que ela queria não a amavam o suficiente e, como os seus pais não faziam sempre as suas vontades, ela entendia que não queriam dar a ela o que merecia, fazendo-a ficar ressentida. Quando se casou, esse sentimento a afastou deles.

Em seu planejamento reencarnatório, Verônica reencontraria Roberto para que ambos pudessem vivenciar uma vida financeiramente tranquila e se dedicassem a perceber e auxiliar o próximo. Ele tentava não fugir ao seu projeto de vida, mas ela não se interessava por nada daquilo.

Verônica só se interessava pelo que os outros pensariam dela e, nos programas sociais da empresa de seu marido, lá estava com a sua melhor roupa e um sorriso farto. As pessoas vinham elogiá-la pela iniciativa, e ela falava o quanto se importava com aquelas pessoas necessitadas, mas eram palavras vazias. O que ela queria eram os elogios na coluna social do domingo seguinte.

Roberto sabia que a sua esposa era um pouco superficial, mas não tinha ideia do quanto. Ela, por sua vez, sabia que não poderia decepcioná-lo, e criava uma imagem de que o apoiava incondicionalmente, mas, do seu jeitinho, manipulava-o em muitos dos seus ideais, pois acreditava que, por mais que a família vivesse na riqueza, não sobrariam recursos para as necessidades alheias.

A mentora, entristecida, pensava: "Minha querida amiga, muito ainda terá de viver para compreender que as suas ações devem ser abandonadas por um objetivo maior.". Cíntia tentava intuí-la para não sucumbir àqueles pensamentos que a fizeram sofrer muito no passado, mas não adiantava, pois há muito tempo Verônica não a escutava.

Saiu em direção ao quarto da filha para lhe contar as boas-novas:

– Letícia, conseguimos, Felipe terminou com aquela interesseira.

– Mamãe, fico feliz que fizemos algo para impedir a infelicidade de Felipe.

– Claro, claro, minha filha, ele seria muito infeliz se ficasse com ela.

– Mãe, preciso lhe falar. Tenho de voltar a Londres porque as férias estão terminando e tenho que retornar e me preparar para as provas que virão.

– Mas eu pensei que você teria alguns dias a mais para ficar aqui – falou Verônica decepcionada, pois já tinha planejado como faria para que a filha e o médico retomassem o relacionamento.

– Não tem jeito, mãe, preciso ir, pois terei prova logo quando as aulas retornarem e não pude estudar muito aqui. Por isso tenho de retornar imediatamente.

O que Verônica não sabia é que Letícia não aguentava mais de saudades de Pierre e que ele estaria retornando de Paris para

Londres dali a dois dias. Ela também não sabia que Letícia queria estar o mais longe possível de Felipe porque, agora que ele terminou com a Paula, sua mãe a pressionaria para que reatasse o seu relacionamento com ele, sobrecarregando-a com inúmeras cobranças.

— Tudo bem — aceitou sua mãe, muito a contragosto.

Capítulo 39

Duas semanas se passaram do término do namoro de Paula e Felipe.

Nesse meio tempo, Paula foi chamada para trabalhar em uma das empresas onde fez entrevista e estava muito satisfeita. Seu antigo patrão tinha dado referências muito boas a seu respeito e isto foi primordial para conseguir o emprego, pois ela não possuía tantos títulos como os outros candidatos.

Ela foi designada para trabalhar na sessão de arquivo e almoxarifado e estava ganhando consideravelmente mais do que no emprego anterior. Ali, na sua sala, ficava muito tranquila. A todo momento, porém, alguém entrava para lhe solicitar algo e, por isso, quase não tinha tempo para pensar em seus problemas.

Em casa, quando ia dormir, tinha todo o tempo para se lembrar da suposta traição de Felipe, e isso a magoava profundamente. Não dormia direito à noite e, quando amanhecia, sentia-se exausta.

Vivia em um impasse, pois quando lembrava que teria de voltar ao consultório de Felipe para levar sua mãe, seu coração batia descompassado. Sentimentos conflitantes se estabeleciam em seu coração. Sentia-se feliz porque ainda tinha esperança de tê-lo ao seu lado e se sentir amada de novo por ele; e triste, porque ela não deveria perdoá-lo e precisava tirá-lo de seus pensamentos. Pensava aflita: "Como você pode ficar assim por um cara que mentiu descaradamente para você? Ele a traiu. Você não se valoriza mesmo, não é Paula? Quer continuar sofrendo?".

Mal sabia ela que os seus pensamentos eram alimentados espiritualmente por Vanessa, antigo desafeto, para que o perdão não se instalasse em seu coração, e assim acabasse por se jogar nos braços de Mário, em busca de consolo.

Vanessa era um espírito muito experiente e a relação psíquica que ambas tinham dava a ela uma grande vantagem sobre Paula, porque esta não tinha ideia da presença daquele espírito que a influenciava.

Apesar de Paula estar lendo bastante sobre a vida espiritual, não tinha costume de vigiar os seus pensamentos, não entendia que os espíritos encarnados precisam se manter vigilantes para que os seus pensamentos não sejam direcionados nem confundidos pelos espíritos menos solidários. Não tinha consciência de que a postura de um bom cristão é orar e vigiar.

Quando Mário descobriu que Paula estava namorando, ficou muito irritado. Vigiava-a dia e noite, mas, quando estava com sua namorada, Cristina, se esquecia de Paula. Ela o deixava tranquilo e conseguia fazer com que ele se afastasse dos problemas com muito carinho.

Mas era só se afastar de Cristina que ele voltava a aceitar os pensamentos insanos de possuir Paula a qualquer preço. Em decorrência de vivências anteriores, ela se tornou um dos vícios de Mário e hoje, aproveitando-se desses sentimentos, Vanessa não deixava de alimentar nele uma saudade dolorida de Paula. Dizia-lhe:

— Como você pode deixar de lado uma mulher que o completa e que é a única que o faria feliz? Cristina é boa, mas não consegue substituir Paula. Lembre-se de que Paula sempre foi tudo o que você sempre quis.

Enquanto falava, Vanessa se ligava a Mário, influenciando os seus pensamentos e sentidos para que ele tivesse a sensação de ter Paula em seus braços como em tempos remotos e, assim, não foi difícil para ela continuar convencendo Mário de que ele necessitava de Paula. Tão logo o namoro desta com Felipe terminou, Vanessa intensificou a sua influência sobre ele para que ligasse para Paula com o pretexto de ter uma conversa informal. Mário, acreditando que a ideia era sua, ligou para Paula, e soube que ela havia terminado o namoro.

Com uma ponta de satisfação, teve de se conter para não chamá-la para sair naquele mesmo dia. Disse que sentia muito, que se ela precisasse ele estaria ali e desligou. Dois dias depois, ligou novamente:

— Oi, Mário! Como está? Se eu tenho algo para fazer hoje à noite? Para falar a verdade, não. Ir ao cinema? Bem, antes de aceitar, eu gostaria de dizer que, se sairmos, não haverá qualquer compromisso, já lhe expliquei que gosto de outra pessoa. Então, está certo, eu vou. Pode me buscar no escritório. Sim, lhe dou o endereço. Beijos. Tchau!

Margareth estava na cozinha e, ao ouvir a conversa de Paula, ficou muito apreensiva. Não via com bons olhos essa relação com Mário. Mesmo que a filha afirmasse que era só amizade, ela não confiava naquele rapaz, e tinha um pressentimento ruim sobre o fato de eles ficarem juntos.

— Filha, você sabe o que está fazendo?

— Ora, mãe! Fui muito clara que somente desejo a amizade dele e que ele é o único amigo que tenho, além da senhora. Preciso sair, preciso parar de pensar em Felipe, estou exausta de tanto lutar contra os meus sentimentos. Quero voltar a sorrir.

— Minha filha, eu sei disso, mas o problema é que Mário não é uma boa companhia.

Ante as últimas experiências, ela retrucou teimosamente:

— Mãe, acredito que você tem conhecimento de coisas horríveis sobre o passado de Mário, mas eu não quero saber. Eu também não tenho um passado manchado? Esse seu preconceito contra ele não condiz com a pessoa caridosa, solidária e amiga que a senhora sempre foi.

Paula não queria saber quem foi Mário porque tinha vergonha do seu próprio passado e, diante daquele argumento, nada do que Margareth contasse iria adiantar. Então, ela se fechou.

Naquela noite, Paula foi com Mário ao cinema, e foi muito divertido. É certo que se Paula soubesse que ele tinha uma namorada jamais sairia com ele. Porém, em nenhum momento o questionou sobre isso.

Ele a convidou para outros passeios que foram sendo aceitos, e eles começaram a sair mais vezes durante a semana.

No entanto, Mário não conseguia entender os seus sentimentos. Ele saía com ela, mas não terminava o seu relacionamento com Cristina. Sabia de sua atração por Paula porque não conseguia ficar sem pensar nela um minuto, mas também não conseguia deixar a namorada, pois ela lhe trazia paz, alegria e confiança de que poderia mudar e ter um futuro honrado.

Ele se flagrava pensando que, com Cristina, queria se casar, e com Paula teria apenas momentos de puro prazer. Apesar de pensar assim, as atitudes dela sempre demonstravam que não tinha nenhuma pretensão de ter algum envolvimento com ele, sempre o afastando energicamente quando tentava um abraço ou uma aproximação maior.

"Mas ela não me enrolará para sempre. Está se fazendo de difícil e, com certeza, está querendo me enganar, dizendo ser moça de família para que eu me case com ela. Ora, eu sei de todo o seu passado, ela fugiu com Fabrício e viveu com ele, nestes últimos anos, mesmo ele tendo outra família. Se ela se prestou a isso é porque não é tão recatada assim. O que ela quer é que eu me case com ela, só pode ser isso!" – pensava Mário, interpretando as ações de Paula como sendo dissimuladas.

Vanessa ficava muito satisfeita com aquela situação. O triângulo amoroso estava novamente formado e eles que aguardassem para ver. Queria que todos eles sofressem muito, como a fizeram sofrer no passado.

Neste meio-tempo, Paula levou sua mãe ao consultório de Felipe, mas preferiu ficar na pracinha, em frente ao edifício, aguardando-a, pois Margareth já estava muito bem e poderia subir sozinha até o consultório. Paula não queria, ou melhor, não podia ver Felipe ainda, iria sofrer muito se o visse novamente.

Felipe ficou um pouco decepcionado, mas não se surpreendeu. Aproveitou a oportunidade para descobrir o que havia acontecido naquele dia do rompimento.

Margareth explicou que um envelope com o jornal e um bilhete anônimo endereçado à Paula tinha sido deixado na varanda de sua casa. Ela pensou se deveria entregá-lo, mas não se sentiu no direito de abrir uma correspondência que não lhe pertencia.

Felipe contou para Margareth como ele, por medo de perder Paula, acabou se complicando com os fatos e as mentiras contadas. Ela o ouviu com muita paciência, mas não se furtou de dar a sua opinião:

– Por mais que eu o ame como a um filho, não poderia deixar de dizer que você errou. Não foi certo o que fez com Paula.

– Eu sei que errei, mas pensei que a perderia se contasse a verdade e, no final, foi o que aconteceu. Eu a amo, Margareth, e esperarei que a situação mude para tentarmos nos reconciliar.

– Eu rezo para que isso seja o melhor para vocês, mas peço que não faça nada agora, pois ela ainda está muito magoada.

– Eu devia ter confiado nos sentimentos dela, mas tinha medo de que ela não aceitasse e se envolvesse com aquele rapaz amigo dela.

– Meu filho, ela não gosta dele, são só amigos...

— Mas eu não consigo me controlar! – Felipe a interrompeu. Tenho a impressão de que ele não é de confiança, que a levaria para longe de mim e nunca mais eu a veria.

— Eu tenho de concordar que também não confio nele, mas, por enquanto, eles são só amigos, e isso é bom.

A consulta terminou e Margareth foi ao encontro de Paula na pracinha. Paula tentou disfarçar o seu interesse por Felipe, mas não conseguiu. Queria saber como ele estava.

— Filha, ele está bem e também perguntou por você.

— É mesmo, mãe? – perguntou-lhe com uma alegria estampada no rosto.

— Sim, minha filha, ele ainda a ama muito.

Mudando completamente a fisionomia, Paula falou com um profundo pesar:

— Pode ser que ele me ame, mas não o suficiente para confiar em mim e me dizer a verdade.

Margareth mudou de assunto e Paula a levou para casa, voltando para o emprego rapidamente.

Quando chegou ao serviço, ela não teve muito tempo para pensar no que sua mãe havia lhe dito e, para falar a verdade, não queria mesmo fazer isso. Estava saindo com Mário para não ter tempo nenhum para pensar, já que, quando saíam, ela chegava cansada e só tinha tempo de tomar banho, deitar e dormir. E, graças a Deus, sairiam de novo naquele dia.

Mas, desta vez, Mário se atrasou, e enquanto o esperava, seus pensamentos a faziam analisar as suas últimas atitudes.

"Mário é um bom amigo, será que estou fazendo o certo? Sei que está interessado em mim, mas não lhe dou abertura porque não quero me envolver. Porém, é certo eu continuar saindo com ele, dando-lhe esperanças? Bem, saber que tem alguém que gosta de mim me faz sentir menos rejeitada, e esta amizade está me fazendo bem." – interrompeu os pensamentos em razão de uma sensação incômoda que partia de seu coração.

"Apesar de tudo isso e de me distrair com a sua presença, sinto que não deveria continuar saindo com ele. Tenho medo dele e isso é muito insano. Mas não estou fazendo nada de errado, não estou magoando ninguém." – ela tentava se convencer de que estava tudo bem, mas sentia em seu íntimo que não era bem assim.

Estevão, seu mentor, a cada momento em que ela se permitia pensar sobre o assunto, tentava mostrá-la que o seu desinteresse em perguntar ao Mário sobre ele ter alguém em sua vida não a liberava da responsabilidade sobre os acontecimentos posteriores.

Por sua vez, Cristina tinha certeza de que Mário a estava traindo, e isso lhe doía profundamente. Tinha consciência disso porque durante várias noites na semana ele ligava para sua casa dando desculpas esfarrapadas para não se verem, inclusive nos sábados. Todos os seus conhecidos diziam que merecia alguém que se importasse com ela, mas Cristina afirmava que não poderia deixar Mário. Era difícil de explicar, mas em seu coração tinha a certeza de que precisava trazê-lo para caminhos menos tortuosos. Diante desta postura, os amigos se calavam, pois não queriam ser eles a lhe dar a notícia de que Mário, quando não estava com ela, saía com outra.

Se Paula soubesse o que estava construindo, teria mais cuidado com as suas atitudes, uma vez que estava sendo novamente a outra. A vida estava lhe dando mais uma oportunidade de aprendizado.

O certo é que o fato de não sabermos de algo não nos exime completamente das responsabilidades com nossas ações ou omissões diárias. Se ela jamais tivesse considerado a possibilidade de ele ser comprometido, o fato de não questioná-lo a respeito seria natural e sem consequências para o seu caminhar. O problema é que já havia se perguntado sobre isso, mas nunca se permitiu fazer a pergunta-chave que a liberaria das dores provocadas em alguém. Sempre acreditou que, ao dizer para ele que era só sua amiga, estaria sendo honesta e não magoaria ninguém. Mas a verdade é que desconfiava que ele tivesse uma pessoa, pois em muitos momentos se enrolava com as desculpas que dava e que não a convenciam. Na verdade, mesmo não o amando, o queria por perto para tampar o vazio no peito deixado por Felipe. "Pelo menos alguém a amava." – pensava. Tal situação estava cômoda para ela.

Diante dessa escolha, ela e Mário ficavam bastante suscetíveis às influências de Vanessa e seus comparsas. Em uma dessas saídas, dentro do carro e sob a influência desses "amigos", Mário tentou beijá-la à força pela primeira vez. Paula não gostou disso e o repreendeu severamente.

Após mil pedidos de desculpas por parte dele, eles continuaram a sair porque Paula quis acreditar que ele jamais repetiria aquela atitude. Ela, porém, ela tinha ideia de como Mário a interpretava. Ele aguardava um sinal que demonstrasse quem ela realmente era. O problema era Mário não ser muito paciente e Paula descobriria isso logo, do pior jeito.

Capítulo 40

Letícia viajou na data pretendida e, quando chegou a Londres, Pierre a aguardava no aeroporto. Ao se encontrarem, enlaçaram-se em um beijo apaixonado. Não tinham como evitar os sentimentos que nutriam um pelo outro. Letícia, em Londres, libertava-se de sua posição de filha perfeita e se entregava àquele amor que a fazia tão bem.

Ela não se importava que Pierre fosse de uma classe social inferior. O que a movia era o amor intenso que sentia por ele e pensava que tinha de aproveitar todos os instantes, pois, quando seu mestrado acabasse e ela tivesse de voltar definitivamente ao Brasil, não poderia vê-lo de novo.

Faltavam pouco menos de seis meses para acabar o curso e, nos dois últimos meses, somente retornaria para a apresentação de sua tese. Ela já sofria pensando no pouco tempo que restava a eles e sabia que, quando retornasse, sua mãe exigiria dela uma posição sobre o seu casamento.

"Como se dependesse só de mim!" – pensava Letícia irritada – "Por que mamãe não entende que Felipe não me ama mais? Talvez ele jamais tenha me amado. E, pensando bem, eu mesma tenho dúvidas se já o amei. Aproximei-me dele porque era lindo, demonstrou sempre ser muito educado e não me atropelou com cantadas de mau gosto. Éramos um casal perfeito: bonitos, solteiros e ricos, exatamente como minha mãe sempre quis para mim. Acho que foi isso que me levou a estar com ele e, pensando melhor ainda, tenho certeza que sim, porque não tive qualquer problema de vir para cá e ficar longe dele. Nunca senti saudades dele como eu sinto de Pierre. Como posso querer me casar com Felipe? Será um desastre. Mas não tenho forças para discutir com mamãe."

Fugindo dos seus pensamentos, ela voltou à realidade e perguntou a Pierre:

– Como foram os seus dias sem mim?

– Você sabe que não foram fáceis, meu amor. Queria ter ido com você ao Brasil, conhecer a sua terra e os seus costumes.

– Nós conversamos sobre isso, Pierre. Como poderia chegar ao Brasil com você se estava comprometida com outro? Eu não poderia acompanhá-lo ou lhe dar a atenção devida. Mas haverá tempo para isso – mentiu Letícia.

O que ela mais temia era a possibilidade de seus pais descobrirem que ainda mantinha aquele relacionamento.

Pierre era muito honrado e, para ele, estavam namorando firme. Jamais escondeu a sua intenção de se casar com ela e só aceitou aquela situação porque Letícia o convenceu de que não poderia terminar um namoro de anos pelo telefone, não seria justo com Felipe.

O interessante é que Letícia pouco conhecia do homem que amava e quase nada perguntou sobre a sua vida, principalmente depois que foi com Pierre à pousada simples e sem luxo onde estava hospedado, ao contrário dela, que estava em um quarto de hotel renomado.

Tentando descobrir um pouco mais sobre ele, perguntou sobre o seu objetivo com aquele mestrado. Ele explicou que só faltava isso para que pudesse alçar voos maiores na empresa.

Ainda na esperança de estar errada, Letícia tentou saber um pouco mais sobre a sua condição profissional, e ele lhe falou que estava muito satisfeito, mas que ainda faltava alcançar alguns sonhos. Ela, infelizmente, jamais compreendeu a sua expressão humilde de valorização do trabalho conquistado. Pierre era sincero e leal, ao contrário de Letícia, que mais e mais mentia para ele com medo de perdê-lo.

Quando chegaram ao apartamento dela, ambos se abraçaram com a intensidade da saudade que sentiam. Pierre finalmente perguntou:

— Já estava ficando louco para saber se você conseguiu terminar o seu relacionamento no Brasil. Deu tudo certo?

Essa era a pergunta que ela tanto temia. Anteriormente, quando sua mãe descobriu sobre seu relacionamento com ele, deu-lhe um ultimato para que se afastasse de Pierre e ela acabou terminando com ele, confessando-lhe o seu namoro com Felipe.

Eles se afastaram, mas o amor que sentiam um pelo outro foi mais forte. Acabaram reatando sob a promessa de que o seu relacionamento seria um segredo até o seu retorno ao Brasil, quando terminaria o namoro com Felipe da forma respeitosa que ele merecia. Letícia tinha poucas esperanças de modificar o pensamento de seus pais sobre o relacionamento dos dois, mas nada disse para Pierre, pois queria ganhar mais tempo com o homem que amava.

Agora, porém, acreditava que ele não a perdoaria se soubesse que continuava oficialmente comprometida com Felipe, ou pior, que mentiu, não contando a Felipe sobre o seu amor por Pierre. E, apesar de ter treinado tantas vezes a verdade que deveria dizer, naquele momento, num ato de covardia, disse-lhe:

— Claro que sim, já não temos mais nada um com o outro.

— Que bom, meu amor. Agora não há mais nada que nos impeça de dizer aos quatro cantos do mundo que estamos juntos.

Por essa Letícia não esperava. Eles namoravam escondidos porque ela era comprometida e agora ele tinha razão, não existia mais qualquer motivo para que aquele relacionamento ficasse escondido.

Ela começou a temer para onde toda aquela mentira iria levá-los. Jamais imaginou a falta de controle que a sua vida sofreria em função das mentiras que achou que a salvariam das situações que estava vivendo. Agora, estava atolada em mais problemas, e o pior, parecia que nada mais a salvaria de perder Pierre para sempre.

Diante desses pensamentos, Letícia começou a chorar. Pierre, preocupado, abraçou-a, dizendo:

— Pensei que ficaria feliz com o fato de nós não termos mais de vir ao seu apartamento escondidos, como se vivêssemos uma mentira de sentimentos e intenções. Eu a amo, Letícia, e já deixei muito claro que desejo me casar com você, não a vejo como uma paixão temporária, e sim como a mulher da minha vida. Posso confiar em você plenamente, porque você jamais escondeu de mim as suas dificuldades.

— Pierre, tenho tanto medo de perdê-lo! Não sou essa mulher que imagina, tenho tantos defeitos, tantos medos, mas não consigo pensar na minha vida sem você. Tenho a sensação de que a vida que você sonha não é para nós.

— Não diga isso, Letícia! Apenas algo muito grave me afastaria de você, o que não acredito ser possível, pois a amo com todo o meu ser – e dizendo isso, Pierre demonstrou com ações o que ele sentia em sua alma.

Letícia deixou-se levar pelos carinhos do seu amado, querendo deixar para depois tudo o que ela temia.

"Mais um dia, mais umas horas com ele é tudo o que eu peço, meu Deus!" – pensou perturbada e ao mesmo tempo saudosa dos carinhos dele.

Mais uma vez, ela perdeu a chance de falar a verdade. Mais uma vez, arriscou que a roda da vida desse mais uma volta tendo as suas mentiras como base para a construção de seu futuro.

O problema é que, na maioria das vezes, não temos consciência daquilo que estamos construindo para o nosso porvir e não percebemos a gravidade das mentiras que teimamos em contar para nos salvar de situações desconfortáveis do momento.

Rafael, mentor de Letícia, novamente abaixou a cabeça e se conformou. Ele tentou, mas ela não o escutava, pois tinha tanto medo das dificuldades e das situações que a desagradavam que tentava jogar para o futuro as possíveis reações advindas de suas ações.

"Minha amiga, rezo para que você esteja preparada para ceifar a colheita que está plantando. Estarei do seu lado sempre, mas será você quem terá de colher os frutos de sua semeadura." – pensou Rafael.

E respeitando o momento do casal saiu do ambiente, dirigindo-se a um posto de socorro. Ele precisava de ajuda e iria em busca de sua amiga Abigail para esclarecimentos valiosos à sua tarefa. Ela era um espírito com quem já havia trabalhado por muitos anos e em quem depositava toda a sua confiança para situações como aquela, principalmente em se tratando de Letícia, um espírito ligado a ambos por vidas passadas.

Chegando ao posto, Rafael procurou Abigail e a encontrou trabalhando com um grupo de espíritos ali internados. Aguardou a terapia acabar e, quando ela estava se despedindo de seus pacientes, ele se aproximou, chamando-a.

A alegria estampada em seu rosto só fazia com que ela ficasse mais acolhedora. Ela aparentava ter uns sessenta e cinco anos, tinha cabelos grisalhos penteados para trás em um corte curto e maçãs do rosto coradas. Seus olhos azuis sugeriam toda a paz que ela sentia em seu coração. Rafael, por sua vez, tinha uma aparência jovem de trinta anos de idade, era moreno, magro, de sorriso largo, olhos vivos e alegres.

Quando se aproximaram, deram um abraço fraterno, e Abigail disse:

– Meu amigo, Rafael! Que bom tê-lo aqui comigo! Boas notícias, espero.

– Infelizmente, não são tão boas, minha cara. Nossa amiga Letícia está se voltando para os mesmos vícios de antes, quando tinha medo de enfrentar as pessoas importantes de sua vida e de arcar com as consequências de seus atos. Está escondendo a verdade das pessoas ao seu redor, cavando um buraco, talvez, mais fundo do que ela poderá escalar para sair dele. Preciso de sua ajuda, Abigail. Preciso pensar em uma forma de ajudá-la.

– Rafael, você sabe que é capaz de ajudá-la, não é? Se não está conseguindo fazê-la mudar de comportamento é porque ela não deseja isso.

– Eu sei disso. Porém, preciso de seus sábios conselhos porque dois pensam melhor no bem do que um.

Ambos riram das lembranças que essa frase tinha para eles: há alguns anos, quando treinavam na função de socorristas junto com outros companheiros, sentindo pena de um espírito que se encontrava em zona de refazimento ou, como é conhecida na Terra, zona de sofrimento, quase se deixaram engambelar pelas suas lágrimas de arrependimento. Quando estavam quase cedendo aos seus pedidos para levar aquele irmão em sofrimento ao posto de Auxílio, o instrutor que os acompanhava tomou a frente e, em questão de segundos, mostrou ao grupo de cinco aprendizes que apenas lágrimas e palavras bonitas não demonstravam o arrependimento eficaz, necessário para o resgate que vieram empreender. Flagrado em suas mais íntimas intenções, aquele espírito saiu dali xingando a todos e dizendo que não necessitava de ninguém, muito menos dos obreiros do Cordeiro.

Os alunos ficaram estarrecidos com o ocorrido, pois, apesar de no início alguns terem dúvidas quanto à honestidade das palavras daquele espírito, já estavam prontos para auxiliá-lo. Olhando envergonhados para o instrutor amigo, ouviram deste uma valiosa lição:

"Quando estiverem no auxílio e dúvidas surgirem sobre o que fazer, vejam a situação pela qual passam com os olhos da alma que não se engana. A fala de alguém pode ser convincente, mas o coração dele sempre demonstrará as suas verdadeiras intenções. Afastem-se alguns segundos da palavra e enxerguem o centro dos sentimentos do outro para saber se ele está pronto para as mudanças para as quais alega estar preparado. Se os seus olhos estiverem cegos a esta percepção, peçam ajuda ao seu companheiro de trabalho, explanando suas ideias e sentimentos, pois podem ter certeza de que, quando temos Jesus no coração, 'dois pensam melhor no bem do que um'."

Naquele momento, Abigail e Rafael viram o seu instrutor resplandecer e perceberam que deixar de ajudar aquele irmão foi a melhor caridade que podiam fazer, pois ele não estava preparado para receber o auxílio e ainda precisava encontrar o filho de Deus que havia nele e a si mesmo.

A partir daí, Abigail e Rafael tiveram ricas experiências juntos, mas, por necessitarem empreender caminhos diferentes no campo do auxílio, afastaram-se, indo cada um para uma colônia diferente: Rafael foi convidado para se tornar o mentor de Letícia em sua próxima reencarnação e, com alegria, estudou muito para isso; Abigail especializou-se em trabalhar com aqueles que necessitavam de auxílio psicológico em vários níveis porque alguém que ela muito amava precisaria desse auxílio quando saísse da zona de refazimento.

Quando Letícia foi comunicada de seu reencarne, Rafael acompanhou-a em todo o processo, o que foi uma felicidade mútua. Letícia tinha certeza de que se Rafael fosse o seu companheiro, amigo e mentor nesta jornada, ela teria êxito em sua missão. E era isso que os instrutores também esperavam.

Na reunião de preparação para o reencarne, ambos foram surpreendidos com a presença de Abigail, que os abraçou comovida pela saudade dos velhos amigos. Perto do final, Nestor, um dos instrutores amigos, disse que nos momentos em que mentor e pupila mais necessitassem, poderiam ter a ajuda sempre carinhosa de Abigail. Os três se abraçaram e, por algumas horas, conversaram sobre o que esperavam dessa experiência reencarnatória de Letícia.

Infelizmente, após reencarnar, Letícia continuou alimentando o seu medo da vida, o que a fazia escutar pouco o seu amigo fiel.

— Meu querido, o que posso fazer para ajudá-lo nesta empreitada? – perguntou Abigail.

— O que percebo em minha pupila é o medo que a faz desistir do que é certo. Apesar de todos os instrumentos que lhe foram concedidos como a beleza, a riqueza e a inteligência, ela não conseguiu juntar tudo isso para se firmar na segurança que acredita lhe faltar. Ela se aproximou de Felipe porque o identificou, inconscientemente, como sendo aquele que a respeitou muito em tempos pretéritos; aceitou os planos de Verônica porque tem medo de não atingir os seus sonhos por seus próprios méritos; mente para Pierre porque não acredita no amor que ele sente por ela e não quer perdê-lo. Esses são alguns pontos que posso enumerar, mas muitos outros foram sendo construídos por ela em sua vida e que foram minando a sua segurança e autoestima. Agora, o planejamento de vida que foi feito entre ela e Pierre pode estar em perigo, pois ela não para de mentir para ele. Tenho noção dos efeitos dessas escolhas, e desejo tentar mais alguma coisa para a sua mudança de comportamento, antes de deixar acontecer o doloroso resultado esperado.

– Tudo bem! Vamos juntos buscar os conselhos de Nestor, pois nada conseguiremos sem termos junto a nós a sabedoria daqueles que conosco estão trabalhando para o crescimento desse grupo espiritual.

Em sua busca, os dois amigos firmaram o seu pensamento em Nestor e volitaram para a Colônia onde ele estava.

Chegando lá, foram recebidos com muita alegria.

– O que fazem aqui? – perguntou o instrutor com um sorriso que indicava já saber o motivo.

– Meu querido amigo, precisamos de sua ajuda. Rafael não está sabendo o que mais pode fazer para que Letícia mude os seus hábitos. E, como você bem sabe, temos de agir, pois a atitude dela está influenciando sobremaneira a vida dos demais, dando uma reviravolta em todo o planejamento que esse grupo fez para esta existência. Sabemos que o livre-arbítrio deles tem de ser respeitado, mas também sabemos que podemos ajudá-los a enxergar as atitudes equivocadas que fazem e, assim, repensarem o seu caminhar.

– É verdade! Temos visto que eles estão se perdendo, pois estão recaindo em seus maiores temores, mas isso já era visto como uma possibilidade. Sinto dizer que, no momento presente,

Letícia dá sinais de que só reverterá as suas atitudes se Pierre descobrir a verdade e, intuitivamente, ela sabe disso, pois está agindo inconscientemente para que isso ocorra. – disse Nestor.

— Os encarnados não conseguem entender que eles próprios agem para que as experiências necessárias aos seus crescimentos aconteçam e eles sejam capazes de sentir o tremor de suas próprias escolhas. Esse terremoto é efeito direto das nossas preferências não tão boas e nos faz parar e pensar em como agir de forma diferente – frisou Abigail.

— É muito comum, quando estamos encarnados, achar que tudo o que nos acontece é punição divina e, por isso, nos martirizarmos com tudo o que acontece conosco – disse Rafael. Acreditamos que, se Deus está contra nós, quem, então, estará a nosso favor? Mas não é assim que acontece, pois as leis divinas incidirão sobre nós com a sabedoria do seu Criador que não quer nos punir, e sim que tenhamos consciência do que fazemos para os outros e para nós mesmos.

— Claro! – concordou Abigail – isso me faz lembrar d história de uma família que não dava importância aos estudos. Os pais e filhos sempre viveram no campo, mas em certo tempo e por causa das secas tiveram de se mudar do interior. Com muito esforço dos pais e com a venda da sua terrinha, conseguiram comprar uma casinha na cidade para a família morar. Quando se mudaram para lá, acharam um baú, embaixo de umas tábuas do chão, que continha vários papéis amarelados e sujos. Como tinham pouco estudo, não entenderam o seu conteúdo. E como naquela noite estava muito frio, utilizaram aqueles papéis velhos como combustível na sua lareira para se aquecer. Na manhã seguinte, entretanto, o antigo dono veio até eles esperançoso, dizendo que havia descoberto que o seu pai tinha deixado um velho baú lá com papéis importantes e que ele pagaria uma boa recompensa se eles o tivessem achado. Infelizmente, nada mais poderia ser feito para recuperá-los.

Abigail respirou profundamente e, depois, continuou:

– Muitos de nós agimos assim por não sabermos a importância daquilo ou daqueles que estão ao nosso redor, e os descartamos como se fossem papéis velhos. Não queremos perder tempo analisando o conteúdo de cada um dos que fazem parte de nossa vida. Achamos que o prazer momentâneo de uma noite aquecida já é suficiente para justificar as ações impensadas que realizamos.

Após uma breve pausa, Abigail continuou:

– Aquela família não fez por mal, claro, mas aprendeu, a partir daquela experiência, que é melhor saber o que estamos queimando na lareira da vida. É fato que eles já buscavam, inconscientemente, uma experiência que demonstraria a importância do estudo para eles.

– Muito bom exemplo, Abigail! – disse Rafael – ficou realmente fácil entendermos que essa família estava necessitada de passar para uma nova etapa e, inconscientemente, agiu com desleixo. Como não sabiam sobre o que se tratavam os papéis, poderiam ter perguntado sobre eles, no dia seguinte, para o antigo proprietário, mas não o fizeram. Decidiram, por um prazer momentâneo, se desfazer de algo que não conheciam. Fazemos isso o tempo inteiro, arriscando vivenciar posteriormente os efeitos de nossas ações por momentos prazerosos ou, como afirmamos, necessários ao nosso bem-estar. Inconscientemente, agimos de forma a nos forçar a ter experiências que nos trazem melhores oportunidades de mudanças.

— Pelo que podemos observar, Letícia está recaindo em seus temores emocionais e esta atitude a faz tomar decisões complicadas — disse Nestor. Podemos inspirá-la para que tente fazer o que é correto, mas ela terá de aceitar a sugestão, como vocês bem sabem.

— Sim, é verdade! Mas, Nestor, preciso de uma sugestão para auxiliá-la de uma maneira mais direta, pois tudo isso eu já tentei e não está dando certo. O seu medo é enorme e ela se omite ou age para evitar o que acha que pode lhe trazer dor ou sofrimento, e isso está produzindo um efeito complicador para todos os envolvidos.

— Certo! Vou conversar com os nossos instrutores e estarei com vocês o mais rápido possível. Fiquem tranquilos, porque tenho certeza de que teremos respostas para as nossas indagações o quanto antes.

Abigail e Rafael despediram-se com um abraço do velho amigo e foram em seguida para a casa de Letícia em Londres. Pierre estava lá com ela e conversavam carinhosamente no sofá da sala, vendo um filme e comendo uns petiscos.

Estavam ali há poucos minutos quando viram Vanessa e mais dois capangas entrarem no ambiente sem identificar a presença de Rafael e Abigail. Aquela, após ter dado algumas coordenadas ao demais, começou a agir para que o seu plano desse certo. Seu alvo principal era Letícia e Pierre sofreria o efeito colateral, mas ela não se importava. Para atingir Letícia, chamou os capangas para ajudá-la no processo. Eles deveriam se conectar a Pierre para que ambos brigassem e se separassem, mas ele se encontrava em outra esfera mental e não se deixava manejar com facilidade.

O que Vanessa não sabia era que Pierre era médium e, quando o grupo chegou, ele percebeu que algo no ambiente havia mudado, ficando por isso atento e em observação. Fez uma oração em silêncio pedindo proteção, o que trouxe imediatamente o seu mentor para perto de si. Rafael e Abigail ficaram muito felizes em rever Antony.

– Olá, Meus amigos! Estava observando Pierre de longe, mas vim logo que percebi o seu pedido de auxílio. É a Vanessa de novo?

– Sim, meu amigo. Ela é persistente! – disse Rafael.

– E sabemos bem o quanto ela pode ser determinada, não é Abigail?

– É verdade! Gostaríamos que ela pudesse abandonar essa vida de carregar tantas mágoas que a destroem dia após dia e a impedem de seguir em frente. Mas, por enquanto, sendo capaz de fazer suas escolhas, seu livre-arbítrio é respeitado.

Antony ficou aguardando as reações de Pierre, sabia que ele era capaz de lidar sozinho com aquela situação, mas, se desse sinal de sucumbir, o ajudaria no que fosse possível. Para alegria de todos, Pierre, tranquilo, repeliu os irmãos que tentavam influenciá-lo.

Vanessa olhou para os dois com irritação e os mandou ficar num canto, que ela iria fazer a parte dela. Aproveitou que Letícia não estava muito serena e começou a alimentar nela os pensamentos que já a rondavam. A moça tentava com esforço prestar atenção no filme, mas todos os seus temores começaram a voltar a sua mente, dando-lhe a sensação de que tudo estava perdido. Agarrou-se mais a Pierre, que percebeu que ela tremia.

– O que aconteceu, Letícia?

– Nada! Está tudo bem!

– Mas, você está tremendo!

Pierre identificou a necessidade de harmonização daquele ambiente e, abraçando Letícia, fez-lhe uma proposta:

– Letícia, você acharia estranho se eu pedisse para fazermos uma oração?

Ela olhou para Pierre surpreendida pois ele nunca havia demonstrado ser um religioso fervoroso.

– O seu pedido é um tanto estranho, você não acha?

– O que há de estranho em pedir para a mulher que eu amo fazer uma oração? Nunca lhe pedi isso porque não senti necessidade, mas, agora, sinto que você precisa muito harmonizar o seu coração, e juntos podemos fazer isso. Você poderia fazer uma prece agora?

O sorriso de Pierre era tão cativante que Letícia, mesmo não sendo acostumada a fazer orações ou ir à igreja, fechou os seus olhos e tentou proferir uma prece. No início, estava encabulada e seus pensamentos e palavras estavam desconectados, mas com o avançar da oração eles começaram a fluir mais naturalmente, dando a ela uma sensação de paz incrível. Rafael havia se colocado ao seu lado para qualquer dificuldade, mas a prece de Letícia foi tão sincera que elevou as energias que a envolviam, fazendo fluir de seu coração os mais nobres sentimentos, sem amarras.

Em contrapartida, Vanessa sentiu um mal-estar imediato, e pensou que Pierre não poderia ter tido aquela ideia sozinho. Então, entendeu que os "da Luz" estavam ali e, sentindo que tinha perdido aquela batalha, saiu dali acompanhada pelos seus capangas, extremamente irritada, xingando muito.

– Vanessa saiu acreditando que nós atrapalhamos os seus planos de influenciação – disse Abigail –. Mal sabe ela que não tivemos de fazer nada, pois a oração de Letícia foi tão sincera e nobre que ela mesma realizou a tarefa sem a nossa ajuda.

– É verdade! – exclamou Antony – muitos espíritos não acreditam que os encarnados, sozinhos, tenham a capacidade de se colocar em harmonia para não sofrerem as influências negativas do plano espiritual. Por isso acham que, se são excluídos, o foram por obra dos espíritos "da Luz". Pierre busca viver a vida com alegria, com respeito ao próximo e a si mesmo e por isso é capaz de cooperar para a harmonia de seu ambiente com a sua vibração de amor. E Letícia, felizmente, sentiu-se fortalecida pelo seu abraço e rezando, escolheu vibrar nessa mesma energia. Essas ações foram suficientes para realizarem a tarefa.

– Pierre aprendeu bem. – afirmou Rafael, com satisfação.

– Sim, é verdade – disse Antony satisfeito – ele está superando todas as expectativas e se encontra empenhado em seguir na sua vida sem se escravizar aos vícios de outras existências, dedicando-se ao seu crescimento espiritual e moral. É muito bom ver o seu desenvolvimento interior.

Neste momento, Nestor chega:

– Que a paz de Jesus esteja com vocês! Antony, que bom que está aqui.

– Que bom revê-lo, Nestor! – respondeu, dando-lhe um abraço fraternal.

– Conforme vocês sabem, fui conversar com nossos instrutores e as orientações já foram dadas.

Capítulo 41

Um mês se passou daquele incidente em que Felipe e Paula se separaram. Ambos continuaram a tocar as suas vidas sem se encontrar.

Depois de seu reencontro com Marcelo, Felipe ficou mais próximo do antigo amigo e isto o levou a estar com ele e Margot algumas vezes durante a semana. Numa noite, Felipe ligou para Marcelo para saber se eles iriam sair de casa. O amigo respondeu que sim, e o convidou:

— Felipe, nós iremos ao centro espírita que frequentamos. Você não gostaria de ir conosco?

Felipe estremeceu e, como num lampejo provocado por aquele convite, se lembrou do sonho que teve na noite anterior e somente agora chegava à sua consciência a seguinte frase: "aceite o convite que receberá de um velho amigo logo, logo.".

Marcelo estranhou o silêncio do amigo e se desculpou:

– Desculpe-me se o perturbo com este convite.

– Não, meu amigo, eu só estava relembrando um sábio conselho. Eu adoraria ir com vocês hoje. Fico aguardando.

Enquanto aguardava, relembrou todo o seu sonho: ele não sabia onde estava, mas era um local muito belo, parecia uma praça de uma cidade pequena, pois muitas pessoas andavam por ali, conversando baixinho e sem muita pressa. Estavam sorrindo e o cumprimentavam como se fossem amigos de muito tempo. Ele estava sentado em um dos bancos, ainda um pouco aéreo, quando um homem se aproximou, perguntando se poderia se sentar ao seu lado.

– Claro, fique à vontade – disse Felipe sorridente, sem fixar o olhar no rosto dele.

Quando ele se sentou, Felipe sentiu-se automaticamente acolhido, levantou os olhos para a pessoa ao seu lado e o reconheceu imediatamente:

– Pérsio, é você?

– Sim, meu amigo.

Eles se abraçaram e Felipe quase chorou. O amigo espiritual disse-lhe carinhosamente:

– Não se desespere, Felipe. Você jamais esteve só e tudo o que está vivenciando faz parte da lavoura que você plantou e agora está colhendo.

– Eu tenho consciência de que não sou santo, sei que errei, mas agora não sei como consertar o estrago que fiz. Não me lembro de tudo, mas sinto que Paula e eu tínhamos nos comprometido a viver essa existência juntos para adquirirmos muitos aprendizados e também resgatarmos, em nossos corações, as dores que plantamos. Mas, agora, estamos separados e, pelo que parece, não reataremos o nosso compromisso.

— Meu amigo, não se angustie com tal situação. Entenda que todos são portadores de livre-arbítrio e, por este motivo, podemos modificar a nossa programação divina a qualquer momento. Se não fosse assim, afirmaríamos que, pela falta de liberdade, não teríamos de nos responsabilizar por nossas escolhas e isso não é verdade, somos totalmente responsáveis por elas e, em função disto, existem planos alternativos.

— Você quer dizer que toda aquela programação que fizemos antes de encarnarmos, junto com vocês, mentores e instrutores, de nada valeu? Para que tanto trabalho, se podemos mudar tudo ao nosso bel-prazer? Para que tanto esforço por parte de vocês para nos conscientizar se tudo pode ser modificado?

— Ora, Felipe! Você sabe que não é bem assim. Claro que toda programação feita é de muita valia, pois, se não a fizéssemos, como caminharíamos nesse planeta escola? Essa programação está em nosso inconsciente e é nela que colocamos as metas a serem alcançadas para, com o nosso aprimoramento, nos livrarmos das dores que absorvemos em nosso coração vida após vida. O que quero dizer para você é que a vida é muito sábia e, apesar de nós, ela nos possibilita oportunidades para reatarmos os laços de nosso planejamento. Mas também faz parte de nosso crescimento arcarmos com as consequências de nossas escolhas e, assim, não podemos ignorar a nossa vontade de não desejarmos tais laços, uma vez que o livre--arbítrio serve para nos responsabilizar por não seguirmos no caminho que antes entendemos ser o mais adequado e que depois desejamos modificar. Na maioria das vezes, agimos assim por desacreditarmos nas leis divinas e não confiar que tudo dará certo.

– O que mais quero é resolver os problemas, mas tudo parece dar errado.

– Felipe, será que está sendo sincero? Será que quer mesmo resolver os problemas? Qual foi a sua atitude quando, percebendo o buraco que cavava, nada fez para tapá-lo?

Felipe estava cabisbaixo. Não sabia se estava entendendo o ensinamento de seu grande amigo. Pérsio, percebendo o seu estado, continuou:

– Felipe, pense um pouco, em algum momento Paula deu a você algum sinal de que ela não o entenderia com relação à existência de Letícia?

– Não.

– Então, por que teve medo?

Ante o silêncio de seu amigo, Pérsio insistiu:

– Seja sincero com você, Felipe.

Após alguns segundos de profunda análise, Felipe respondeu assombrado:

– Porque eu não estava convencido dos meus próprios argumentos, se a situação fosse inversa, eu não a compreenderia, não aceitaria que ela mantivesse um relacionamento com a

251

desculpa da viagem do pai de seu antigo namorado e muito menos ter que ir a uma festa e manter as aparências, fingindo que aquele relacionamento ainda existia. Eu não aceitaria ser o outro.

Pérsio aproveitou o estado de consciência de Felipe para completar o ensinamento:

– Sim, meu amigo, o que você vive hoje está diretamente relacionado à sua falta de confiança em situações semelhantes e em como você pensa. Por isso, terá uma nova oportunidade de aprendizado: aceite o convite que receberá brevemente de um velho amigo, para aproveitar ao máximo essa experiência. Não se sinta sábio, mas sim alguém que já leu muito e que agora precisa entender o que leu e aprender muito mais. Leve nossa conversa em seu inconsciente e, quando for preciso, você se lembrará dela.

Felipe voltou à realidade e se preparou para a chegada de Marcelo.

Aquela noite foi muito especial para Felipe, como todas as outras em que ele se dirigiu àquele grupo de oração e auxílio. Os ensinamentos estavam levando muito alento ao seu coração.

Paula, por sua vez, saía mais e mais com Mário. Não que estivessem tendo um relacionamento mais íntimo, pois deixava bem claro a ele que o seu coração pertencia a outra pessoa, mas ela não recusava nenhum convite dele.

Os caminhos que escolhemos determinam o futuro que construímos.

Capítulo 42

Numa linda tarde, encontramos Felipe em seu consultório conversando com sua paciente mais querida. Margareth tinha retornado para mais uma consulta.

Quando já estavam se despedindo, Margareth imaginou que o fato de Felipe não ter demonstrado qualquer interesse por Paula era porque estava se interessando por outra pessoa. Por isso, perguntou a ele ao final da consulta:

— Felipe, já estou indo embora e você não me perguntou por Paula. Não está mais interessado nela?

— Margareth, ainda amo muito a sua filha. No entanto, neste exato momento, nada posso fazer para que ela me perdoe. Se ela não quer vir aqui com você é porque ainda não me perdoou e, sinceramente, prefiro nada perguntar, pois se notícias ruins forem as que eu tiver de ouvir prefiro manter a minha tênue serenidade construída – respondeu Felipe com um sorriso pálido.

Margareth entendia. Ele errou, mas também sabia que, se Paula demorasse muito para perdoá-lo, ela o perderia para sempre. Ninguém gosta de ficar sofrendo as dores de um coração partido.

Paula estava na pracinha olhando para o nada, pensando em Felipe. Ela ainda estava muito sentida com ele, mas a cada dia que passava mais e mais frágil ficava a sua determinação de ficar longe dele. Ela quase disse para a mãe que iria junto àquela consulta. Mas o seu orgulho, acrescido de uma boa dose de maus conselhos por parte de Vanessa, dizia a ela que isso era errado, que ele é que tinha de procurá-la, e não o contrário.

Estava alheia em seus pensamentos, quando Mário a abordou. Ele seguiu mãe e filha até lá e esperou que Margareth se afastasse para encontrar Paula sozinha:

– Oi, Paula! Que coincidência nos encontrarmos!

– Mário! O que faz por aqui? – perguntou Paula com a respiração suspensa, olhando para todos os lados, procurando amparo nos pedestres próximos.

– Nada! Estava passando e a vi sentada aqui. Não era para estar trabalhando agora?

– Realmente, mas vim trazer mamãe para uma consulta médica e ela já deve estar retornando.

Ele a olhou de uma forma que ela não gostou, deu um sorriso muito estranho e lhe disse:

– Bem! Foi muito bom vê-la de novo – e afastou-se devagar.

Paula, então, levantou-se e foi quase correndo para o hall do prédio comercial esperar sua mãe.

Sua cabeça latejava e seu coração lhe oprimia o peito só de lembrar o que havia acontecido dias antes: Paula recebeu um telefonema de Mário em seu trabalho convidando-a para saírem à noite. Quando ele chegou para buscá-la, ficou aguardando no carro. Como sempre, ela se despediu de suas amigas de trabalho e entrou no carro, cumprimentando-o. Quando ele se voltou para ela, percebeu que não estava normal, estava alterado, seus olhos estavam vermelhos e injetados, sua voz estava agitada ao cumprimentá-la. Ela ficou bastante apreensiva, desejando descer do carro, mas, como o carro já estava em movimento, isto foi impossível.

Mário saiu do trajeto habitual e se distanciou do local onde eles iriam assistir ao filme programado. Ela, percebendo a alteração, perguntou o que estava acontecendo e, sem falar nada, ele continuou dirigindo em direção a um bairro de reputação duvidosa. Mais temerosa, questionou-o novamente sobre a mudança repentina de trajeto.

– Ora, Paula! Não é nada, pare de perguntar, porque quero lhe fazer uma surpresa – disse de uma forma nada amistosa.

Paula não estava gostando do que estava vendo e sentindo. Quando ia perguntar algo mais, ele entrou com o carro por uma estrada de terra, sem qualquer iluminação, dirigiu mais uns poucos metros e parou. Ela percebeu que ali tinham outros carros, onde parecia ter casais namorando. Ela, imediatamente, cruzou os braços com uma expressão de indignação, dizendo:

– Mário! Sempre deixei claro que o que sinto por você é uma grande amizade e nada além disso. Fico muito lisonjeada com este convite, mas quero voltar para casa, pois não acontecerá nada entre nós.

— Ora, Paula – disse ele, tentando agarrá-la – sempre acreditei que você estivesse se fazendo de difícil para que eu ficasse doidinho por você e isso deu certo. Você sabe o quanto a desejo e, mesmo assim, jamais se recusou a sair comigo.

— Existe uma diferença bem grande em sair com você por sermos amigos e sair com você para um relacionamento mais íntimo – interrompeu-o bruscamente – Mário, sempre lhe disse que amava outro e que nós dois éramos apenas amigos.

— Mas eu não preciso que você me ame para estar comigo hoje, posso consolá-la de várias maneiras. Esse cara que você ama é um burro por não enxergar o quanto você poderia fazê-lo feliz. Sei o quanto você é boa nisso – falou, dando a entender, por meio de sua fisionomia lasciva, que acreditava que ela representava um papel de boa menina para o envolver.

— O que você está dizendo? Não estou entendo, Mário! Eu jamais tive a intenção de termos qualquer relacionamento mais íntimo e fui muito clara com você sobre isso. Não preciso enganar ninguém sobre como sou para este alguém estar comigo, isso até me ofende. Por favor, quero voltar para casa.

Mário, neste momento, tem o seu rosto transfigurado. Parecia que ela jamais o havia visto.

— O que você quer dizer com isso? Que estar comigo é ofensivo? Ora, você fugiu de casa cedo para se juntar a um marginal, nunca se casou e vai-se lá saber com quantos você esteve enquanto o pobre coitado estava preso. Então, não venha me dizer que você é santinha, porque o seu passado a condena e, agarrando-a à força, começou a beijá-la com sofreguidão.

Paula tremia dos pés à cabeça de medo. Sabia que, se ele quisesse, a violentaria ali mesmo, pois era muito forte para conseguir impedi-lo. Começou a chorar baixinho e, num momento de desespero, rezou para que nada de ruim acontecesse. Foi assim que, num lampejo de lucidez e auxiliada pelos amigos espirituais, ela pensou que poderia enganá-lo. Começou a corresponder aos seus beijos. Quando ele percebeu que ela não mais resistia, soltou-a um pouco, o que deu a oportunidade para que o empurrasse delicadamente e dissesse, olhando em seu olhos:

— Mário, por favor, eu gostaria que esse momento fosse especial para nós, não gostaria que fosse assim, no carro, em um lugar ermo. Por favor, vamos embora daqui.

Com um sorriso malicioso de vitória, Mário olhou para ela e ligou o carro.

Ela respirou um pouco mais aliviada. Vencera apenas um round, mas já era alguma coisa. "Como farei para escapar dele?" questionava-se, trêmula. Sabia que tinha dado a entender que o convidara para irem a um lugar mais íntimo.

Quando Mário ia passando por uma sorveteria, Paula lhe pediu, com um olhar sedutor – o melhor que ela conseguiu fazer – para tomarem o sorvete que ele havia prometido há algumas semanas. Ele parou, querendo agradá-la, e ambos desceram.

Propositalmente, ela pediu um enorme sorvete que consumiu devagar, conversando com Mário sobre vários assuntos banais. Não deixou, porém, de flertar com ele e pensar em como sairia daquela situação. Se a sorveteria estivesse cheia pediria socorro, mas só tinha o servente lá, que não era muito forte.

Quando estava terminando, disse-lhe que iria ao banheiro e, aproveitando-se de um descuido dele, saiu da sorveteria por uma porta lateral, conseguindo pegar um táxi rapidamente a poucos metros dali. Ela somente parou de tremer quando se sentou no banco de trás do táxi e deu o endereço de sua residência.

Quando chegou em casa, Paula sentia-se muito mal e, quando se olhou no espelho, tomou um susto, estava branca, com os olhos assustados, lábios trêmulos. Felizmente, sua mãe já estava deitada, pois não desejava contar a ela o que havia acontecido.

Na manhã seguinte, após uma noite de insônia dolorosa, levantou-se com vários hematomas pelo corpo que escondeu com um casaco leve, calça comprida e maquiagem.

Sua mãe percebeu que ela não estava bem, mas preferiu aguardar que ela mesma tomasse a iniciativa para falar sobre o seu problema. Paula agradeceu intimamente o fato de sua mãe nada perguntar, porque tinha certeza de que ela percebera que algo estava errado.

Infelizmente, Paula ainda não havia aprendido que esconder daqueles que amamos as situações incômodas ou importantes pode trazer consequências devastadoras.

Cinco dias se passaram daquela noite fatídica e ali estava ele, falando com ela como se nada tivesse acontecido.

Capítulo 43

Após quinze dias, em desdobramento pelo sono, Felipe e Paula se encontraram em um jardim lindo, mas não enxergavam nada ao seu redor a não ser um ao outro.

Abraçaram-se com a saudade peculiar a um casal que há muito não se vê. As lágrimas rolaram nas faces de Paula, que pedia desculpas a Felipe por ser tão orgulhosa. Por outro lado, ele pedia desculpas por não ter confiado que ela o compreenderia nas dificuldades pelas quais passava. Ficaram abraçados por alguns minutos, até que Pérsio veio até eles.

Ambos sorriram para o amigo querido, agradecendo a oportunidade de estarem juntos, ali, no plano espiritual. Pérsio, com um sorriso, disse-lhes:

— Meus amigos, vocês poderiam ficar juntos para sempre, isso só depende de vocês. O que os afasta um do outro, todos os dias, é o orgulho de cada um de vocês, que deseja ter razão na experiência vivida. Paula, se o seu coração já está propenso a perdoar Felipe, não espere que ele tome a iniciativa de se reconciliar com você, pois ele não sabe o que se passa em seu coração.

Paula, envergonhada, pede desculpas a Felipe com o olhar. Ele a abraça mais fortemente, mostrando que compreende sua atitude.

– Pérsio, gostaria tanto de poder ter essa compreensão quando estou em vigília – disse Paula. Quando acordo, todos os preconceitos embutidos em mim voltam falando mais forte e me impedindo de entrar em contato com Felipe. Como são fortes essas ideias que nos deixam sucumbir diante da hierarquia do orgulho sobre a felicidade! A cada instante em que nos deparamos com uma decisão que colocará em risco o nosso orgulho, enfrentamos uma intensa batalha interior. Se nos perguntarmos se preferimos ser felizes ou ter razão, é possível que falemos, ostensivamente, que preferimos ter razão, firmando a convicção dolorosa de que a preservação do orgulho é mais importante do que vivermos em paz e em harmonia.

– Também tenho essa mesma dificuldade, Pérsio. E isso me impede de ir até ela e pedir novamente desculpas, afinal, fui eu quem cometeu o erro. Mas tenho medo de ela me repelir, me humilhar diante do meu erro. Agora que estou com ela em meus braços e com minha consciência desperta, isso é irrelevante. Porém, não é assim que pensamos quando acordamos no plano material.

– Meus amigos, sabemos de todas as dificuldades, mas tal experiência também faz parte do crescimento de vocês. Aproveitem o momento para esclarecer ao máximo os sentimentos de um pelo outro, para firmar os laços que os unem, pois vocês terão uma nova oportunidade de estarem juntos no plano material da vida. Não duvide de que, se os seus corações desejarem, vocês mesmos a construirão – disse Pérsio, afastando-se para respeitar o momento do casal.

Ao nascer do dia, Paula e Felipe acordaram com uma intensa saudade um do outro, com a certeza no coração de que aquele amor precisava ser preservado e que não poderia ser deixado de lado por um orgulho bobo.

– Não sei o que farei, mas não desistirei do meu amor por Paula – disse Felipe para si mesmo, levantando da cama com uma nova disposição.

Em sua casa, Paula também levantou animada. Era sábado e dia de faxina, tinha muita coisa a fazer. Ia trabalhando e cantando enquanto varria e passava pano. Margareth surpreendeu-se com toda aquela alegria.

– Você deve ter tido um sonho lindo, está muito alegre hoje.

– Se tive, infelizmente não me lembro, mas acordei com algumas certezas – disse, sorrindo alegremente.

Enquanto varria, ela pensava no que faria para tentar reencontrar Felipe. A próxima consulta de sua mãe seria somente dali a quarenta dias e essa não era a oportunidade que ela estava esperando. Ficava pensando no que faria para que ele pudesse falar com ela: "Pareço uma adolescente planejando um encontro. O problema é que em tudo o que penso coloco a obrigatoriedade de Felipe me pedir desculpas para reatarmos. E se ele não pedir desculpas? Pior, e se já se interessou por outra? Eu mesma o liberei para que fizesse de sua vida o que bem entendesse.".

Paula começou a ficar entristecida, e um dos capangas de Vanessa que estava de sobreaviso em sua casa, ao perceber o que estava acontecendo, se juntou a ela para demovê-la dos seus planejamentos otimistas, mandando o outro comparsa chamar Vanessa porque percebeu que os seus planos estavam em perigo.

Vanessa já chegou cuspindo fogo. Queria saber o que estava acontecendo.

– Não sabemos o que aconteceu, mas ela já acordou otimista e querendo perdoar Felipe. Está aí fazendo planos para vê-lo.

– Maldição, isso não pode acontecer! Os encarnados são tão manipuláveis, mas tenho de admitir que estes estão nos dando trabalho. Não basta o Felipe agora frequentar aquele centro espírita, o que está nos causando enormes dificuldades para penetrar nos pensamentos dele, e essa Paula vai querer ficar bem também? Ah! Mas isso não pode ficar assim!

Vanessa estava ficando cansada. Quando pensava estar vários passos à frente no campo de batalha, vinham alguns acontecimentos ou ações dos influenciados que colocavam tudo a perder. "O que estou fazendo de errado? Não entendo! Não posso perder para esses encarnados fracos e sem persistência!" – pensava ela.

Na casa de Felipe, a situação não era muito diferente. Os comparsas de Vanessa estavam fazendo de tudo para que ele não telefonasse para Paula nem fosse à casa dela. Toda vez que ele pensava em pedir desculpas e se conscientizava de que nada o impediria de fazer isso, eles colocavam em sua mente imagens bastante desagradáveis de Paula humilhando-o e, depois, nos braços de Mário, fazendo piada da atitude de Felipe. Isso o fazia repensar se deveria entrar em contato com ela ou não.

"Meu Deus, como somos falíveis e orgulhosos! Apesar de dizer a mim mesmo que não me importo com as humilhações, que ter Paula de volta é o que me fará feliz, estou com medo de ter o meu orgulho ferido pela mulher que amo, principalmente, se ela estiver com outro!" – pensava Felipe.

Assim, lutava consigo mesmo e com os sentimentos que borbulhavam em seu íntimo, relutando em ligar para Paula. Esta, por sua vez, também queria ligar para ele, mas os seus pensamentos a impediam. Nenhum dos dois percebia que essas ideias não vinham deles, mas, como estavam sendo acatadas e alimentadas por eles, acabavam tomando posse de sua autoria, levando-os a arcar com as consequências.

Margareth encontrou Paula sentada no chão, no canto da sala, com a vassoura na mão, e estranhou aquela atitude:

– Paula, o que houve? Você estava tão feliz e agora está assim!

– Mãe, do nada comecei a duvidar do que quero. Se eu perdoar Felipe tão facilmente, ele poderá fazer tudo de novo. Será que eu aguento mais uma decepção, mãe?

– Minha filha, sente-se aqui comigo – chamou Margareth, apontando em direção ao sofá – pense um pouco e me diga: "o quanto você o ama? O sofrimento que está sentindo todos os dias longe dele não a sufoca tanto quanto um possível sofrimento na tentativa de consertar isso?". Entenda que eu disse "possível", pois ele pode nunca acontecer, não é verdade? Já o sofrimento do afastamento entre vocês já está sendo vivido agora.

– Mas, se for assim, eu estava certa em ter fugido com Fabrício, porque não imaginava a minha vida sem ele. Só que isso não é verdade, eu errei.

— É verdade, mas vamos pensar com mais profundidade: há dez anos, em algum momento, você duvidou da sua vontade de querer ir com ele? Sabemos que era imatura e nada sabia da vida, mas você agiria diferente? Acredito que não, porque até aquele momento as suas experiências e os seus aprendizados não lhe dariam condições de tomar outra decisão. Então, será que você estava errada? É importante termos em mente que você só diz que errou porque não deu certo, mas, se o Fabrício tivesse abraçado o papel de fiel companheiro e trabalhador responsável, você olharia para trás e diria que agiu certo e que quem estava errada, na época, era eu.

Paula tentava compreender o que sua mãe lhe dizia, embora os seus pensamentos estivessem bastante confusos. Parecia que um juiz implacável lhe falava que tinha errado profundamente e que, se desculpasse Felipe, iria repetir todos os erros novamente.

Margareth, com a ajuda de Nestor, esclarecia mais um capítulo da vida da filha:

— Olha! Como já lhe falei antes, só comecei a entender melhor a justiça divina quando compreendi que somos responsáveis por cada uma de nossas ações, e que cada uma delas é um reflexo do que éramos no momento daquela escolha e nenhum segundo posterior pode ser somado como experiência para uma escolha anterior a ele. Então, as consequências de nossas ações devem servir de base para outras experiências, não para aquelas que já tínhamos realizado. Eu acredito que aquele momento em que fugiu com Fabrício é bem diferente deste que você vive hoje. Fabrício e Felipe são duas pessoas diferentes, e isso traz experiências novas para vocês dois.

Enquanto Nestor inspirava Margareth, Estevão emanava energias equilibrantes para que Paula pudesse se libertar da influência de Vanessa.

— Filha, escute-me. O que lhe falta, antes de mais nada, é você se perdoar.

— Perdoar-me? Foi o Felipe que me traiu, não é a ele que eu preciso perdoar?

— Não, meu amor, não é. Você precisa começar a perdoar a si mesma por ter fugido com o Fabrício e ter sofrido tanto por isso. Enquanto você não perceber que essa experiência dolosa foi, de certa forma, positiva para você, o seu perdão não virá.

— Mas, como posso me perdoar? — a pergunta veio automaticamente aos lábios de Paula, que se assustou por jamais ter percebido o que sentia.

Então, deu vazão àquele sentimento...

— Como posso me perdoar se fiz a senhora sofrer, promovi grande sofrimento para mim mesma e quase fiz uma família inteira sofrer por minha ação infantil e egoísta?

— Sim, você tem razão, mas só em parte. Cada ação nossa tem como consequência inúmeras reações que atingirão a nós e a outras tantas pessoas, mas nenhuma dessas pessoas, salvo raras exceções, será uma parte inocente nesta trama. Vou dizer como vejo essa situação: eu, como sua mãe, poderia ter lhe dado uma orientação melhor e não tê-la mimado como fiz. E qual foi a consequência disso? Colhi uma atitude sua de acordo com a educação equivocada que eu lhe dava.

Na família de Fabrício, a esposa é portadora de livre-arbítrio e, quando você se deparou com eles na penitenciária, ela teve toda a verdade exposta à sua frente, mas nada fez. Era o marido dela quem deveria velar pela felicidade da família, porque você não tinha como saber da existência deles. E, mesmo que soubesse da existência deles e tivesse feito de tudo para que ele os largasse, ainda era dele a maior responsabilidade de respeitá-los e protegê-los, devendo se afastar de você. Então, a sua participação fez apenas com que o conhecesse melhor. Se, ainda assim, continuou com ele, não cabe a nós julgá-la, pois deve ter tido os seus motivos.

Os filhos de Fabrício, neste caso, podem parecer uma parte inocente para vivenciar tais provações, mas, se isso fosse verdade, Deus seria injusto por deixá-los nascer no seio daquela família. Já lemos bastante a respeito para sabermos que esses seres aprenderão algo importante para o seu crescimento junto aos seus pais atuais. Nada é por acaso.

Margareth respirou profundamente. Sentia que estava sendo inspirada porque as ideias vinham com muita clareza em sua mente e agradecia ao Pai por essa bênção. Sentia que essa conversa com Paula poderia fazer uma grande diferença para a sua felicidade e esperou que ela comentasse algo, mas, como nada disse, continuou:

— Você sofreu muito, mas foi por causa desse sofrimento que teve olhos para mudar os seus comportamentos equivocados. Uma vez me disse que foi pelo que passou com Fabrício que você pôde valorizar tudo o que eu fazia por você, entre outras tantas coisas. Então, apesar de todo o sofrimento, as experiências foram boas para você. Minha filha, você plantou, mas também colheu. E, se nós também colhemos, foi porque em nossas terras plantamos algo também. "As contrariedades da vida têm, pois, uma causa e, uma vez que Deus é justo, essa causa deve ser justa."[1] Por isso, Paula, como não se perdoar?

Paula estava pensativa. Sua mãe tinha razão. Ela tinha agido errado, mas, vendo por aquele ângulo, poderia seguir em frente mudando suas atitudes para não cometer os mesmos erros. E se continuasse a se punir pelos equívocos do passado, isso não melhoraria em nada sua vida. Estava mais fácil agora compreender suas atitudes e pensar sobre o perdão.

Vanessa, percebendo tais pensamentos, estava para explodir. Tudo o que estava tentando fazer estava dando errado, todos os seus planos pareciam seguir para a derrota final. Seus comparsas estavam fazendo de tudo, mas nada dava certo. Precisava pensar. Como resolver aquela situação? Os "da Luz" deveriam estar ali de novo atrapalhando os seus planos.

Abigail veio até ela e, sem que percebesse, começou a emanar uma luz intensa sobre a sua cabeça. Vanessa continuou a pensar: "Por que eles sempre a atrapalhavam? Ela não deveria ser nada mesmo, já que quem não merecia recebia a ajuda deles enquanto ela, nunca...".

De repente, o seu pensamento inacabado fez Vanessa sair dali correndo. Uma dor profunda foi sentida em seu coração, uma vontade de berrar e de chorar por si mesma foi tão forte que precisou sair de perto dos seus comparsas, pois eles não compreenderiam a sua atitude.

---

[1] O evangelho segundo o espiritismo, capítulo 5, item 3 – Allan Kardec – Editora FEB.

Correu para um lugar deprimente. Chegou a um quarto que considerava seu, sem cor e sem iluminação, um quarto que parecia já ter sido bonito um dia, mas que agora estava sem vida e sem asseio, como a própria dona encarnada. Ela se jogou na cama e chorou muito.

Sentia-se desamparada, queria tanto largar tudo aquilo! Mas não podia, devia muito aos que a "acolheram" em sua vingança, e eles não aceitariam que ela não os recompensasse.

Vanessa começou a relembrar todo o início de sua vida naquele plano de angústias e desespero.

Quando ela chegou ao plano espiritual, estava desorientada, sentia dores terríveis, queria falar, mas não conseguia, só emitia sons roucos e sentia um sufocamento que a desorientava ainda mais. Não entendia que havia morrido, pois sempre acreditou que, com a morte, tudo acabava, e não era aquilo que estava vivenciando. Ela chorava pedindo ajuda, mas todas as pessoas que chegavam ao seu lado só queriam expulsá-la ou debochar de suas dores.

Com o tempo, entendeu o seu estado: tinha morrido! Mas não sabia o que fazer para melhorar suas condições. A dor continuava a importuná-la, não sabia como contê-la, e muitos foram os anos que este estado de dor durou.

Porém, em uma noite de supremo desespero e em busca do Pai para acalentá-la, foi visitada por uma senhora de olhos lindos e brilhantes. Ela era tão meiga que Vanessa queria se entregar àquela paz que via em seu semblante. Ela veio dizendo que a conhecia e que queria ajudá-la, e Vanessa estava tão cansada de tanto sofrimento que aceitou a ajuda ofertada, entregando-se por inteiro àquela linda senhora. Foi levada a um hospital, onde teve seus ferimentos curados e as suas dores amenizadas. Sua benfeitora sempre a visitava, trazendo-lhe palavras de alento e carinho. Estava feliz.

Lágrimas corriam pela face de Vanessa. "Como posso ter me esquecido disso? Como não me lembrava de ter sido socorrida naquele momento?" – Essas lembranças traziam-lhe saudades. Continuou relembrando.

Já tinha se tornado uma pessoa útil naquele hospital e, apesar de interna, me foi permitido ajudar alguns enfermos que chegavam e precisavam de uma conversa amiga. Porém, em uma tarde, minha amiga veio até mim pedindo que a acompanhasse para visitarmos uma enferma que acabara de chegar ao hospital. Fui prontamente, porque essas visitas também me ajudavam muito em minha própria recuperação. Mas, foi grande a minha surpresa ao encontrar um rosto conhecido. Imediatamente, senti uma revolta intensa e um ódio voraz. Aquela paciente relembrou-me de minhas torturas morais, de minhas dores terríveis enquanto vagava por aqueles pântanos malcheirosos e úmidos. Olhei para a minha benfeitora e perguntei por que tinha sido chamada para ver aquela que era o resumo de minha desdita.

– Vanessa, está na hora de você se libertar desses sentimentos que somente a escravizam à dor e ao sofrimento. Esta irmã que aqui se encontra é para o seu coração aquela que a fez sofrer, mas é você quem precisa se libertar de tais pensamentos. Você foi trazida para cá por ter amigos que a amam e que pediram por você, e está na hora de você mesma merecer estar aqui. Olhe para esta irmã e tente compreender que todos nós somos passíveis de nos equivocar sobre como enxergamos o nosso passado e se, de alguma forma, ela a magoou, perdoe, para que você mesma possa vivenciar o seu perdão.

"Eu não queria perdoá-la, não queria sentir de novo a decepção que aquela mulher produzira em meu coração quando, não sei como, me denunciou para o meu marido e me fez ser expulsa de minha própria casa, sendo acusada de esposa adúltera. Quanto tempo passei nas ruas, sem teto, alimentando um profundo ódio por esta mulher e por todos os envolvidos em minha desventura!".

Vanessa chorava. Doía se lembrar de tudo, mas os pensamentos corriam livres e ela não lhes impedia o fluxo.

"Tentei sobreviver após ter sido expulsa de meu lar, mas não conseguia nada para ganhar o pão de cada dia, ninguém me amparou porque, naquela sociedade hipócrita, nada era pior que ser adúltera. Acabei na sarjeta e depois, para sobreviver, me prostituí. Como era uma pessoa frágil, fiquei muito doente e, por isso, fui expulsa do prostíbulo. Num gesto de desespero, matei-me, tomando ácido."

Quando relembrei tudo isso no lugar onde fui amparada, apesar de todo o carinho de minha benfeitora, não aguentei a verdade sobre minha morte. Até aquele momento, essa verdade estava obscura em minhas lembranças e, infelizmente, alimentada pelo ódio, olhei para aquela que estava ali debilitada e enferma e disse em alto e bom som:

— Não descansarei um minuto de minha morte até que esta mulher e todos os outros paguem por todo o mal que me fizeram.

Imediatamente, como se fosse sugada por um redemoinho, me vi de novo nos pântanos de onde havia sido resgatada. Meus bons pensamentos pareciam ter sido apagados, pois sequer me lembrava do auxílio recebido. Eu só pensava em vingança.

Capítulo 44

Naquele quarto escuro, Vanessa chorava. Pela primeira vez em muitos anos, questionava a si mesma sobre os motivos de ainda estar naquela batalha. Todos que lhe fizeram mal estavam encarnados seguindo com as suas vidas e, se os fosse analisar honestamente, tinham até se tornado melhores, estavam tentando respeitar os outros, essas coisas de "gente boazinha".

E ela? O que fazia com a sua vida? Ou melhor, o que fazia na sua morte? Estava fazendo isso por tantos anos que nem sabia mais fazer outra coisa.

De repente, lembrou-se de que, quando esteve naquele hospital espiritual, ela chegou a ajudar outras pessoas. Era tão bom ver os pacientes que chegavam no mesmo estado em que ela também chegou sendo alimentados por suas palavras amigas e sorrindo ao final!

Mas tinha feito uma escolha, e agora não podia voltar atrás. Era inimiga dos "da Luz" e não teria mais a ajuda deles, mesmo se quisesse.

De repente, viu uma luzinha, no canto de seu quarto, que foi se ampliando até vislumbrar um semblante conhecido: o de sua benfeitora. Automaticamente, ajoelhou-se trêmula e fechou os olhos, porque aquela luz a estava incomodando.

— Minha querida, por que se ajoelha diante de uma amiga?

— Não sou merecedora de sua amizade. Você me deu uma oportunidade para que eu seguisse pelo caminho da luz, mas, por raiva e vingança, não aceitei. Agora, sou uma obreira das trevas que só tem em seu coração a vingança como base para continuar seguindo em frente.

— Vanessa, você não precisa continuar nesse caminho. Jesus nos dá todas as oportunidades para revermos nossas escolhas e seguirmos outros caminhos mais promissores. Somos nós que nos escravizamos a objetivos que nos levam a grandes sofrimentos.

— Por favor, não me iluda dizendo que posso consertar tudo – disse Vanessa amargurada – sabe muito bem que não tenho mais cura, sou uma transviada, uma obreira das trevas, e tenho de saldar muitas dívidas. Você sempre me disse, naquele hospital, que Jesus não nos desampara. Mas, onde estava Ele nesses anos todos em que eu padeço as minhas dores? Eu sempre O percebi acompanhando os meus inimigos e me impedindo de atingir os meus objetivos.

— Ele sempre esteve esperando que você pudesse limpar o seu coração dos sentimentos enegrecidos da revolta e da insatisfação, para que pudesse se lembrar Dele. Ele não impõe o Seu amor a ninguém. Simplesmente ama, e continua respeitando a sua vontade de buscar na vingança a sua felicidade. A questão é: você a encontrou?

Vanessa sabia que não e duvidava que, mesmo atingindo os seus objetivos, pudesse alcançar a felicidade que pensava merecer. Ela já não aguentava mais continuar com aquela tarefa, porém, ao abrir mão do que queria, qual seria o seu destino?

Ela era a líder daquele grupo de seis espíritos que eram seus comparsas e todos a acompanhavam porque deviam muito a ela. Quando retornou da zona de refazimento ela estava só, mas logo fez amizade com Ary, que era forte, contudo, sem liderança. Após alguns anos, ele se tornou o seu fiel escudeiro, já tendo angariado alguns espíritos que se sentiam devedores dela como ele próprio, pois ela os resgatou, alimentou e lhes deu abrigo. Com a ajuda de Ary, ela se tornou a líder e, mesmo estando nessa função, se agora ela debandasse para o outro lado, seria perseguida e castigada, uma vez que, para sobreviverem, todos eles deviam algo a outros líderes das trevas, mais poderosos, e ela não fugia à regra. E eles cobravam com juros os seus favores.

— Por que você veio? — perguntou Vanessa à sua antiga benfeitora.

— Porque você merece saber que Jesus não a abandonou e que estarei sempre perto para ajudá-la, se precisar de mim.

— Eu preciso de ajuda para me vingar! — gritou Vanessa.

— Não posso ajudá-la nessa tarefa específica. Quem sou eu para culpar o outro por minhas dificuldades, se tantas vezes também fui aquela que oprimiu o coração alheio com as minhas imperfeições e erros? Se fosse colocada perante o tribunal da minha consciência, seria condenada por muitas de minhas ações equivocadas contra o próximo. Se não sou inocente, não tenho moral para condenar o próximo por seus erros.

Vanessa, percebendo que aquelas verdades machucavam sua alma, gritou, entre lágrimas:

— Então, você não me é útil, nem tampouco o seu Jesus.

— Como queira.

A luz que brilhava em seu quarto foi se apagando, levando consigo aquela que era a imagem de tudo o que era bom na vida de Vanessa.

Esta, arrasada, chorou copiosamente por mais uma vez não ter conseguido resistir à mágoa e escolher o caminho das sombras e do desespero. Dormiu, chamando baixinho pelo nome daquela que era a sua única amiga:

— Abigail. Abigail, não me deixe!

Capítulo 45

Naquela noite, Paula iria a uma festa na casa de uma amiga do trabalho. Eleonora era a contadora da empresa e foi uma das primeiras amizades que Paula conquistou.

Como sabemos, o setor em que Paula trabalha é de arquivo e almoxarifado. Um dia, Eleonora necessitou de uma documentação antiga que estava arquivada há muito tempo e, para seu desespero, ela sabia que talvez não conseguisse recuperá-los a tempo para a contabilização necessária, já que, em situações anteriores, nas quais precisou desarquivar documentos antigos, não obteve muito sucesso. O setor de arquivos era tão desorganizado que teve de tomar outras medidas para comprovar a contabilidade feita e que estava sendo exigida pela fiscalização.

Para sua surpresa, no entanto, quando solicitou tais documentos, os tinha sobre a sua mesa em um prazo mínimo. Eram tantas caixas que Paula teve de ajudar o estagiário da contabilidade a levá-las para Eleonora. Essa foi a primeira vez em que ambas se encontraram, e a empatia foi imediata.

Quando pôde, Eleonora foi visitar Paula em sua sala, e ficou abismada com o trabalho realizado com os papéis. Estavam quase todos organizados nas prateleiras e arquivos de aço e devidamente registrados no computador. Quando assumiu aquele setor, Paula percebeu que a situação estava caótica e que, se fosse solicitado algum documento, possivelmente não conseguiria atender ao pedido. Por isso, esforçou-se o quanto pôde para resolvê-la, conseguindo cumprir grande parte do processo de organização.

A partir daquele dia, começaram a almoçar juntas e, depois, saíram algumas vezes ao final do expediente para comer uma pizza ou tomar sorvete.

Por isso, Paula não tinha como se esquivar de ir àquela festa, pois Eleonora não a perdoaria. Estava se arrumando quando Margareth entrou em seu quarto.

— Como você está bonita, minha filha! Aonde vai?

— Vou à festa de uma amiga, mãe. Ela me fez prometer que eu não faltaria.

— Que bom, minha filha. Fico feliz que você tenha outras amizades além de Mário. Que bom que você encontrou uma nova amiga para compartilhar os seus momentos de lazer!

Margareth parou de falar, e Paula percebeu que ela queria lhe dizer algo, mas parecia estar sem coragem.

— O que foi mãe? Sei que quer falar algo comigo.

— Bem, percebi que você não está mais saindo com o Mário. Aconteceu alguma coisa?

Paula foi pega de surpresa. Não imaginou que sua mãe lhe faria essa pergunta. Tinha resolvido não comentar com ela sobre o que havia acontecido entre ambos, porque achava muito humilhante ter de admitir que sua mãe, de novo, havia acertado sobre o caráter de alguém. Por isso, resolveu omitir a verdadeira razão de não mais sair com ele. Infelizmente, ela se arrependeria amargamente por esta decisão.

– Mãe, resolvi dar um tempo, acho que estávamos muito juntos e isso poderia dar uma esperança errada a ele sobre o nosso relacionamento. Ainda amo Felipe e preciso me concentrar em como vou fazer para que voltemos a nos falar.

Margareth estava satisfeita, pois era exatamente o que queria, já que Mário não era uma boa companhia e ela bem sabia disso. Por mais que Margareth acreditasse que era preciso dar um crédito para aqueles que já erraram, não conseguia enxergar em Mário essa possível mudança.

Paula estava deslumbrante com um vestido elegante, cor de vinho, decotado nas costas, mas simples. Ela era bonita e, quando se arrumava, chamava atenção.

Chegando à festa, Paula percebeu que eram poucos os amigos do serviço que estavam ali. Eleonora era uma mulher muito elegante e tinha amigos da alta roda social e, por isso, estava se sentindo um pouco deslocada.

A anfitriã, quando a viu, foi logo recebê-la, abraçando-a com carinho e apresentando-a a vários amigos que, é claro, se interessaram imediatamente pela linda amiga da aniversariante. Quando estava em meio às apresentações, Paula foi surpreendida por um braço ao redor de sua cintura. Ela já ia se desvencilhar daquele que considerava estar ultrapassando os limites de sua intimidade quando se deparou com um sorriso e uma voz familiar:

– Olá, Paula!

Era Felipe. Ah! Ela se derreteu por dentro. Quanta saudade sentia daquele que era o dono de seu coração! Ouviu-o falando aos demais:

– Sinto, muito amigos, mas uma amiga em comum a está chamando. – e saiu conduzindo Paula para longe dali. Levou-a ao jardim da casa de Eleonora, onde eles teriam mais privacidade para conversar.

– Oi Felipe! – ela finalmente respondeu ao cumprimento, quando se sentaram em um banco.

– Desculpe tê-la tirado dali, mas aqueles homens são tubarões em busca de carne fresca.

– Ah! – exclamou ela – e você não é um deles? – perguntou sem raciocinar, o que a fez se arrepender imediatamente.

Felipe sabia sobre a que ela estava se referindo, o que fez o seu sorriso se apagar.

– Paula, precisamos conversar, pois não podemos continuar assim. Temos muito a esclarecer um ao outro, eu não sou um desses tubarões, jamais fui. Claro que tive namoradas, mas jamais as usei ou as desrespeitei. Letícia era minha namorada, mas jamais a iludi com promessas que o meu coração não poderia cumprir. E, quanto a você, eu errei porque tive medo de perdê-la, mas em nenhum momento eu quis ofendê-la ou iludi-la. Eu a amo, Paula, e peço novamente o seu perdão. Estou sentindo muito a sua falta.

Paula estava radiante, era tudo o que queria ouvir e, naquele momento, só queria estar ao lado dele. Todo o resto seria resolvido com o tempo.

— Felipe, eu também o amo e sinto muito a sua falta — falou, dando-lhe um abraço.

Estavam tão felizes que se esqueceram de onde estavam e se beijaram ali mesmo.

Paula, de repente, pensou que ele poderia ainda ser o noivo de Letícia, e seu coração doeu profundamente. Retesou todo o corpo instintivamente, o que foi sentido por Felipe.

— O que aconteceu, Paula?

— Felipe, preciso saber se você ainda está namorando Letícia.

Com uma fisionomia cansada, mas sem afastá-la de si, Felipe disse:

— Oficialmente, sim. Apesar de eu ter tentado entrar em contato com Letícia para saber quais providências já havia tomado, ela retornou para Londres e, como você me mandou embora, não me preocupei em desfazer o mal que aquela reportagem havia feito. Precisava resolver algumas questões de ordem pessoal primeiro.

— Que questões?

— Bem, Paula, precisava compreender o que eu tinha feito comigo.

– Não entendi. O que quer dizer?

– Você sabe que leio muitos livros espíritas, mas não frequentava nenhum local onde eu pudesse aprender mais ou trabalhar em favor dos mais necessitados. Quando você me dispensou, fiquei arrasado e precisei muito da ajuda de alguns amigos para compreender que o que eu estava vivendo era reflexo das minhas próprias ações e que ninguém era culpado pela minha dor a não ser eu mesmo. Para tanto, precisei estudar de uma forma diferente aquilo que já tinha lido tantas vezes, mas ainda não havia compreendido. Na Justiça Divina não existe punição, mas sim a colheita daquilo que plantamos para que possamos nos entender profundamente.

Paula olhava para Felipe com admiração. Ele estava ali, humildemente, se expondo para ela, falando de suas culpas e necessidades de crescimento e pedindo desculpas por suas atitudes por meio de sua própria revelação. Ela, ao contrário, e por puro orgulho, há poucas horas nem teve coragem de dizer à sua mãe a situação traumatizante pela qual havia passado com Mário. E agora estava ali, soberba, e ao mesmo tempo insegura de dizer a ele que o perdoava.

– Paula, eu não lhe contei nada porque não confiei em você e não confiei porque, inconscientemente, usei-me como referência, pois se estivesse no seu lugar, não aceitaria aquela situação também e como não tinha forças para muda-la, tentava me convencer de que estava certo em agir daquela forma. Tanto é verdade que tentei esconder de você o que estava acontecendo já que, em termos de relacionamento, eu e Letícia nada éramos um para o outro, há muito tempo. Só percebi tudo isso quando pude compreender um pouco mais a minha essência.

— Não foi isso que pareceu naquele jornal – afirmou Paula, com uma pontada de tristeza.

— Já expliquei o que houve, Paula. Naquele dia, Letícia estava estranha, toda melosa, como se eu jamais tivesse pedido para terminar nosso relacionamento. Eu me esquivava o máximo que eu podia, mas, por estar vivendo uma mentira, não me sentia à vontade para afastá-la com rigor. Aquele foi o único beijo dado e me pegou de surpresa. Eu reagi, imediatamente, avisando-a de que o nosso namoro não tinha futuro e que, se ela não tomasse alguma medida para avisar aos seus pais do nosso rompimento, eu mesmo o faria. Saí da festa logo depois, sem entender o porquê de seu comportamento estranho. A foto, porém, já tinha sido tirada, e o resto você já sabe.

Felipe parou de falar e se seguiu um silêncio incômodo. Parecia que ambos estavam aguardando o próximo passo na dança da reconciliação. Finalmente, Paula falou:

— Felipe, agradeço por você ter tomado a iniciativa de se aproximar de mim. Acordei hoje disposta a achar um jeito de nos encontrarmos porque minha saudade era imensa, mas sempre me deparava com algum impedimento. Infelizmente, todos eles eram baseados na preservação do meu orgulho e da minha integridade emocional, porque tinha medo de sofrer novamente. Mas, estando aqui ao seu lado, não quero mais que fiquemos separados nem que haja segredos entre nós. Eu te amo e desejo estar sempre com você.

Felipe ia abraçá-la, mas ela o impediu, e continuou a falar:

— Mas você me pediu desculpas e eu não as darei!

Dessa vez, Felipe se afastou de Paula, instintivamente, olhando para o chão, com uma dor forte no coração.

— Felipe – Paula pegou a sua mão e continuou – eu não o perdoo porque entre duas pessoas que se amam não há motivo para que elas peçam perdão uma a outra. Precisamos aprender isso para que sejamos felizes no futuro. Eu o amo como nunca amei ninguém e quero meu coração livre da dor para que, felizes, fiquemos juntos.

Ambos se abraçaram, porém, empurrando-o delicadamente, Paula disse:

— Felipe, enquanto você não resolver o problema com a Letícia, acho que seria melhor não termos esse comportamento na frente dos outros. Acredito que algumas pessoas dessa festa conheçam vocês e não entenderão o seu comportamento comigo.

Felipe concordou e agradeceu por ela ter compreendido a sua situação. Ele, na verdade, não estava mais se importando com as confusões que Letícia construiu para si mesma, mas os pais dela nada tinham a ver com isso e poderiam se sentir enganados.

Assim, o casal continuou ali conversando animadamente, só parando quando Eleonora os encontrou:

— Vocês estão aí? Achei estranho não ter encontrado Paula na festa e imaginei que poderia ter acontecido alguma coisa. Eu não sabia que se conheciam! – disse, expansiva, como era de sua natureza.

Foi Felipe quem falou:

— Sim, Eleonora, a mãe de Paula é minha paciente há mais de doze anos.

— Ah, pensei que a minha amiga tivesse me escondido algum problema cardíaco grave. Se bem que, hoje, ela está com problemas sérios no coração, e talvez o doutor Felipe pudesse medicá-la para que arranje logo um namorado – e todos riram com a piada da amiga.

Paula, então, perguntou a ambos:

— Eu estou em desvantagem e quero saber como vocês se conheceram.

Foi Eleonora quem respondeu:

— Ora Paula, você não se lembra de que lhe contei que o meu pai teve um problema cardíaco há alguns anos e que ele foi, milagrosamente, salvo por um médico bonitão? Era o Felipe!

Felipe ficou encabulado, e elas riram dele.

— Vou deixá-los conversando porque tenho de atender às necessidades dos demais convidados, mas, antes, gostaria de agradecê-lo por ter vindo, Felipe.

E, voltando-se para Paula, confidenciou com um olhar de menina levada:

— Ele nunca aceita os meus convites, mas dessa vez eu disse que, se ele não viesse, a nossa amizade estaria estremecida – disse Eleonora, saindo e os deixando a sós.

— Que bom que aceitou o convite! — disse Paula, olhando-o apaixonadamente.

— Tenho de admitir que eu tinha esperanças de que você viesse, pois eu sabia que ela trabalhava na mesma empresa que você e, por isso, quando ela me convidou, resolvi seguir o meu instinto.

Tinham tantas coisas a falar um ao outro que ficaram horas ali, aproveitando o momento de reencontro e de felicidade.

Infelizmente, eles não perceberam que, um pouco mais afastada, estava Verônica, morrendo de raiva por encontrá-los juntos naquela festa. Ela chegou há pouco e estava procurando por Eleonora quando a viu com os dois. Escondeu-se na hora e, apesar de não poder ouvir o que falavam, percebia que os olhares trocados entre eles demonstravam a reconciliação iminente.

— Isso não vai ficar assim! Eu não permitirei que essazinha se dê bem. Quem ela pensa que é?

Para que Felipe não a visse, Verônica deu uma desculpa qualquer e foi embora, planejando tomar alguma providência para a separação de ambos.

Capítulo 46

Três dias depois, Paula estava em casa arrumando a mesa do jantar quando o telefone tocou.

— Alô! Oi Mário, o que deseja? Infelizmente não será possível. Não, não posso sair. Amanhã terei de estar muito cedo no serviço e tive um dia muito atarefado. Sei, sei. Boa-noite, tchau!

— Quem era, minha filha? – perguntou Margareth, que saía do banheiro e só tinha ouvido o barulho do telefone.

— Ninguém, mamãe. Ninguém. Foi engano.

Paula não queria entrar em detalhes com sua mãe sobre Mário. Ainda não conseguia conversar sobre o que tinha acontecido naquela noite e, no fundo, sabia que também não queria dar o braço a torcer e ter de admitir que a sua mãe sempre esteve certa.

Após alguns minutos de distração com uma conversa animada entre mãe e filha, Margareth percebe que Paula não parava de olhar para o relógio.

— Você tem algum compromisso hoje, filha? Vai sair com alguém? Você não para de olhar para o relógio!

A campainha tocou, interrompendo-as, e Paula, alegre, foi atender.

Qual foi a surpresa de Margareth quando Felipe entrou em sua casa! Ela foi até ele com os braços abertos, como se uma saudade maternal a invadisse.

— Felipe, que surpresa agradável! Ninguém me disse que você viria hoje! – falou esta última parte olhando para Paula e fingindo estar magoada.

— Olá, Margareth! Estava com muitas saudades. A culpa foi minha. Eu que pedi à Paula para não lhe contar, pois queria lhe fazer uma surpresa. E, por causa da correria no trabalho, somente hoje pude vir aqui.

— E fizeram mesmo uma maravilhosa surpresa!

O casal levou Margareth para o sofá a fim de poderem conversar sobre o futuro que os aguardava. Explicaram para Margareth o que havia acontecido entre eles na festa e que estavam reatando o namoro. No entanto, Felipe tinha pedido a Paula um tempo para solucionar o problema com Letícia, pois ela estava viajando e, por mais que ele tentasse contatá-la, o seu celular parecia estar desligado. Desconfiava de que ela havia deixado o aparelho aqui no Brasil. Por isso, tentaria conseguir o novo número dela com Roberto para avisá-la de que ele mesmo iria comunicar aos seus pais o término do namoro.

— Isso é muito bom, meu filho. Sabe, eu não me meto nas decisões que vocês tomam, mas, apesar de Paula compreender a sua situação, deve ser muito difícil para ela estar em um relacionamento no qual você ainda se encontra oficialmente comprometido com outra. Não são esses os valores que ela tem.

— Eu sei, Margareth, e eu resolverei isso logo. Tenha certeza disso!

A noite foi muito agradável. Paula e Felipe combinaram de reatar o relacionamento, mas somente sairiam juntos quando Felipe comunicasse aos pais de Letícia a sua decisão. Ele havia pedido até o final daquela semana para resolver o problema.

Naquela noite, Felipe saiu da casa de Paula por volta das vinte e duas horas tendo sobre si, nos dois planos da vida, a atenção de algumas pessoas interessadas ao que aconteceria naquela residência: no plano físico, o detetive Wander o seguia e Mário o observava de longe; no plano espiritual, Vanessa acompanhava cada acontecimento fervilhando de raiva e com pensamentos de vingança.

Infelizmente, quando não estamos vigilantes com os sentimentos que alimentamos, não percebemos quem chamamos para estar conosco. Mário, já conhecido de Vanessa, ligou-se a ela quase automaticamente, criando um laço em que se alimentavam reciprocamente com os planos de vingança contra aqueles dois espíritos que, nesta vida, somente queriam crescer e ser felizes.

Capítulo 47

Wander ligou para Verônica para contar o que tinha presenciado.

— O que você está me dizendo, Wander? Então eles voltaram mesmo. Eu não acredito!

— Sim, eles voltaram, mas percebi uma coisa engraçada. Um amigo de Paula, o tal de Mário, estava lá de novo observando o casal, e sua fisionomia demonstrava que ele não estava muito contente com aquela reconciliação.

— Ora, Wander, e eu quero saber desse fulaninho?

Verônica parou de falar como se tivesse tido uma ideia:

— Ao contrário, Wander, quero que você me arrume o telefone desse rapaz, preciso saber o que ele sabe. Você vai me colocar em contato com ele!

— Mas, dona Verônica, ele não me parece ser uma boa pessoa! Ao ser colocado para vigiar a Paula, observei alguns comportamentos desse rapaz, e ele não é de boa índole.

— Não me importa, consiga o telefone para que eu possa conversar com ele.

— Tudo bem.

Wander estava temeroso e não gostava daquilo. Ele era um detetive particular que buscava as verdades e as apresentava a quem o contratava, nunca mudou a verdade para agradar quem quer que fosse. Sempre imaginou que estava fazendo o certo porque a maioria de seus clientes eram ludibriados ou traídos e a verdade, apesar de dolorida, trazia a libertação. Mas aquele caso era diferente de todos os outros. Desde o início, parecia que tudo estava errado, já que dona Verônica não parecia se importar muito com os sentimentos alheios. Apesar disso, não a via como uma pessoa má. Então, o que ela poderia querer com aquele rapaz?

"Bem, vou fazer o que ela pediu. Que mal há em colocá-los em contato?" – pensava ele, tentando jogar para longe as intuições mais puras de seu coração. Neste momento, seu mentor tentava ajudá-lo a compreender que não deveria fazer isso, mas ele queria pensar o melhor sobre os seus clientes e não desejava tirar uma conclusão ruim de Verônica só porque ela queria falar com Mário.

— Wander, meu pupilo, Jesus sempre nos ensinou a não julgar o próximo, mas Ele não nos pediu para nos fazermos de cegos diante da realidade espelhada à nossa frente. O que o faz temer nessa situação são todos os comportamentos anteriores dos envolvidos, não somente esse pedido que parece sem sentido. Infelizmente, você está decidindo atendê-la e, apesar de sua atitude estar baseada na sua bondade, ela trará consequências terríveis se Verônica agir em conformidade com os seus pensamentos – disse o mentor de Wander em uma última súplica.

Apesar de todo o desconforto, Wander não aceitava que estivesse trabalhando para uma pessoa má e recusou todas aquelas ideias, indo atrás do que lhe foi solicitado.

Capítulo 48

Mário, muito desconfiado, chega sem jeito no restaurante fino em que Verônica agendou o encontro. Como ela não havia chegado, sentou-se para aguardá-la.

Minutos depois, ela chega deslumbrante. Não podia imaginar sobre "o quê" ela queria falar com ele, mas não perderia a oportunidade de almoçar naquele restaurante e de saber sobre o que se tratava.

Quando ela se sentou, olhou-o de alto a baixo e gostou do que viu. Ele, com certeza, iria ajudá-la em seus planos.

Depois de pedirem a refeição e de ficarem a sós, Verônica foi direta:

– Mário, vamos direto ao ponto. Fiquei sabendo que você é amigo da Paula.

– Sim, eu sou.

– E um amigo que parece gostar dela. – parou propositadamente.

– Mas, o que isso tem a ver com nosso assunto?

– Não venha mentir para mim. Se mentir, só você sairá perdendo.

– Ok, ok! Sim, eu gosto dela.

– Então, com certeza, nos daremos bem. Quero que ela se afaste do doutor Felipe, e você vai me ajudar com isso.

– Mas, quem é a senhora? Alguém que gosta dele? Ele não é muito novo para a senhora? – disse essa última frase para tirá-la do sério. Precisava saber mais detalhes.

– Ora, você é muito indelicado, claro que não. Ele é noivo de minha filha e a está traindo com aquela Paula.

– Eu sabia! Sabia que a Paula se fazia de menina íntegra, mas era puro fingimento.

– Claro que é fingimento, e por isso preciso que ela se afaste de Felipe e fique com você, que a ama. – Verônica tentava fazer um jogo duplo, sem saber com quem estava lidando.

– Farei de tudo para que isso aconteça.

– Bem, pelo que soube, você não está sendo muito competente nessa área, mas acredito que, com o incentivo certo, você conseguirá levá-la para longe de nós. Darei a você o que for preciso, dinheiro não é problema.

Ambos não sabiam que, naquele momento, Ary, Vanessa e seu grupo estavam ao lado deles, alimentando seus pensamentos mais inconfessáveis. Ao redor da mesa se formou um ambiente enegrecido, quase sufocante. Até os garçons que ali chegavam se sentiam incomodados com alguma coisa, mas, por não saberem o que poderia ser, ignoravam tal sensação e continuavam a trabalhar.

Combinaram o preço e como a quantia chegaria às mãos de Mário.

– Então, está tudo combinado. A senhora me pagará e vou fazer Paula esquecer Felipe.

– É o que quero – nesta hora, Vanessa joga em sua mente um pensamento e Verônica, imediatamente, o absorve. Sem raciocinar sobre as consequências de suas palavras, diz:

– Mas, observe bem, por esse preço, quero que seja rápido e entenda que quero resultados imediatos. Não importa o que você faça, Paula precisa sair da vida de Felipe.

Mário concorda. Paula seria dele custe o que custar, e de mais ninguém.

Vanessa dá pulos de alegria. Seu plano estava em andamento e, agora, não sairia mais do lado de Mário.

Capítulo 49

Abigail estava em seu posto na colônia terminando uma sessão de terapia quando Estevão veio até ela, preocupado.

— O que houve, Estevão? – perguntou Abigail.

— Vanessa e Mário estão mais unidos do que nunca e ambos estão fazendo planos terríveis para impedir Paula e Felipe de ficarem juntos.

— Meu Deus! Temos de ser rápidos, chamemos o Nestor!

Ambos firmaram o pensamento e, logo em seguida, o mentor de Margareth chegou para auxiliá-los.

— Sei o que os preocupa e sinto dizer-lhes que, segundo a lei de causa e efeito, se Paula não estiver alerta para as nossas intuições, não conseguiremos impedir o intuito de ambos.

— Como não? – perguntou Estevão.

– Meu amigo, você sabe que essa experiência será de grande valia para todos os envolvidos e os nossos superiores nos esclareceram que não poderíamos interferir mais diretamente. Poderemos evitar o mal somente se Paula quiser, porque o seu livre-arbítrio tem de ser respeitado.

– Para quando está programada a ação? – perguntou Abigail.

– Para hoje à noite!

– Que o nosso Mestre Jesus nos auxilie para que aconteça o melhor.

Pouco depois, no plano material, Paula recebe um telefonema de Mário.

– Oi, Paula! Sou eu, Mário.

– Oi, Mário! – Paula responde, tensa. Depois daquele trágico dia, ela passou a ter muito medo dele.

– Gostaria de saber se você poderia sair comigo hoje.

– Sinto muito, Mário, mas não posso.

– Sei que deve estar um pouco magoada comigo por eu ter me descontrolado naquele dia, mas estava fora de mim e não sabia o que estava fazendo.

– Mário, não quero conversar sobre isso.

– Claro, claro! Tudo bem. Só quero esclarecer que não estou lhe chamando para sair, mas para que me ajude com o meu pai. Ele está muito doente e preciso de uma amiga que vá comigo ao hospital, sou muito ruim para lidar com problemas de saúde, além de ser muito esquentado. Não quero chegar lá no hospital e colocar tudo a perder caso eles demorem demais ou não o atendam bem. Por favor, Paula, me ajude!

Mário não dava tempo de Paula pensar, falava rápido para confundi-la. Estevão e Abigail tentavam intuí-la sobre ser perigoso sair com Mário, mas ela afastava aquela sensação de medo, pois imaginava que, se o senhor Cleto estivesse junto, não haveria perigo. Além disso, ele não tinha culpa das atrapalhadas de seu filho.

— Tudo bem, vou me arrumar e você pode me buscar daqui a dez minutos.

— Ótimo! Você não sabe o quanto está me fazendo feliz.

Paula estava com o coração apertado, mas não podia dizer "não" a ele, e o senhor Cleto precisava de ajuda.

Os espíritos amigos a intuíam para que ela chamasse Felipe para ir com eles, mas, sob a influência de Vanessa, ela pensava que seria melhor para Felipe encontrá-los direto no hospital.

Margareth viu Paula se arrumando e perguntou se iria sair com Felipe, e ela não escondeu a verdade:

— Não, mamãe. Vou sair com Mário.

— Como? Minha filha, você está namorando Felipe, não fica bem você sair com outro.

— Mãe, o senhor Cleto precisa ir para o hospital e Mário me pediu ajuda. Vou ligar para o Felipe e avisá-lo de que talvez precise de alguma intervenção dele no hospital. Não posso deixar de ajudar o senhor Cleto, não é?

— Sim, minha filha, não devemos deixar de ajudar. Então, é melhor eu ir com vocês.

— Bem, isso pode ser uma boa ideia – dizia Paula para a mãe, quase aliviada, quando ouviu o som de uma buzina à frente de sua casa.

Era Mário, ele viera rápido demais. Mal sabia que ele estava na esquina, tinha ligado para ela do celular, esperou um pouco e veio buscá-la.

— Mãe, não dá tempo de a senhora se arrumar. Por isso, fique e ligue para o Felipe e veja se ele tem condições de nos ajudar. Avise-o de que meu celular está descarregado e que ligarei quando chegar ao hospital, para saber se ele poderá ir até lá. Espere um minuto que já saberei para qual hospital levaremos o senhor Cleto.

Paula abriu a porta do carro rapidamente, mas, para sua surpresa, não viu o senhor Cleto.

— Papai está lá em casa, preciso que você me ajude com ele, por isso vim correndo.

— Tudo bem – Paula sentiu uma sensação muito ruim, mas, como não ir? – Diga-me, para qual hospital iremos?

Mário pensou rapidamente e deu o nome de qualquer hospital. Antes de entrar no carro, Paula o repetiu para a sua mãe, que entrou em casa para efetuar a ligação.

— Oi Felipe! Sou eu, Margareth. Paula pediu para perguntar se você teria condições de ajudá-la, porque está levando um amigo nosso para o hospital e, pelo que sabemos, ele não está bem.

— Claro, Margareth! Você sabe o que ele tem? E para qual hospital eles foram?

— Não sei o que ele tem, Felipe. Eles saíram daqui agora, acredito que logo chegarão ao hospital, mas não adianta ligar para ela porque está sem celular. – disse isso e informou, em seguida, o nome do hospital que Mário indicou.

Felipe perguntou se Margareth tinha certeza do nome do hospital, o que ela confirmou. Ele sentiu que algo estava errado, pois aquele hospital já tinha sido fechado há alguns anos, mas, para não preocupar Margareth, ele se despediu e desligou.

Ficou pensando que podia estar enganado e que, quando Paula chegasse ao hospital certo, ligaria para ele, informando-o do equívoco.

Enquanto isto, Paula estava no carro com Mário, indo, pensava ela, para a casa dele, a fim de buscarem o senhor Cleto. No entanto, quando ele passou direto pela sua casa sem parar o carro, Paula questionou:

— Mário, o que está acontecendo?

— Você não ficará com ele...

Paula ficou horrorizada, não acreditou no que ouviu nem na fisionomia estranha de Mário.

– O que você está dizendo? Onde está o seu pai?

– Ele está em casa, muito bem, vendo televisão – e gargalhou como um louco.

– Mário, quero sair daqui, você me enganou...

– Não! – gritou ele, pegando um revólver e apontando para ela – Não! Quem me enganou foi você, brincou comigo e com os meus sentimentos. Como você pôde ficar com ele? Ele não queria você! Estava enganando-a como você me enganou!

– Mário, eu nunca lhe enganei, sempre disse que meu coração era de outro, que nós saíamos como amigos. Então, como posso ter lhe enganado?

– Ora, você é assim mesmo, dissimulada.

– Como você pode afirmar isso de mim? Você não me conhece!

– Claro que a conheço – afirmou Mário, sob a influência direta de Vanessa – eu sei que você é uma ladra e uma péssima filha, porque roubou muitas coisas de sua mãe e ainda a abandonou. Sei também que é amante daquele médico que é noivo de outra, e já foi amante de um bandido mesmo ele tendo família, ou seja, é uma promíscua e bandida também. Você era a única do bairro que fingia não saber que Fabrício tinha uma mulher prenha quando fugiu com ele.

– Você sabia disso?

– Claro, todos sabiam. Ele era um mulherengo e você foi só mais uma conquista que poderia levá-lo para longe, porque aqui ele estava encrencado. Eu o odiava por isso, pois eu a amava, mas você só tinha olhos para ele. Quando soube que voltou, fiquei perto de sua casa para abordá-la quando saísse para qualquer lugar. Por isso nos vimos exatamente no mercado naquela primeira vez, porque eu a segui.

Ele estava um pouco confuso na direção e ela percebeu que já tinham passado por aquele mesmo lugar umas duas vezes, mas nada disse.

Ele continuou falando:

— A partir daí, você aceitou os meus convites e achei que nós teríamos alguma chance, mas você vinha sempre com aquela história de amar outro. Claro que eu sabia que era só para me amarrar mais e mais a você. Além do mais, você nunca quis saber se eu tinha alguém ao meu lado quando saíamos. Então, ou você me queria ou nunca se preocupou se estava me ajudando a trair alguém. Coitada da Cristina, sempre me amou e eu também a amo. Mas é você que eu quero, e ninguém mais — falava confuso.

— Mário, por favor, nunca perguntei se você tinha alguém porque nós sempre saíamos como bons amigos. Jamais escondi de você o sentimento que tenho por outro porque não queria que pensasse que poderia haver algo entre nós. Além disso, você jamais demonstrou ter qualquer problema a esse respeito.

— Ora, assim é muito fácil, você só pensa em si mesma e pelo jeito não mudou nada, porque foi assim que agiu com a sua mãe quando a abandonou. Minha mãe conversava com meu pai lá em casa, e eu escutava tudo. Todas as dores de sua mãe pelo abandono, toda a desolação porque não tinha notícias suas e por não saber se estava viva ou morta, nem uma carta de despedida, nem um muito obrigado. Até que ela não aguentou, teve um enfarto e acabou no hospital. Minha mãe era muito amiga de dona Margareth e também amargava as dores dela.

Aquelas palavras a machucaram muito. Primeiro, pela dor que causou à sua mãe e, segundo, porque nunca tinha pensado que as suas ações poderiam ser vistas sob um olhar tão perturbador.

"Pensando bem, ele tem razão, – raciocinava ela, com uma ponta de raiva de si mesma – apesar da atenuante de eu ter ido embora com Fabrício sem saber da existência de sua família, também nunca me esforcei para tomar conhecimento de nada além do que desejava saber, mesmo quando as atitudes dele davam razão a muita desconfiança. E, se minha mãe me perdoou, isto não retira o fato de eu realmente ter agido como uma bandida, pois furtei aquilo que quis, sem me preocupar com os sentimentos dela."

Vanessa aproveitou a oportunidade criada pela culpa de Paula e se ligou a ela como um carrapato se liga à pele daquele que quer sugar. Enviou ao seu campo mental imagens da mãe solitária, chorando e amargando a dor de ter sido abandonada e violada em suas coisas, de suas noites mal dormidas pensando na filha que não lhe dava nenhuma informação sobre o seu paradeiro.

A culpa de Paula aumentava de maneira astronômica, afastando a influência de Estevão, que tentava de todas as formas mantê-la calma para pensar em uma forma de fuga. Ela se fixou tanto em sua dor que parou de observar para onde Mário a estava levando.

Continuou alimentando aqueles pensamentos: "O pior é que parece que nada mudou mesmo porque, do mesmo modo que agi com Fabrício, nunca questionei Mário sobre ele ter alguém. Muitas vezes desconfiei de que havia alguém, mas não queria saber. Mamãe me avisava, mas era muito difícil para mim ficar sem o único amigo que tinha e que me levava para longe da solidão em que me encontrava. Talvez eu achasse que, se não perguntasse, não poderia ser responsabilizada por nenhuma das minhas ações.".

Vanessa observava tudo, mas não estava sendo como imaginava. Olhava para Paula e não sentia satisfação pela sua dor. Sentia o seu medo e não se satisfazia com a sua vingança. "O que estava errado?" – pensava.

Ao olhar para Mário, Paula assustou-se. Estava com um olhar alucinado e um sorriso amarelo nos lábios. Nunca o tinha visto assim, nem mesmo quando ele quase a estuprou. Se já estava alterado naquela noite, nesta parecia muito pior.

Ao olhar ao redor, seu coração quase saltou da boca. Não sabia onde estavam. Tinham se afastado da cidade e já se encontravam em um lugar deserto.

– Mário, para onde vai me levar? Você me pediu para ajudá-lo com o seu pai, mas disse que ele está bem. Então, leve-me de volta para casa.

– Não, não a levarei. Você é minha! Ele não a terá de novo. Ele não a merece.

– Você está me assustando. Não conhece Felipe para dizer isso.

— Você fica dizendo que eu não conheço vocês, mas é claro que conheço. Vocês já me prejudicaram muito, mas, desta vez, sou eu quem vai rir por último.

Paula estava abismada, não entendia o que estava dizendo.

Mário, em sua ligação mental com Vanessa, acessava as lembranças do passado que se encontravam nos cantos mais profundos do seu inconsciente. Elas desfilavam em sua mente, confundindo-o entre as duas vidas.

Enquanto isso, Felipe estranhou o fato de Paula estar demorando a ligar. Retornou para Margareth, perguntando se Paula havia dado alguma notícia.

— Não, ela não entrou em contato comigo. Você ainda não foi para o Hospital?

Felipe sentiu um frio na espinha. Sabia que algo estava errado, mas não sabia o que poderia ser. Pérsio estava ao seu lado, intuindo-o dos perigos pelos quais Paula estava passando, mas havia chegado o momento de todos colherem o que tinham plantado. Ele inventou uma desculpa, despediu-se e desligou. Não queria preocupar Margareth.

"Possivelmente, Paula não precisou de mim e, por isso, não ligou." – tentava se convencer.

Pegou um livro para ler, mas não conseguia se concentrar. "Algo não está certo! Ela não deixaria de ligar." – pensava.

Esperou por mais meia hora pensando que, pela urgência, ela tinha sido tomada pelos procedimentos burocráticos do hospital.

Após esse tempo, porém, Felipe teve a ideia de ligar para os dois hospitais mais próximos e descobrir algo.

Nada. O senhor Cleto não tinha dado entrada em nenhum deles. Não havia mais como ignorar que algo estava errado. Felipe ligou imediatamente para Margareth e contou a ela sobre o hospital fechado, e sobre os outros dois que não tinham recebido ninguém com o nome de Cleto.

Pérsio o intuiu para perguntar com quem ela tinha ido. Margareth o informou e, num rompante, Nestor conseguiu fazê-la se lembrar de todos os problemas anteriores de Mário. Disse ao coração de Margareth: "Margareth, ligue para Cleto!".

— Felipe, vou fazer uma ligação e já lhe retorno.

Ela estava com o coração aos pulos e Felipe também ficou, ao saber que era "aquele amigo" que estava com Paula.

Margareth procurou o antigo número de telefone de Carmem, rezando para que ainda fosse o mesmo. Infelizmente, não era. Paula não havia anotado na agenda o novo telefone de Mário. "Vou até lá" – pensou.

Antes, porém, ligou para Felipe e disse o que ia fazer.

— Vou com a senhora.

— Não, até você chegar, eu já terei voltado. Mas pode vir para minha casa, pois meu coração está me dizendo que, no mínimo, teremos de sair para ir ao hospital.

Margareth mudou de roupa e saiu muito rápido. Paula tinha dito que Mário ainda morava no mesmo local de antes, então, não era longe dali.

Chegando lá, estranhou que a luz da casa estava acesa. Seu coração ficou em sobressalto: "Se Cleto tinha ido com eles para o hospital, quem estaria ali?".

Tocou a campainha e, para a sua surpresa, foi Cleto quem atendeu.

— Cleto, você melhorou?

— Boa-noite, Margareth! Há quanto tempo não nos vemos! O que aconteceu?

— Seu filho nos disse que você estava doente.

— Não, estou muito bem, nem uma indigestão tive hoje.

— Meu Deus!

Margareth quase desfaleceu, mas Cleto foi rápido até ela e a segurou antes que caísse.

— Seu filho ligou para a minha filha e disse que precisava da ajuda dela, pois você estava precisando ir para o hospital.

Cleto ficou branco. Sabia que isso era um mau sinal.

— Margareth, quer entrar?

— Não, meu amigo, não posso. Tenho de voltar para casa porque um amigo nosso chegará logo para me ajudar a achar Paula.

— Vou com você. Espere só um minuto que preciso verificar algo.

Retornou poucos minutos depois, com uma expressão de grande preocupação.

— Mário está drogado! – exclamou – não posso deixar que nada de mal aconteça à sua filha.

Margareth ouviu aquilo com o coração oprimido.

Felipe, Cleto e Margareth chegaram praticamente juntos à casa dela. Depois de informarem ao Felipe que Mário havia mentido para sair com Paula, eles entraram e resolveram ligar para a polícia.

Por sorte, Felipe conhecia o delegado Martins, que o atendeu prontamente.

— O que aconteceu, doutor Felipe?

— Martins, uma amiga minha foi sequestrada.

Capítulo 50

Já era noite e Verônica estava em casa, comemorando sozinha o seu empreendimento. Já tinha enviado o dinheiro para Mário, conforme o combinado, e estava bebendo o suficiente para perder a noção de seus próprios pensamentos. Pensava que jamais deixaria aquela fulaninha ter alguma vantagem sobre Letícia. "Aquela Paula não merece nada." – pensava. Ela não sabia a causa de sua raiva por Paula e atribuía à traição de Felipe por causa dela. Mas a verdade não era essa, e a resposta estava no passado.

Verônica bebia cada vez mais, o que não era normal, pois nunca foi de se embebedar. Inconscientemente, queria afastar a culpa pelo seu ato inconsequente. Neste momento, ela não escutava sua mentora, dando abrigo somente a Ary.

De repente, batem à sua porta, e uma empregada avisa que Letícia estava ao telefone querendo lhe falar. Ela atendeu:

– Olá, Letícia. Sim, estamos todos bem. Claro que não, minha filha. Só estou bebendo um pouquinho para comemorar uma futura vitória. Que vitória? Ora, a sua vitória, minha filha. Jamais ficaria parada permitindo que uma fulaninha descarada e traidora roubasse o seu noivo. Como, ele não é o seu noivo? Não é, mas vai ser, e não será essa mulherzinha sem vergonha que irá tirá-lo de você. O que eu fiz? Nada demais, filha, não confia na sua mãe? Bem, estou cansada. Vou dormir um pouco agora. Um beijo. Tchau.

Letícia, do outro lado da linha, ainda segurava fortemente o telefone na orelha. Nunca tinha visto a sua mãe ficar naquele estado e ficou desnorteada. O que ela quis dizer com o fato de comemorar uma futura vitória? Não queria acreditar que sua mãe faria algo errado. Letícia já não concordava com tudo o que tinham feito até agora, mas o fez porque Felipe não merecia ser enganado por uma mulher sem escrúpulos. Pelo menos, foi esta a descrição fornecida por sua mãe. Será que era verdade? Já não sabia mais o que era certo e, depois desse telefonema, temia que sua mãe pudesse ter feito algo do qual se arrependeria no futuro.

Na mansão de Verônica, alguém mais tinha ouvido aquela conversa: Roberto. Ele tinha pegado a extensão porque também queria falar com a filha, mas jamais pensou que iria escutar o que escutou. Não imaginava que sua mulher pudesse falar o que falou, com tanta simplicidade, mesmo estando bêbada. Tudo aquilo parecia ser algo muito grave. Quando desligaram, ficou parado sem entender o que estava acontecendo. O que elas queriam dizer com uma fulaninha roubar o noivo de Letícia? Felipe? E o que Verônica tinha feito? Ele não imaginava o que poderia ser.

Precisava pensar e manter a cabeça fresca para não fazer uma besteira. Tinha de descobrir o que estava acontecendo em seu lar.

Capítulo 51

Paula estava no carro imaginando qual seria o seu destino. Teve sorte na primeira vez, mas agora não acreditava que Mário cairia naquele truque de novo.

Ele entrou por uma estrada de terra e foi se afastando cada vez mais da estrada principal. Suas esperanças de ser achada ilesa estavam acabando e ela chorava silenciosamente.

Pensava em sua mãe, e no quanto ela sofreria de novo por causa dela. Por que não a escutou quando dizia para não confiar em Mário? Por que não seguiu sua intuição quando pensou que não seria seguro sair com ele novamente depois de tudo o que tinha feito?

Chegaram a um sitiozinho que estava mal cuidado, a porteira já estava aberta e nem tiveram de parar. Uma pena, porque ela já tinha pensado em fugir se ele parasse o carro para qualquer coisa. Avistaram, ao longe, uma casa simples, com portas e janelas fechadas.

— Quando nós nos mudamos, viemos morar aqui. Mamãe achava que assim eu não me encrencaria, não me drogaria mais. Pobre coitada, não imaginava que aqui ela teria o seu fim.

A forma como ele falou fez Paula sentir um frio no estômago. Carmem havia morrido de doença, foi o que lhe dissera. Seria isso mesmo?

— Mas, quando soube que você tinha voltado, eu parei de me drogar. Fiz isso por você, Paula, mas nada do que eu fazia era suficiente, você só sabia falar do Felipe – parou de falar para pegar fôlego –, enfim, você não mudou nada. Nada a impede de atingir os seus objetivos e, do mesmo jeito que fez com Fabrício, você queria atrapalhar o noivado do Felipe. Não se sente envergonhada, não?

— Então foi você quem me enviou o jornal com aquele recado anônimo?

— Não sei do que você está falando, não enviei jornal nenhum. No mínimo, foi a tal Verônica, ela é maquiavélica. O que a atrapalha, ela tira da frente.

Paula não sabia sobre quem ele estava falando. Quando ia perguntar, ele parou o carro. Ela aproveitou uma distração de Mário e desceu, começando a correr na direção contrária de onde ele se encontrava. Corria o mais que podia, olhando para trás para ver se estava no seu encalço. Como estava tudo muito escuro, não viu um buraco à sua frente e acabou caindo dentro dele e batendo a cabeça com força no chão, desmaiando.

Enquanto isso, Felipe, Margareth e Cleto estavam na delegacia prestando seus depoimentos.

– Doutor Martins – disse Cleto – dói para um pai afirmar isso, mas tenho plena convicção de que Paula está em perigo. Meu filho tem problemas com drogas e, ao verificar seu quarto antes de sair de casa, percebi o que acredito serem resquícios da droga consumida recentemente.

Olhando nos olhos de Margareth, ele disse, embargado pela triste emoção:

– Desculpe-me, Margareth.

– Está tudo bem, Cleto. Tudo dará certo – disse Margareth, sem muita convicção.

– Bem, já passei um rádio para as viaturas com a descrição do carro, da vítima sequestrada e do sequestrador. Espero que tenhamos sorte e que eles ainda não tenham saído da cidade ou das estradas. Senhor Cleto, o senhor não tem ideia para onde o seu filho poderia ter levado Paula?

– Não, doutor, não tenho. Ele quase não fala comigo. Depois que a Carmem se foi, ele se fechou muito. Sua única alegria era a academia.

– E amigos? Tinha algum?

– Bem, ele tem uma namorada, Cristina. Tenho o telefone dela aqui.

– Ótimo! Vamos ligar para ela.

O delegado disca o número de telefone que Cleto lhe informa:

– Boa-noite, senhor! – falou o delegado – Poderia falar com a senhora Cristina? Obrigado! Alô! Sim, senhora Cristina?

Aqui quem fala é o Delegado Martins. Preciso falar-lhe urgentemente sobre o senhor Mário. Ele por acaso está aí com a senhora? Não? Desde quando não o vê? Certo, desde hoje de manhã. Entendo. A senhora não conhece nenhum amigo dele que possa nos indicar para ligarmos?

Ele deu uma parada longa, como se estivesse escutando o que ela tinha para lhe falar, e continuou:

— Entendo perfeitamente, senhora, mas se conseguir se lembrar de algo que possa nos ajudar a encontrá-lo, ficaria muito grato. Não posso lhe dizer ainda o problema, mas gostaria que a senhora tivesse muito cuidado se, por acaso, ele aparecer aí ou chamá-la para algum lugar. Ligue para nós se ele aparecer, está bem? Vou lhe passar meu telefone.

Todos os presentes estavam se sentindo impotentes, por não poder fazer nada. Paula estava sozinha nas mãos de uma pessoa desequilibrada e não sabiam do que ele seria capaz.

Felipe estava sentado num canto da sala, com a cabeça baixa entre as mãos. Sentia um desânimo e uma impotência enormes. "Por que tudo isso está acontecendo? Logo agora que começamos a ser felizes! Isso não é justo!"

Ao desligar o telefone, o Delegado Martins falou:

— Infelizmente, não tenho boas notícias. Ela disse que Mário esteve em sua casa hoje pela manhã e que eles terminaram o relacionamento. Ele conversou com ela como se estivesse se despedindo, dizendo que a amava, mas que não poderia continuar no impasse íntimo em que se encontrava. Foram essas as informações, ela não tinha mais nenhuma indicação ou ideia de onde ele poderia estar.

Saiu e, após conversar com alguns policiais que estavam fora de sua sala, voltou e disse:

– Felipe, sei que estão muito preocupados, mas vocês precisam ir para casa. Estamos chamando o grupo especializado em sequestro, que nos dará auxílio e cobertura. Peço somente que a senhora Margareth esteja sempre alerta. Iremos grampear o seu telefone ainda hoje para o caso de uma possível ligação, e um dos nossos homens ficará lá com a senhora para qualquer eventualidade. Se souberem de algo novo, nos avisem.

Eles saíram dali arrasados. Cleto não parava de pedir desculpas a Margareth, mas era Margareth que não se perdoava. Paula não sabia que Mário tinha problemas com drogas, porque ela jamais lhe contou. Desde muito cedo, e em razão do consumo de anabolizantes e drogas mais fortes, ele maltratou seus pais e até feriu alguns amigos. Somando isso ao fato de ter se envolvido com traficantes aos vinte e cinco anos e quase ter sido preso, Carmem decidiu que eles tinham de se mudar, pois Mário precisava se afastar das más companhias e das drogas.

Margareth teve vontade de contar tudo para Paula inúmeras vezes, porém, ela nunca quis saber, e achava que assim estava respeitando a sua decisão. Pura ilusão! Sua filha poderia nunca mais voltar.

Todos chegaram calados na casa de Margareth. Ela convidou os dois para tomarem café, o que foi aceito prontamente. Sabiam que ela precisava de apoio, pois com certeza não iria dormir e, quem sabe, teriam a sorte de receber um telefonema de Paula os informando de que estava bem.

O policial, que chegou logo depois deles, foi instalar os instrumentos de gravação e escuta no telefone de Margareth.

Cleto pensava, enquanto aguardava, o quanto tinha se omitido em relação ao filho. Fazendo uma retrospectiva, via que toda a responsabilidade tinha recaído sobre Carmem e, quando esta se foi, não abraçou como deveria a sua função de pai. Era certo que Mário era adulto, mas agora via que ele não tinha condições de lidar sozinho com o seu problema. Como se enganara!

Chegando à cozinha, Margareth começou a chorar, como se toda a culpa de Paula estar naquela situação fosse sua. Todos os tormentos de seu coração estavam minando a sua harmonia rapidamente. Nestor veio em seu auxílio, trazendo-lhe a ideia de que jamais foi omissa em relação à Paula, pois sempre pediu para que tomasse cuidado com Mário. Se ela não contou o que sabia foi porque respeitou a sua vontade de não querer saber, mas Paula poderia ter confiado nela. Com esse pensamento, Margareth sentiu um pouco de conforto, mas logo depois voltava a se cobrar uma postura diferenciada no passado. Os pensamentos perturbavam sua serenidade há pouco conquistada. Terminou de passar o café no meio dessa tormenta.

Quando Margareth trouxe o café, Felipe e Cleto estavam na sala, calados, e o policial encontrava-se na varanda. Todos tomaram o café, mas não tinham disposição para conversar. Após as últimas orientações dadas pelo policial sobre como proceder no caso de ser confirmado o sequestro, sobre como atenderiam ao telefone, sobre o que teriam de falar e quanto tempo precisariam demorar na ligação, eles nada mais tinham a conversar.

Apesar da dor que aquelas três almas estavam enfrentando, cada uma delas tentava encontrar um alento em Deus. Felipe resolveu ligar para Marcelo porque, sendo advogado, poderia ajudá-los de alguma forma. Também imaginou que poderia pedir orações aos amigos da Casa Espírita para que aquela situação pudesse ter o acompanhamento de toda a espiritualidade amiga. Depois de explicar toda a situação, ele desligou.

Imediatamente, recebeu uma ligação que lhe causou grande estranhamento: a ligação de Roberto. Àquela hora? Não queria atender, mas ele era seu amigo.

— Alô! Oi, Roberto! O que houve?

— Felipe, meu amigo! Espero não estar incomodando, mas preciso lhe falar. Poderíamos nos encontrar amanhã, na hora do almoço?

— Ah! Roberto, sinto muito, mas estou passando por um problema muito sério agora e não poderei marcar nada enquanto ele não for resolvido.

Roberto sobressaltou-se e perguntou, mesmo sendo inapropriado:

— O que aconteceu, meu amigo? Posso ajudar de alguma forma?

— Só se for com orações, Roberto. Uma amiga minha foi sequestrada e estamos aqui desesperados para termos notícias dela. É claro que eu não preciso pedir para não comentar nada com ninguém, porque se a imprensa ficar sabendo publicará o fato, e não queremos dar qualquer motivo para fazerem mal a ela.

Roberto, que estava em pé, caiu sentado, quase sem voz:

— Quando isso aconteceu, Felipe? A polícia tem alguma pista?

— Sabemos quem foi, Roberto. É uma pessoa do bairro dela, chamado Mário, mas isso não está ajudando muito porque não temos qualquer pista de seu paradeiro.

— Felipe, pode deixar que estaremos rezando para que nenhum mal aconteça à sua amiga. Se precisar de mim, ligue-me.

Ao desligar, Roberto estava muito mal. Não poderia conceber que sua mulher tivesse alguma participação naquele sequestro, só podia ser uma coincidência.

Diante daquela informação, no entanto, Roberto ligou para o seu secretário particular e pediu que ele verificasse a conta bancária de Verônica. Ele queria saber se havia alguma transferência, algum saque ou movimentação estranha em sua conta, nos últimos dias. Roberto nunca tinha pedido para que o seu secretário fizesse isso, principalmente naquele horário. Sempre entendeu que sua esposa teria o direito à privacidade em sua conta bancária. Mas, naquele caso, era diferente.

Quinze minutos depois, recebeu o telefonema que confirmou a transferência de uma enorme quantia em dinheiro para um tal de Mário. Roberto sentiu esvaírem suas forças. Trancou-se em seu escritório para poder pensar em tudo o que escutara.

"Quem é essa mulher que escolhi para estar ao meu lado? Como ela pôde fazer uma coisa dessas? – pensava, aturdido – Ela sempre foi uma mulher tão participativa nos trabalhos sociais! Admito que sempre teve vergonha de sua origem humilde, mas sempre imaginei que isso a faria valorizar mais ainda o que conquistou e avaliar com mais cuidado as dificuldades alheias. No entanto, descortinando suas verdadeiras intenções, ela gostava mesmo eram dos holofotes que as festas sociais proporcionavam, porque estava sempre em posição de destaque."

Roberto parou de pensar, sacudindo a cabeça, colocando-a entre as suas mãos em sinal de desespero. "Meu Deus, não posso fazer isso com ela, não posso julgá-la sem ouvir a sua versão da história.".

Então, foi até o quarto de Verônica. Ela ainda estava dormindo, mas, mesmo assim, impulsionado por uma ansiedade tremenda, a acordou, dizendo:

— Querida, precisamos conversar.

— O que houve, Roberto? – respondeu Verônica, com voz muito mole e sem paciência.

— Precisamos conversar, preciso saber o que aconteceu com a amiga de Felipe.

Verônica não estava entendendo e respondeu sem paciência, porque sua cabeça doía e as ideias corriam soltas sem que ela conseguisse raciocinar.

— Qual amiga? Não sei do que está falando.

— Verônica, ouvi o que você disse para Letícia, não minta para mim – disse impaciente.

Verônica sobressaltou-se. Ela não se lembrava do que tinham conversado.

Roberto continuou com uma profunda dor no coração:

— Verônica, juro por tudo o que é mais sagrado que, se mentir para mim, nosso casamento...

— Ora, Roberto, só estava brincando com Letícia, nós fizemos uma brincadeira com uma amiga e eu estava contando para ela...

— Pare, Verônica! Não pense que, por amá-la, me farei de bobo. Eu quero saber o que fez com a amiga do Felipe. Sei que você pagou ao sequestrador. Estão todos desesperados. O que você fez?

A reação de Verônica foi terrível. Ela sorriu como se estivesse muito satisfeita.

— Eu não fiz nada – disse muito irritada e com desdém – o amigo daquela aproveitadora gostava muito dela e eu lhe dei uma quantia em dinheiro para que ele pudesse levá-la para longe de Felipe.

Roberto olhava para a sua esposa e não acreditava no que ela dizia. Ela parecia fora de si, talvez estivesse falando daquela forma por estar evidentemente alcoolizada. Pelo menos, era no que ele queria acreditar.

Verônica, com a cabeça doendo e sem paciência, continuou falando:

— Nossa filha não serve para nada, apaixonou-se por um pobretão lá em Londres, e é claro que não permiti aquele relacionamento. Depois de tudo o que fiz para que não ficassem juntos, Felipe quis terminar com Letícia por causa daquelazinha, disse que não amava mais a nossa filha e eu não podia permitir que ela fosse humilhada dessa forma. Por isso, mandei um detetive particular descobrir o que tinha acontecido e quem era essa fulaninha que o estava seduzindo. Então, descobri que um amigo dela a amava e que eles viviam saindo juntos. Dei um dinheiro para que ele a levasse para longe. Não foi nada demais.

— Meu Deus, Verônica, você não percebe que o mandou sequestrá-la?

Roberto não conseguiu continuar. Ele começou a sentir falta de ar e muita dor no peito, foi ficando vermelho e Verônica percebeu que ele estava passando mal. Começou a gritar para os empregados que, quando chegaram, o viram desacordado. Imediatamente, chamaram uma ambulância, que o levou ao hospital.

Capítulo 52

No plano espiritual, todo o grupo de proteção daqueles envolvidos já estava trabalhando para que o pior não acontecesse.

Cíntia, mentora de Verônica, e Bruno, mentor de Roberto, estavam na casa para prestar o auxílio que aquele casal necessitava naquele momento tão difícil.

Abigail, Pérsio e Pedro, mentor de Cleto, estavam na residência de Margareth, levando aos seus amigos encarnados um pouco de alento energético.

Estevão, Nestor e Gaston, mentor de Mário, estavam na chácara, e conversavam sobre a situação deste último:

— Sim, meus amigos – explicava Gaston – Mário voltou a se drogar e, sob a influência de Vanessa, seu quadro só se agrava, pois ele está confundindo os eventos de sua vida passada com esta. Ele revive os momentos cruciais de sua existência anterior quando, juntamente com Paula, mulher que dizia amar, fugiram com boa parte da riqueza de Felipe, homem bom, bem mais velho que Paula, que era sua companheira depois de ele ter sido casado anteriormente com Vanessa, sua esposa infiel. Nesta vida, Mário trouxe Paula para esta chácara porque foi aqui que sua mãe conseguiu controlá-lo temporariamente e afastá-lo das más companhias. Ela, mãe amorosa, mas rígida, o tratava como o seu estado psíquico exigia. Como sua mãe tentava dominá-lo neste local, Mário acredita que poderá fazer a mesma coisa com Paula.

Paula estava deitada em um dos quartos daquela casa, desacordada. Em razão de sua queda e também do sangramento na cabeça, Mário a levou para dentro de casa e aguardava que ela despertasse. Na realidade, Mário não tinha a menor ideia do que faria com Paula. Ele a queria para si, disso tinha certeza, mas tinha seguido os planos apenas pela inspiração de Vanessa. Na verdade, não havia pensado nas consequências daquele sequestro.

— Infelizmente, todos nós agimos de maneira a vivenciar situações extremamente dolorosas em nossa caminhada quando não prestamos atenção ao que é realmente importante para nós. Cada personagem desta trama agiu para que algo doloroso acontecesse. – disse Nestor. – Parece um absurdo afirmarmos isso, já que suas vidas parecem tão normais aos olhos dos desavisados, mas, observando mais profundamente o exemplo de Paula, veremos que, por mais que tenha sido avisada por sua mãe, por mais que sua intuição lhe tenha dado todos os sinais de que aquele relacionamento precário de amizade não seria saudável, por mais que ela desconfiasse que Mário tivesse alguém, ela não se importou. Ela mantinha contato com ele, desculpando-se com falsas justificativas de que eram só amigos e de que precisava se sentir amada. E, mesmo após ter tido uma experiência tão perigosa com Mário semanas antes, Paula não se negou a entrar novamente no carro com ele, demonstrando, inconscientemente, que não queria interromper a ligação entre ambos, uma vez que o passado os vincula a resgates necessários.

— Sim – concordou Gaston – inconscientemente, ela e todos os demais, cada um de sua forma, agiu para que esse ou outro desfecho semelhante acontecesse.

— É verdade, e agora estamos testemunhando a colheita de tão mal escolhida plantação.

— Nestor, o que podemos fazer para que o final dessa história não acarrete mais débitos para eles?

— Para que tenhamos êxito nessa missão, fomos orientados a auxiliar primeiro Vanessa. É ela o nosso alvo principal, pois, se não a ajudarmos, Mário não conseguirá sair desse torpor psicótico, e Paula não terá futuro nessa atual existência. Para tanto, somente alguém que ama Vanessa de todo o coração poderá fazer esse serviço.

Dizendo isso, Nestor firmou o pensamento e, após poucos segundos, surgiu ao seu lado a figura singela de Abigail.

— Meu querido amigo, o que deseja de mim?

— Precisamos continuar ajudando Vanessa, Abigail, e apenas você tem a capacidade de levá-la a uma posição de esclarecimento e arrependimento de seus atos, já que começou esta tarefa. Agora é a hora de ela saber a verdade.

— Farei tudo o que estiver ao meu alcance.

— Muito bem, então vamos começar.

Abigail observou o quadro à sua frente: Vanessa encontrava-se enlaçada a Mário numa simbiose quase completa, estava ali sozinha, sem os seus acompanhantes costumeiros. Percebendo o fato, Abigail buscou a mente de Vanessa para saber o porquê daquilo tudo, e descobriu que antes de ela convencer Mário a raptar Paula, tinha mandado todos os seus comparsas realizarem tarefas diferentes. Não queria que eles vissem uma possível derrota dela, pois sabia que os "da Luz" estavam na área e não podia demonstrar nenhum tipo de fraqueza: "Se eu perder, o que não acontecerá, não quero testemunhas do meu fracasso."

Abigail, aproveitando aquele momento de reflexão, aproximou-se de Vanessa e emanou a ela todo o seu amor. Imediatamente, Vanessa começou a se lembrar dela com um pouco de carinho: "Ver Abigail naquele dia me trouxe muitas dúvidas e não posso abaixar minha guarda. Paula foi a minha ruína, me fez perder tudo o que havia conquistado e fiquei na sarjeta por causa dela".

Ouvindo os seus pensamentos Abgail a levava para outros raciocínios: "Mas, também, tenho de admitir que errei, pois, se não o tivesse traído Felipe, jamais teria me expulsado de nossa casa. Ele era mais velho, mas também era justo. Eu era jovem e cheia de vida, queria e precisava de muito mais de um marido do que só o dinheiro, e Felipe não me satisfazia. Quando ele me flagrou em nosso quarto, no meio da tarde, foi o meu fim, não tinha como ele me perdoar.".

Pela primeira vez, em anos, Vanessa conseguiu admitir que também tinha cooperado para aquele doloroso fim de sua vida, e ela conseguia ver a sua parcela de culpa naquele desfecho: "Eu vi os olhos de decepção de Felipe sobre mim. Parecia que ele queria uma explicação para não ter de me dar um fim, o que seria natural a uma mulher adúltera. Mas qual explicação eu poderia dar? Senti que ele receava agir e que, apesar de ter uma arma na mão, não queria dar cabo da minha vida. Mas ele estava acompanhado, tinha testemunhas, seus olhos iam e vinham deles para mim, num tormento interno. Eu suplicava, mas ele não podia me escutar nem me perdoar, senão seria considerado um fraco. Até para os seus negócios seria desastroso se ele ganhasse fama de permissivo."

Abigail continuou emanando luzes de esclarecimento à sua amiga tão querida, permitindo-lhe um pouco mais de raciocínio: "Mesmo assim, Felipe ignorou a tradição, me olhou nos olhos com muita decepção e me disse: 'Você não merece um fim pelo meu punhal, tampouco por minha arma. Eu a acolhi, a respeitei e lhe dei tudo o que tenho, nada lhe faltou. Agora, tomo-lhe tudo. Vá embora somente com a roupa que está sobre a cadeira porque não quero que saia daqui somente com as roupas de baixo. Não levará nada do que lhe dei porque tudo me pertence, não levará joia, roupa nem o meu nome.'"

Pela primeira vez, estava fazendo uma análise de suas atitudes e de seu papel em tudo o que aconteceu para vivenciar as consequências terríveis de sua última existência: "Saí de meu antigo lar humilhada publicamente. O meu amante há muito já havia se retirado, pois, quando Felipe surgiu, ele pulou a janela e fugiu, abandonando-me à própria sorte. Tive de vestir as roupas indicadas por Felipe com testemunhas me vigiando, para que não levasse mais nada além do que ele havia permitido. Os nossos empregados não hesitaram em atender às ordens do patrão porque não fui boa para eles em momento algum.".

Imediatamente, chegavam aos seus olhos as imagens da humilhação que ela impunha aos seus empregados diariamente: "Mas, como agir diferente? Tinha sido essa a educação que recebi de meus pais, sem contar que estes também não foram o exemplo de dedicação e carinho que uma filha espera de seus genitores. Meu pai obrigou-me a casar com Felipe, um homem muito mais velho que eu, exigiram que representasse a noiva perfeita e enamorada. Se não atendesse às recomendações nos mínimos detalhes, era castigada rigorosamente, depois que Felipe ia embora de nossa casa, após os momentos de namoro. Desde pequena, sempre sonhara em casar com aquele que roubaria o meu coração, mas os meus pais me venderam como uma mercadoria tão logo completei dezesseis anos. Eles já eram bem ricos, mas não se importaram com a minha vida de menina sonhadora, queriam mais riquezas para os seus cofres, que só conseguiriam com uma parceria comercial lucrativa com seu futuro genro.

Aquelas lembranças surgiam rapidamente sem que ela percebesse a causa, e a elas se entregou sem resistência: "Eu até tentei, após o casamento, incorporar o meu papel de boa esposa, acompanhando o meu marido como era o meu dever. Ele sempre era muito carinhoso e, percebendo a minha pouca idade, tinha muita paciência comigo, o que não era normal naquela época. Até em nossa vida sexual sempre teve muito cuidado, mas depois que experimentei o prazer carnal, queria sempre mais. Felipe não conseguia saciar a minha sede e, após um ano de casada, comecei a traí-lo com vários homens, tanto empregados como amigos da sociedade, até que fui descoberta. Estávamos casados há três anos e, nesse tempo, nunca fiquei grávida.".

Tais recordações doíam-lhe profundamente, mas não conseguia pará-las: "Após ser expulsa de meu lar, fui para a rua apenas com a roupa do corpo. Já era final de tarde, quase noite, e não sabia para onde ir. Consegui um quarto em um hotel porque eles me conheciam, mas vi que estranharam por eu não ter bagagem alguma ou empregados ao meu lado. No dia seguinte, descobriram a minha falta por meio de línguas ferinas, e acabei sendo expulsa de lá também, sem pompas ou respeito.".

Aquelas experiências humilhantes estavam levando Vanessa a sentir raiva, mas, em uma reviravolta, Abigail, aproveitando a simbiose dela com Mário, projetou as lembranças dele sobre a fronte dela, levando-a a ter conhecimento dos fatos obscuros arquitetados por ele e que influenciaram a sua última existência. As imagens chegavam até sua mente como em um filme.

Ela via um homem sentado à mesa escrevendo, em uma sala ricamente adornada. Tinha uns quarenta anos de idade, cabelos um pouco grisalhos, um bigode fino, mas bem apessoado e magro. Aquele que hoje é Mário escrevia uma carta anônima para Felipe, amigo seu de anos, com vários detalhes de como a sua esposa o enganava há muito tempo, indicando-lhe nome de amantes e inventando outros tantos. Ele sorria a cada detalhe sórdido que descrevia naquela carta.

"Então, foi ele quem me denunciou!" – pensou ela – "Mas, por que fez isso?".

Como se ela e Mário fossem um só, ela teve acesso à resposta daquela pergunta: "Por vingança e ganância. Ele estava muito endividado e, quando se insinuou para mim, querendo-me como amante e possível fonte de renda, eu não o aceitei, porque não queria outro homem velho em minha cama.".

Diante desta recusa, ele partiu para o plano alternativo: imaginou que se colocasse uma mulher ingênua e manipulável para casar com Felipe após a sua separação, usufruiria de suas riquezas também. A escolhida, então, foi Paula, moça de família tradicional, mas que estava naufragando em dívidas, tendo o seu genitor se suicidado poucos meses antes. Mário havia percebido os olhares disfarçados de Felipe para ela sempre que a encontrava nos saraus ou festas da sociedade.

Enganada por Mário, que prometeu sustentar a sua família, e influenciada por sua mãe, que lhe dizia ser esta a única forma de não perderem o pouco que ainda tinham, Paula sucumbiu à pressão e tornou-se sua amante.

Após poucos meses e dando prosseguimento ao seu plano, Mário começou a dizer para Paula que tinha se apaixonado perdidamente por ela e que a transformaria em sua esposa, mas que ainda não poderiam tornar público o seu relacionamento em razão de um compromisso firmado com o pai de uma donzela que lhe devia muito dinheiro.

Após ter conseguido que Felipe expulsasse sua esposa infiel de casa, Mário colocou a segunda parte do seu plano macabro em ação. Em uma tarde em que estavam juntos, Mário contou à Paula que estava passando por graves problemas financeiros em razão de um dos seus navios ter afundado sob a ação de piratas e de boa parte de sua fortuna ter sido perdida naquela ocasião. Como havia perdoado aquela dívida, por amor à Paula, com o pai da donzela com quem estava para casar, não estava conseguindo se reerguer. É claro, afirmava ele, que não se arrependia de ter feito tudo aquilo por amá-la demais, mas, em função desta nova condição financeira e em razão do amor que tinha por ela, estava liberando-a de seu compromisso com ele. E continuou:

– Você deveria se casar com Felipe. Ele me confidenciou que tem apreço por você. Eu, infelizmente, na atual conjuntura, não conseguirei dar a você e a sua família o que vocês merecem.

– Mário, mas você sabe que não sou uma mulher virgem! Ele jamais me aceitaria.

– Não se preocupe, conheço Felipe e sei que ele não se importará de você não ser intocada. É só você não mencionar nada que ele a respeitará neste assunto. Você sabe que eu a manteria por toda a minha vida se não tivesse passando por tamanha dificuldade, não é?

Mário esperava que ela se sentisse em dívida com ele e, portanto, se tornasse sua devedora.

– Preciso pensar, Mário! Não sei se tenho condições de me rebaixar tanto assim!

O certo é que Paula não amava Mário, mas também não queria se ver como uma pessoa leviana, sentia que fazer aquilo era errado. No entanto, quando foi conversar com sua mãe sobre isso, ela, imediatamente, rechaçou o amante pobre e determinou que a filha ficasse com o rico. Dizia que ela, não sendo mais uma moça pura, não conseguiria mais qualquer pretendente, o que seria um problema para ela e suas irmãs diante da trágica situação que vivenciavam. Ante esse futuro, Paula não via outra escolha a não ser aceitar a proposta de Felipe, se ele a quisesse.

Assim, iludida por Mário e mal orientada por sua mãe, Paula aceitou esse caminho mais fácil para resolver os seus problemas.

Pensava que não aguentaria ser criticada pela sociedade por ser uma mulher sem honra. Ela era muito orgulhosa e, diante de sua nova realidade, pensava que não amava Felipe, mas aquele futuro não seria diferente do que era antes com Mário.

Com o incentivo de Mário, Felipe finalmente confessou à família de Paula o seu interesse em cortejá-la e, após alguns meses, a pediu em casamento. Após a cerimônia, Verônica, Margareth e Letícia, mãe e irmãs de Paula naquela existência, se mudaram para a mansão de Felipe, entrelaçando as suas existências mais uma vez.

Mário era amigo de Felipe, e a sua presença naquela casa não levantava qualquer suspeita. Ao contrário, Felipe tinha muita estima pelo amigo que o uniu à sua atual esposa. Paula, por sua vez, ficava sempre muito reservada na postura de esposa fiel. Mas, por entender que estava em débito com Mário por sua atitude altruísta de liberá-la de seu compromisso e casá-la bem, sempre que pedia a sua ajuda financeira para cobrir dívidas, ela conseguia o valor solicitado, sem perceber o quanto estava sendo usada. O problema é que Mário não contava que, depois que ele os visse juntos, fosse sentir um imenso e doentio ciúmes de sua ex-amante. Começou a acreditar que ela só estava com Felipe porque ele a rejeitou e, em uma tarde, conseguiu levá-la para os jardins de sua casa, longe de Felipe, tendo com ela uma conversa derradeira:

– Minha amada, temos de tomar uma medida, não podemos ficar mais separados, eu a amo como nunca amei ninguém. – falou, tentando beijá-la.

– Mário, eu agora sou uma mulher casada. – disse ela, afastando-o, mas tentando não parecer ofensiva.

– Bem sei dessa decisão tomada de maneira irresponsável de minha parte, mas podemos tomar uma atitude. Se Felipe não estivesse entre nós, ficaríamos juntos.

– Você bem sabe que não há como nos separarmos, a Igreja não permite isso.

– Sim, sim, eu sei. Mas, se você ficar viúva, nada nos impedirá de ficarmos juntos.

Paula enrijeceu cada um dos músculos de seu corpo:

– Não estou entendendo o que me propõe! – disse ela, surpresa.

– Ora, é muito simples: vamos matar Felipe e viveremos muito felizes com os recursos que você herdará dele.

Pela primeira vez, Paula percebeu quem era aquele a quem tinha entregado toda a sua consideração. Tudo fez sentido a partir daí e, fazendo uma rápida retrospectiva, percebeu que ele a tinha usado desde o início para usufruir do dinheiro de Felipe. Ela tinha sido enganada desde sempre por Mário.

Ela afirmou categoricamente que jamais faria isso com o seu marido, que ele era uma pessoa maravilhosa e não seria cúmplice daquele plano totalmente repugnante aos olhos de Deus.

Mário percebeu que Paula estava completamente apaixonada pelo marido e isso não fazia parte de seus planos. Ela pertencia a ele e não a perderia para Felipe. O seu plano, desde o início, foi usufruir do dinheiro de Felipe, mas terminar os seus dias com a viúva rica era muito melhor. Contudo, não contava com esse imprevisto.

Precisava tomar uma atitude: "Mas, o que faria?" – pensava ele.

Não podia mais deixar Paula ir, pois poderia contar os seus planos para Felipe e ele seria preso, com certeza.

"Ela também estava envolvida – pensava Mário em uma forma de reverter aquela situação – como explicaria para Felipe que ele, seu amigo de tantos anos, do nada, fora lhe fazer uma proposta como aquela? Ela teria de contar que eles foram amantes, e sobre si recairia a dúvida de sua honestidade. Ela não sabia tudo sobre Felipe.".

Então, sorridente, falou-lhe:

– Minha querida, percebo que não me ajudará nesta empreitada.

– Claro que não!

– Então, não me resta alternativa a não ser exigir que consiga o máximo de dinheiro de seu marido, joias e títulos, e que você fuja comigo para bem longe daqui.

– Eu não farei isso! – exclamou Paula, indignada com aquela proposta.

– Antes de você afirmar que não vai, lembre-se do que aconteceu com a primeira esposa de Felipe. Tenho certeza de que se ele descobrir que você tem a mim como seu amante, não será tão bondoso com você. Ele a matará, porque não poderá aceitar duas traições em sua vida.

– Não sou sua amante, o nosso relacionamento foi anterior ao meu casamento e...

– Mas ele não sabe disso! – ele a interrompeu grosseiramente – E eu tenho todas as cartas que você me enviou enquanto estávamos juntos. Lembre-se de que nem todas foram datadas por você. Posso ser muito convincente e persuasivo ao afirmar para Felipe que, pela amizade que temos, não podia mais continuar com aquele relacionamento tão leviano e que, apesar de nossa amizade sincera, não consegui resistir aos seus encantos malignos – e gargalhou, imaginando a cena dramática que faria.

Paula estava arrasada, pois Felipe, certamente, acreditaria em Mário. Seu marido sabia que ela já tivera alguém antes dele e, apesar de ter sido um cavalheiro quando descobriu isso em sua noite de núpcias, nada comentando ou exigindo dela, isso não significava que acreditaria nela quando afirmasse que eles tinham terminado antes de seu casamento. Sim, ela tinha a certeza de que não acreditaria nela, e ficaria com essa espada sobre sua cabeça.

O que ela não sabia é que Mário, por desconfiar que Felipe rejeitaria uma esposa que não fosse virgem, mentiu ao amigo dizendo que ela tinha sido vítima de violência quando ainda era uma criança, e que não era mais imaculada. Mas que ele, por ser um conhecido de muitos anos da família, poderia atestar a sua integridade moral. E se Felipe ainda a quisesse, nada poderia lhe falar, porque ela tinha os nervos muito frágeis a respeito daquele assunto.

Mário percebeu pela face descorada de sua ex-amante que a sua cilada tinha dado resultado, conseguiria o seu intento. Concedeu a ela um prazo de vinte dias para que conseguisse tudo o que desejava e fugisse com ele.

Uma noite, antes de sua fuga, Paula foi surpreendida com mais uma maldade de Mário. Ele exigia dela uma carta escrita de próprio punho, que seria deixada na mesa do escritório de Felipe, onde ela dizia não amá-lo e que fugiria para ser feliz ao lado de quem poderia suprir as suas necessidades emocionais e físicas.

Paula, sob ameaça de Mário, escreveu a carta e assinou. Ele fez questão de deixar a carta no local programado, porque sabia que ela poderia tentar enganá-lo.

Naquela noite, ela tentou dar a Felipe todo o carinho que o seu amor poderia sentir. Tiveram uma noite memorável e ela, antes de vê-lo adormecer, disse que o amava.

Felipe acordou muito bem disposto procurando a esposa, mas esta já não se encontrava ao seu lado. Preparou-se para o café da manhã e estranhou a ausência de sua companheira, deduzindo que deveria estar em seu quarto, porque os empregados não a tinham visto ainda.

Quando Felipe entrou em seu escritório, encontrou a carta. Lendo-a, pensou com desespero em acabar com a própria vida.

Abigail interrompeu o fluxo das recordações. Tinha percebido que Mário havia pegado no sono, pois estava exausto. O processo utilizado por Abigail de projetar suas lembranças na mente de Vanessa era muito desgastante para um espírito encarnado, mas o objetivo era libertar Vanessa que, pela primeira vez, teve conhecimento dos verdadeiros papéis de Mário, Paula e Felipe em sua vida.

Ela agora chorava e, enquanto pensava nisso tudo, os seus laços com Mário foram se afrouxando e ela foi se desligando dele, como se escorregasse bem devagar daquele "tronco" no qual estava agarrada. Estava tão prostrada com as lembranças e verdades estampadas em seu rosto que não notou ter se afastado de Mário. Foi para um canto da sala onde se sentou e abraçou as pernas, em sinal de desamparo.

Abigail, vendo sua reação, fez com que ela sentisse que deveria se afastar dali, já que se sentia exausta.

Imaginando que aquelas lembranças a tinham deixado sem forças, Vanessa pensou que todo o seu plano de vingança poderia esperar até o dia seguinte. Mário estava adormecido e, pela queda de Paula, ela também não acordaria logo. Assim, resolveu voltar para o seu quarto, para o seu refúgio.

Abigail, sob a orientação mental de Nestor, acompanhou-a de perto.

A primeira etapa do plano de resgate estava completa.

Capítulo 53

Logo depois de falar com Felipe, Marcelo ligou para o dirigente do Centro. Após resolver o que fariam, desligou. Chamou Margot e pediu que se arrumasse, pois eles precisavam ir ao grupo espírita.

– O que houve, Marcelo?

– Te conto no caminho, minha querida.

Chegando lá, Marcelo e Margot entraram apressados. O senhor Carmelo já os aguardava. O grupo não funcionava naquele dia, mas eles tinham conseguido que ao menos quatro integrantes se reunissem ali para orientações e preces. Já ao redor da mesa, eles se colocaram em posição de oração:

– Meus amigos, estamos aqui reunidos – começou o senhor Carmelo – para orar e emitir energias de auxílio aos que necessitam. Precisamos pedir pelos que estão envolvidos no caso do sequestro de Paula e que devem se encontrar em grande sofrimento neste momento. Todos padecem pelas incertezas do destino de nossa irmã, que foi levada contra a sua vontade por um irmão em desequilíbrio espiritual e psíquico. Pedimos ao nosso mestre Jesus e aos Seus mensageiros que auxiliem este irmão para que consiga ouvir os bons conselhos e não caia, cometendo algum ato de atrocidade contra Paula, que está sob o seu domínio. Que a espiritualidade amiga leve a ela a paz que precisa nesta hora de grandes tormentas, alimentando-lhe a calma e dando-lhe forças para superar essa infelicidade. Deem ao nosso irmão Felipe e à família dela a esperança de que tudo terá um fim útil e necessário para os seus aprendizados. Diante de nossa fé no Cristo, rezaremos o Pai Nosso.

Os integrantes daquela casa de auxílio se uniram em uma única oração, emanando muita luz e harmonia para todos aqueles irmãos que, de uma forma ou de outra, estavam envolvidos naquele drama. Ficaram ali durante uma hora, em preces e desejos de que tudo se cumpriria conforme os desígnios de Deus.

A visão espiritual daquele trabalho era maravilhosa. Atrás de cada membro encarnado se posicionou um obreiro desencarnado, que emanava de seu ser uma energia opaca prateada. Dos encarnados, subia um fluxo de energia também opaca, das mais variadas cores, e os obreiros desencarnados iam absorvendo aquelas emanações energéticas e transmutando-as em uma energia resplandecente violeta-ouro que era enviada para o Alto. Tudo se conectava em um brilho maravilhoso de luz e amor.

Aquela energia em forma de luz pura e cristalina estava sendo direcionada a todos os envolvidos naquele ato descabido. Ela chegava a todos com a mesma potência equilibrante, mas era captada por cada um, da forma e intensidade que eles a aceitavam. Os trabalhadores espirituais daquela casa receberam ordens superiores para ficar em alerta para possíveis empreitadas, mas que naquele momento tudo estava sendo providenciado a contento e eles deveriam levar aos corações daqueles irmãos que oravam o bálsamo da certeza de que para aquela situação haveria solução.

Assim, os integrantes encarnados daquela casa espírita que foram para auxiliar sairiam de lá auxiliados. O grupo espiritual de Nestor recebia aquela energia edificante e a transmutava em prol de todos os envolvidos, levando a calma e o discernimento para Margareth, Felipe, Cleto, Paula, Mário, todos os policiais, bem como Vanessa e todos os seus comparsas. É fato que estes últimos pouco reagiam à energia de amor enviada, mas Vanessa, pelo contrário, a sentia, sensibilizando-se para novas experiências.

Capítulo 54

Desde o seu retorno à Londres, Letícia e Pierre estavam vivendo a vida que tinham sonhado.

Pierre, acreditando que Letícia tinha acabado com o seu relacionamento no Brasil, apresentava-a a todos como a sua futura esposa. Letícia queria muito acreditar que aquilo se tornaria verdade, então, não o impedia, e estava muito feliz com o desenrolar dos acontecimentos. No entanto, a vida não nos possibilita viver na inconsequência.

Ainda era noite quando Letícia recebe um telefonema de sua mãe, chorosa, informando-a de que o seu pai estava indo para o hospital em estado muito grave e que ela desejava a sua volta o mais rápido possível para o Brasil.

Quando Letícia informou a situação para Pierre, ele prontamente disse que iria com ela, pois não poderia deixá-la passar por aquela situação tão dolorosa sozinha.

Letícia tentou fazer com que ele desistisse daquela ideia, mas ele foi irredutível. Como não sabia mais o que fazer, aceitou, e compraram as passagens para o voo mais próximo.

Durante toda a viagem, ela tentou achar uma forma de impedir o encontro de sua mãe com Pierre, mas nada poderia ser feito a esse respeito. Não tinha como explicar à sua mãe a presença de Pierre, e não tinha como manter a mentira que contara a ele sobre o suposto término de seu relacionamento.

Pierre percebeu que Letícia estava agoniada e silenciosa, mas atribuiu tal fato ao estado de saúde de seu pai.

Quando chegaram ao Brasil, já no aeroporto, ela ficou bem pior, relaxando apenas quando viu que era o motorista quem os aguardava. Este a informou de que deveria levá-la diretamente ao hospital e que o seu pai ainda não tinha ido para o centro cirúrgico para ser operado.

No carro, sentindo-se enfraquecida emocionalmente para enfrentar sozinha tudo o que estava passando, Letícia começou a chorar.

Pierre, preocupado, abraçou-a e lhe disse:

— Não se preocupe, Letícia. Você não está só neste momento de dificuldades, estou aqui ao seu lado e tenho certeza de que seu pai ficará bem após a cirurgia.

Olhando em seus olhos, Letícia disse com o coração sangrando:

— Meu querido, preciso dizer algo que o magoará profundamente, mas quero que saiba que agi assim porque não queria perdê-lo.

Eu não imagino a minha vida sem você, mas... – ela parou para respirar profundamente – os meus pais não aceitam o nosso relacionamento e, por conta disso, não consegui terminar o meu relacionamento com Felipe. Para eles, ainda sou comprometida com ele e, possivelmente, por ser um dos melhores cirurgiões cardiológicos, é Felipe quem estará lá naquela sala de cirurgia.

Letícia não conseguia terminar a sua fala, tampouco encarar Pierre. Este, por sua vez, não entendia o porquê de os pais de Letícia não o aceitarem.

— Por que eles não me aceitam, Letícia?

— Por você ser um empregado simples em uma empresa na Europa. Por você não ser do mesmo nível social que eu.

Pierre sentiu uma explosão de amargura em seu peito, mas antes de ele falar qualquer coisa, Letícia continuou:

— Pierre, eu não ligo para a sua condição social, mas eles sim. – disse ela, chorando compulsivamente.

— Se você não liga mesmo, então, vamos juntos ao hospital e diga a eles que você me ama e que nada nos separará.

Letícia não sabia o que dizer. Ela o amava com todo o seu coração, mas temia a reação de seus pais. Agora, então, que seu pai estava doente, ela não tinha coragem de importuná-lo com este assunto.

— Não posso fazer isso, Pierre. Minha mãe foi categórica quando me ameaçou de não me considerar mais sua filha se eu ficasse com você.

"Como ela pôde esconder isso de mim? – pensou. Como ela pôde fazer isso comigo? Quem é essa mulher que eu havia escolhido para ficar ao meu lado pelo resto da vida?".

– Então, não temos mais nada a falar, Letícia! – disse Pierre, extremamente magoado, pedindo ao motorista que parasse para ele saltar.

Letícia observou, entre lágrimas, o seu grande amor indo embora, de mochila no ombro, sua única bagagem de viagem.

O motorista ficou parado sem saber o que fazer e ela, após alguns segundos de desolação, mandou-o seguir para o hospital, pois o seu pai precisava dela.

Capítulo 55

Ainda naquela madrugada, sem notícias de Paula e Mário, Margareth, Felipe e Cleto estavam exaustos. Não sabiam o que fazer, e permanecer ali parados era quase insuportável. Tinham ficado calados praticamente a noite toda, cada um com a sua dor.

Além disso, Margareth se sentia culpada por não ter alertado Paula com mais veemência; Felipe se sentia responsável porque, se ele tivesse, desde o início, sido franco e falado dos seus sentimentos à Paula, ela jamais teria procurado naquele amigo um refúgio para as suas dores; Cleto se martirizava por não ter prestado mais atenção no quadro de Mário.

"E se ele a matar?" – pensava o pai, desesperado. Cleto não confiava em seu filho, achava que ele era capaz de qualquer coisa quando se drogava. Sempre desconfiou de que ele teve alguma coisa com o sumiço de Carmem, ela não tinha morrido, como afirmavam para todos na cidade, tinha desaparecido.

Segundo Mário, ela tinha fugido de casa e foi isso que afirmou, insistentemente para a polícia. Cleto, no entanto, não aceitava a história de que ela tivesse se cansado da vida que tinham e fugido da família, pois essa não era a Carmem que ele conhecia. Mas a versão de Mário era de que a mãe, na noite anterior ao seu desaparecimento, tinha lhe falado que não aguentava mais ficar ali nem lidar mais com tantos problemas. Segundo ele, não tinha levado muito em consideração o que dizia, pois pensou que estivesse apenas muito cansada, mas, no dia seguinte, ela já não estava mais lá.

Cleto não acreditava nisso. Não podia ser real. Mas os dias foram passando, os meses e os anos também, e a sua Carmem jamais voltou.

Por influência de Pedro, Cleto começou a se lembrar de seu período com Mário naquela chácara e o porquê de resolver voltar para a cidade. Mário sempre foi muito difícil, era Carmem quem conseguia dominá-lo e, quando ela se foi ele não conseguia mais impedi-lo de fazer o que queria.

Após um ano do desaparecimento de Carmem, percebeu que a chácara era muito grande e Mário estava aprontando algo que ele não sabia o que era. Muitos amigos passaram a visitá-lo e no início ele até achava ótimo, porque imaginava que o filho estaria feliz de não ter sido esquecido por eles.

No entanto, tudo veio à tona quando, em uma noite, viu Mário sair do galpão de ferramentas com alguns amigos em atitude muito suspeita. Um pouco depois, foi até lá escondido. Meu Deus, nunca havia ficado tão decepcionado! Mário tinha guardado, bem escondido, duas armas, um estoque enorme de remédios anabolizantes e outras pílulas que ele nem sabia o que eram. Seu medo tinha se tornado realidade: Mário voltara a traficar.

Não sabia o que fazer. Se a sua Carmem estivesse junto dele, ela o ajudaria a resolver. Não mexeu em nada e retornou para a sede da chácara.

Percebia agora que sempre teve muito medo do filho.

Cabisbaixo, com as mãos na cabeça, Cleto continuava a voltar no tempo. Ao voltar para o seu quarto, foi se deitar com um dilema. O que fazer? Sabia que se ali, longe de tudo, ele ainda traficava, estando na cidade seria um pulo para coisas piores. No entanto, imaginou que na cidade a casa deles era bem menor, e ele estaria mais sob controle. Por coincidência, o inquilino tinha devolvido o imóvel porque se mudou de cidade. Decidiu, por fim, retornar. Mário não reclamou, o que foi um alívio e, ao mesmo tempo, um tormento. Pensou que, pela reação do filho, isso demonstrava que nada que fizesse iria impedi-lo de realizar o que queria, mas precisava tentar. Pediu ao filho segredo sobre o desaparecimento de Carmem, e por isso falavam a todos que ela havia morrido.

Pedro, nesse momento, colocou uma pergunta na cabeça de Cleto: "Como será que está a chácara?".

Imediatamente, Cleto, respondeu em seu pensamento: "Nossa, faz tanto tempo que não vou lá, deve estar acabada, precisando de bastante reforma. A chácara era da família de Carmem e, quando ela desapareceu, acabei não tomando nenhuma atitude para regularizar os papéis. E, é claro, Mário não tomaria nenhuma atitude de restaurar ou preservar o imóvel, apesar de desconfiar que ele já havia passado por lá depois que nos mudamos, porque foi ele quem me disse que estava tudo quebrado.".

— Meu Deus! – disse Cleto em voz alta, levantando-se do sofá – Eu sei onde Mário está!

Pedro e Pérsio se abraçaram. A segunda etapa do plano de resgate estava completa.

Capítulo 56

Voltando à chácara, de madrugada, encontramos Paula acordada. Sua cabeça latejava e ela não conseguia se levantar, pois tudo girava.

Mário estava dormindo na poltrona próxima e ela, desesperada, queria fugir dali, mas não tinha forças para isso.

Resolveu esperar mais um pouco, fingindo ainda o desmaio. Estevão dava-lhe um passe magnético para que se restabelecesse o mais rápido possível. Enquanto isso, Gaston socorria Mário, para que a sua confusão mental se amenizasse e ele se mantivesse adormecido pelo maior tempo possível. Ambos sabiam que o tempo estava acabando.

Sem a presença de Vanessa, Mário estava mais calmo e o seu sono, profundo.

Alguns minutos depois, Paula conseguiu se levantar, ainda muito tonta, mas sem fazer barulho. Queria achar as chaves do carro para poder sair dali. Olhou em todos os lugares e não as achou. Elas deviam estar no bolso de Mário, mas não queria arriscar que ele acordasse e resolveu se afastar dali o quanto antes.

Quando estava perto da porta, viu sobre uma mesinha de centro o revólver de Mário e as chaves da porta da frente. Ficou alguns segundos pensando no que fazer. Poderia acabar com tudo ali mesmo, livraria-se dele e ninguém a condenaria, já que ele a havia sequestrado. Mas o seu coração lhe dizia que essa não era a solução, pois sabia que não se sentiria em paz consigo mesma se fizesse isso.

Então, pegou o revólver e o escondeu embaixo do sofá grande e tosco da sala. Trancou cuidadosamente a casa pelo lado de fora e saiu correndo. Isso lhe daria um tempo a mais para fugir.

Começou a correr para fora dali. Pensou que, se fosse pela estrada, poderia encontrar alguém para ajudá-la, mas o mais provável era ser achada muito facilmente por Mário quando ele descobrisse sua fuga.

Resolveu então ir pelo meio do mato alto que circundava a estrada. Se Deus quisesse, ela não se perderia.

Ainda estava escuro e ela percebeu que não tinha conseguido guardar o caminho que fizeram para chegar até ali. Não tinha uma lanterna nem tampouco um fósforo para iluminar o seu caminho. Começou a se desesperar. Estevão veio em seu socorro, dizendo-lhe para ficar tranquila. Conseguiria achar o caminho se mantivesse a serenidade.

Ela sentiu, inconscientemente, a presença do amigo, e ficou mais calma.

Ela pensou ter ouvido um rio e isso a fez lembrar que, na vinda, ela também o tinha escutado. Então, se fosse devagar seguindo o rio, chegaria a algum lugar.

Assim, foi em direção ao barulho da correnteza e, após alguns minutos, o achou. Mergulhando a mão nas águas do rio percebeu para onde corria e seguiu nessa direção.

Capítulo 57

Felipe ligou imediatamente para o delegado Martins para lhe falar sobre a chácara. Era uma hipótese muito boa para não ser averiguada.

Em razão de aquele imóvel ficar em um local de difícil acesso, o delegado pediu que Cleto se preparasse, pois iriam buscá-lo. Felipe afirmou que iria também, mas prontamente o delegado Martins descartou essa ideia:

— Felipe, meu amigo, entenda que essa não é a melhor escolha. Pela minha experiência, quando o sequestrador se vê acuado, ele pode seguir vários caminhos. Um deles pode ser se entregar e nada fazer com sua vítima, mas, quando vê uma plateia desesperada, angustiada pela vida do sequestrado, o delinquente, normalmente, prefere praticar medidas drásticas e indesejadas para o caso. Paula poderia ser morta.

Felipe disse que entendia e repassou o recado para Cleto.

Enquanto aguardava o delegado chegar, Margareth agradecia a Cleto por toda a sua disponibilidade em ajudar Paula, mesmo sabendo que seu filho poderia ser preso.

– Margareth, nem pense nisso. Se o meu filho fez algo errado, então, está na hora de ele pagar pelos seus erros. Sei que tem problemas, mas não posso mais passar a mão em sua cabeça para que continue a fazer coisas erradas e repreensíveis aos meus olhos. Não posso mais me fazer de cego. – Cleto dizia isso com os olhos marejados e com muita vergonha de sua omissão como pai.

Margareth percebeu e lhe disse tristemente:

– Cleto, não se martirize, também estou aqui em agonia pensando nas vezes que deixei de orientar melhor a Paula ou de esclarecê-la abertamente sobre os problemas de Mário, pois eu os conhecia muito bem. Mas ambos estamos errados, fizemos o que foi melhor, o que achávamos que estava correto. Precisamos mudar o nosso pensamento para, ao abrir a nossa mente, encontrarmos soluções para os nossos sofrimentos. Se continuarmos martirizando nossa consciência, não estaremos abertos a escutar as nossas melhores intuições ou os bons anjos do Senhor.

Felipe, que a tudo escutava, tentou fazer isso também. Passou a noite toda pensando e repensando sobre as suas falhas com Paula e, em nenhum momento, se abriu para receber o auxílio do mais Alto. Cleto, por sua vez, deve ter dado a abertura que a espiritualidade precisava, pois tinha certeza de que ele fora inspirado pelos bons espíritos para se lembrar daquela chácara.

"Temos atitudes curiosas, às vezes! – pensou Felipe – Eu pedi a Marcelo auxílio da casa espírita para que fôssemos alvo das bênçãos da espiritualidade amiga e, em nenhum momento, me permiti entrar em sintonia com ela para recebê-las. Ainda preciso aprender muito."

Infelizmente, por mais que ele tentasse orar para o seu equilíbrio, a única sensação que Felipe tinha era uma angústia profunda, como se já tivesse passado por isso e o seu mundo de alegria estivesse para terminar.

Capítulo 58

Paula estava andando há um bom par de horas. O dia estava raiando e ela já conseguia enxergar alguma coisa da paisagem ao seu redor.

Acreditava que tinha se distanciado bastante da chácara onde Mário se encontrava, e rezava para que ele ainda não tivesse acordado. Sabia que a porta trancada não serviria como um obstáculo eficaz para ele, pois estava em estado bem precário e poderia ser derrubada com alguns pontapés.

Tinha esperança de que ele não imaginasse que tivesse ido por aquele caminho. Agora que se acostumara com a escuridão, enxergava um pouquinho mais e estava sendo mais rápida em seu deslocamento, apesar de sua cabeça latejar muito.

Até aquele momento, só tinha ouvido o barulho de uns dois veículos passando por perto, mas em direção oposta à sua, acreditando, por isso, não ser Mário à sua procura.

Mas, sua esperança acabou quando começou a ouvir um barulho de passos atrás de si. No desespero de pensar que poderia ser Mário, Paula começou a correr desordenadamente e não viu que à sua frente o terreno descia e fazia uma curva acentuada para a esquerda. Deu de cara com pedras soltas e irregulares, e acabou tropeçando e caindo, fazendo muito barulho e torcendo o tornozelo. Soltou um berro de susto pela queda e um de dor, pela torção.

Agarrou o seu pé com lágrimas nos olhos, sentindo que tudo estava perdido e que ela não sobreviveria depois daquela tentativa de fuga.

O som estava cada vez mais alto, os passos demonstravam que a pessoa a tinha escutado e estava correndo, chegando mais e mais próximo dela.

Queria levantar e correr, mas a dor em seu tornozelo era dilacerante. Sentia que ia desmaiar a qualquer momento quando viu o que parecia ser um buraco perto dali, escondido por moitas. Aquele buraco poderia ser a toca de algum bicho, mas ela tinha de se arriscar.

Arrastou-se com toda a sua força, tentando não gritar de dor. Depois de longos minutos, ela conseguiu chegar ao buraco, só tendo tempo de se jogar lá dentro, porque os passos estavam quase sobre ela.

Para a sua surpresa, havia mais de uma pessoa ali:

– O barulho foi por aqui, ela deve estar próxima. Você é um imbecil, Mário. Sabe que trazer essa mulher para cá é muito perigoso para a nossa operação. Essas terras são o nosso depósito e esconderijo. E se, por causa desse sequestro, a polícia bater em cheio aqui?

– Claro que isso não vai acontecer, Pezão. Está tudo sob controle.

A voz de Mário não transmitia segurança no que dizia. Ele agora parecia estar menos alienado e com muito medo. Ambos passaram direto do lugar em que ela se encontrava, o que a fez respirar de novo.

"Meu Deus, em que o Mário está metido? Que operação era aquela a que o tal Pezão se referia? – pensava ela – A única coisa que sei é que não devo continuar aqui. Eles não me viram ainda porque está escuro e não direcionaram suas lanternas para cá, mas não sei o quanto esses arbustos me tamparão, se eles fizerem isso. Preciso sair daqui, mas como? Meu tornozelo está muito inchado e não consigo colocar o meu pé no chão".

Paula estava, de novo, se desesperando, e Estevão tentava de tudo para que ela não perdesse a razão. Emanava energia de auxílio e harmonia e falava ao seu coração para que não desistisse que ela não estava só, que o auxílio logo chegaria.

Ela recebia aqueles pensamentos benditos e se sentia mais confortada. Quando achou que os homens já estavam longe, começou a se mexer no buraco e percebeu algo estranho! Tinha alguma coisa lá, mas ela não sabia dizer o que era. Começou a apalpar e o seu pensamento a deixou horrorizada.

"Meu Deus! É uma cabeça!" – pensou, colocando a mão sobre a boca para não berrar, mas todo o seu autocontrole acabara ali. Havia um corpo enterrado naquele buraco!

Sem se incomodar com a dor, saiu correndo do buraco, mancando, tropeçando e chorando de dor. Paula movimentava-se com dificuldade, mas resolveu seguir o seu plano de continuar seguindo o rio para fora dali, longe da trilha que os homens seguiram. Achou um pedaço de madeira que a ajudaria como uma bengala e foi se distanciando devagar de onde achava que estava a chácara, mas o seu coração batia descompassado e o medo a dominava a cada passo.

Sentia o seu corpo todo doer, a cabeça latejava, o tornozelo era um estorvo e sua barriga doía pela falta de comida. Lembrava-se de ter lanchado à tardinha do dia anterior, e desde então não ingeriu mais nada.

Foi quando viu umas bananeiras com cachos volumosos. Pensou que não seria mal pegar uma banana para lhe dar forças para continuar caminhando. Foi até lá com cuidado. Quando estava tentando pegar uma das bananas do cacho mais baixo, desequilibrou-se e caiu nos braços de Mário, que lhe sorria diabolicamente.

Seu coração congelou.

Capítulo 59

O Delegado Martins chegou com duas viaturas na casa de Margareth, por volta das quatro horas da manhã. Cleto já o aguardava do lado de fora e entrou no carro rapidamente, dando as primeiras coordenadas para chegarem à chácara. As viaturas se comunicavam pelo rádio e empreenderam viagem para o socorro emergente.

Margareth e Felipe ficaram ali, olhando para a rua por onde as viaturas tinham sumido e onde somente se via uma nuvem de poeira levantada pelos carros. Ambos estavam tão abalados que nada falavam, mas Margareth, que até aquele momento tinha se contido, olhando para Felipe e não aguentando mais a pressão de seus pensamentos, começou a chorar.

– Não fique assim, Margareth! Você verá que tudo dará certo! O doutor Martins é um ótimo delegado e eu já soube de vários casos de resgate que ele liderou, com um resultado positivo no final. Paula estará bem e voltará para nós.

Felipe queria dar-lhe esperança, mas ele mesmo estava desprovido dela. Não se conformava de estar ali, sem fazer nada, embora soubesse que era o melhor a ser feito naquele momento.

Levou Margareth para dentro e deu-lhe um calmante. Ela não queria tomá-lo, mas Felipe, na posição de seu cardiologista, explicou-lhe que seria o melhor a fazer, pois as emoções que estavam vivendo eram demais até para ele.

Enquanto estavam esperando, Felipe recebeu uma ligação de emergência: Roberto, o pai de Letícia, estava no hospital, pois teve um enfarto na noite anterior, e a equipe precisava dele porque os outros dois cardiologistas estavam ocupados em outras cirurgias.

Felipe olhou para Margareth sem saber o que fazer e ela o incentivou a ir, dizendo-lhe:

– Vá. É um amigo que precisa de você e aqui você não ajuda ninguém. Eu o mantenho informado.

Capítulo 60

Pierre estava arrasado. Andava pela rua sem saber o que fazer. Estava com o coração dilacerado por ter descoberto um lado de Letícia que ele não conhecia, cheio de covardia, preconceito e falta de amor por ele. Jamais pensou que ela pudesse mentir desse jeito. "Bem, melhor passar por isso agora do que depois de casarmos" – tentava se consolar.

Pegou um táxi e pediu que o levasse para um hotel no qual tinha se hospedado da última vez que veio ao Brasil a trabalho.

Chegando ao seu quarto, se jogou no sofá com muitos pensamentos a atormentá-lo. Vanessa tinha deixado dois de seus comparsas com o casal para cultivarem a discórdia e, se possível, separá-los. Apesar de terem atingido o seu intento, eram suficientemente experientes para saber que o trabalho não terminaria ali, pois, se o rancor e a mágoa não fossem alimentados, o casal poderia querer voltar. Assim, cada um acompanhou o seu alvo.

Pierre continuava com suas reflexões desenfreadas: "Não posso perdoá-la, ela me humilhou. Como pôde dizer que me ama se não luta pelo nosso amor? Como teve coragem de dizer, na minha cara, que não pode ficar comigo por eu ser um simples funcionário de uma empresa europeia?" – quanto mais ele deixava seus pensamentos fluírem, mais o aliado de Vanessa o contaminava com a sua energia desequilibrante de revolta.

Antony, seu mentor, chega em seu socorro e percebe que Pierre não está bem. Encontra-o prostrado no sofá, sendo emocionalmente alimentado em sua indignação pelo espírito trevoso.

Imediatamente ele se conecta a Pierre e pede que se recomponha. Este sente a presença de seu amigo e percebe que o que está fazendo não é bom e não o levará a lugar nenhum.

Com muito esforço, começa uma oração que vai aos poucos entrando em suas fibras mais profundas e, como uma lâmpada que se acende pelo toque de seu interruptor, Pierre se ilumina[1], ao ponto de incomodar sobremaneira seu influenciador, fazendo-o sair de lá o mais rápido possível.

Neste momento, Pierre sente-se melhor e pode identificar Antony mais presente, por estar na mesma vibração de amor. Com este posicionamento íntimo, inicia um diálogo mental com o seu mentor:

– Meu amigo querido! Perdoe o meu momento de fraqueza.

---

[1] Pela sua vontade soberana e com muita fé, Pierre buscou a melhora do seu estado interior pela prece, possibilitando ao seu mentor associar a sua própria luz à luz inerente do seu ser, incomodando os olhos daquele que vive nas trevas de sua própria ignorância. Com tal postura, Pierre cria ao seu redor um ambiente equilibrado que não possibilita ao agente da discórdia continuar na sua tarefa. (Nota do autor)

– Não há porque perdoá-lo. Você se recuperou a tempo de não cair nas armadilhas daquele que, por ignorância, ainda não compreende a responsabilidade que lhe recai sobre os ombros quando tenta fazer o mal a um irmão em Cristo.

– O que está acontecendo, Antony? Como a minha vida pôde ter tomado esse rumo? Acreditava que Letícia era a mulher da minha vida, mas parece que não.

– Você bem sabe que nada posso falar sobre isso, mas é de seu conhecimento também que, por serem portadores de livre--arbítrio, podem construir a vida que vocês entendem ser a melhor para vocês.

– Eu acreditava que viver ao lado dela seria o melhor para nós. Porém, os valores que eu prezo que são a confiança mútua, o respeito e a fidelidade foram descumpridos por ela com maestria.

– Meu amigo, e você, é uma pessoa perfeita? Jamais se equivocou? Você não é passível de cometer erros ou temer algo que o faça magoar até quem você ama? Será que não está exigindo demais dela?

Pierre escutava o seu mentor e tentava superar a dor da decepção para melhor compreender o que ele queria lhe trazer, mas estava sendo muito difícil.

– Pierre, se você nesta existência nunca vivenciou o equívoco, poderá levantar a mão e atirar a primeira pedra naquela que você diz amar, mas que se sente ainda imperfeita com um mundo de coisas para aprender. Talvez seja sensato que você descanse um pouco e depois, com a cabeça no lugar, faça uma análise de tudo o que já vivenciaram, de todos os pedidos de socorro que ela tentou transmitir e que você, por falta de conhecimento dos fatos, não entendeu. O mais importante é você descobrir se não está colocando sobre os ombros dela posturas que ela jamais disse ter condições de assumir.

— Não entendo, Antony, por favor, explique-me melhor.

— Tudo bem, pense comigo: você está assim porque se decepcionou com as atitudes dela, não foi? Mas, em algum momento, ela disse ser uma pessoa corajosa? Disse que dava conta de ir contra os pais dela? Mostrou para você que era desprovida de preconceito?

— Realmente, não. Ela sempre demonstrou possuir uma dependência bem acentuada, seja dos pais, seja de mim. Quando a conheci, ela me mostrava o quanto temia o mundo. Somente com o passar do tempo, talvez porque havia se distanciado de seus pais, ela foi demonstrando um pouco mais de coragem para enfrentar as dificuldades da vida. E, quanto ao preconceito, bem, realmente ela já demonstrou que tem dificuldades de se relacionar com pessoas que fogem aos padrões sociais aceitos por ela.

— Então, meu amigo, se você se decepcionou com ela, a culpa foi sua.

— Minha? Como assim? — disse Pierre perplexo.

— Claro! Você está exigindo dela algo que ainda não tem condições de dar. Ela é como é, poderá mudar, mas somente se entender que deve. E você terá de pensar se a aceita como é e luta por ela ou a deixa ir por não aceitá-la verdadeiramente. Se escolher a última opção, a conclusão que se tem é que você não a ama e sim, a pessoa que queria que ela fosse. Pense bem nisso e depois, se você ainda entender que não vale a pena arriscar viver com ela, volte para Londres e siga com a sua vida.

Pierre entendeu o recado, mas não estava com cabeça para pensar em nada. Como ficou muitas horas no avião sem dormir por estar preocupado com Letícia, sentia-se muito cansado e, para somar, entristecido com o comportamento de sua amada. Precisava de um bom banho, de uma oração consoladora e de um sono restaurador.

Capítulo 61

Ao mesmo tempo, Abigail acompanhou Vanessa ao seu quarto sem que ela percebesse a sua presença.

Vanessa estava exausta e não se reconhecia mais. Sabia o quanto aquela vingança era importante para ela, mas agora tudo tinha perdido o sentido. Antes de ter conhecido a verdade sobre Paula, pensou que vibraria de prazer quando ela estivesse no carro com Mário, mas não foi como imaginou. O que viu foi uma mulher desesperada no carro daquele que poderia lhe tirar a vida, e toda a sensação de felicidade que pensara sentir nesse momento não aconteceu. Isso era frustrante.

Depois que Abigail passou a influenciá-la, seus sentimentos mudaram, não estava mais tão certa do que queria. Agora, enxergava com muita clareza a sua própria culpa no desenrolar de sua vida e não foi tão difícil admitir que ela mesma foi a principal responsável pelas suas dores.

Vanessa chorava amargamente porque não sabia mais para que tudo aquilo serviria. Não queria nem retornar à chácara para não ver o que aconteceria entre Mário e Paula. Estava cansada de toda aquela vida.

"Vida? Que vida? Isso é a morte numa vida inteira de equívocos." – e chorava abraçada a um travesseiro corroído e malcheiroso.

– Abigail! – chamou em voz alta – sei que não mereço a sua presença ao meu lado, mas não sei mais o que fazer. Era tão bom estar com você ajudando os pacientes aflitos! Quero muito mudar, quero voltar no tempo e poder enxergar, nos corações dilacerados pela dor, o alívio que minhas palavras causavam.

Abigail emanava para sua amiga todo o seu amor. Levava ao seu campo mental as lembranças de suas atividades no pronto-socorro, onde era uma paciente amorosa e com muita vontade de ser útil.

Quando Vanessa a chamou de novo, tendo o seu coração repleto de arrependimento e súplicas benditas, Abigail se fez notar, brilhando com toda alegria de quem sabia que o resgate iria acontecer.

– Olá, minha cara amiga! Você me chamou?

Sua luz incomodava Vanessa, mas ela, com os olhos cerrados, respondeu:

– Sim, Abigail. Não tenho coragem de encará-la porque antes você quis me ajudar e eu, como uma amiga ingrata, lhe dei as costas e não aceitei escutá-la. Você queria o meu bem, e eu não consegui lhe ouvir porque o meu coração estava fechado pelos sentimentos de amargura e vingança. Agora cansei, Abigail. Já não sei mais porque faço tudo isso.

Ela parou por alguns segundos. A sua dor era intensa:

– Enquanto estava na chácara, pensei em Felipe e o vi sofrendo, nesta vida, por Paula. E, como por encanto, percebi que ele foi o único que realmente se importou comigo. Ele me abandonou sim, mas fui eu quem o apunhalei primeiro. Apesar de, naquela época, os homens agirem com muito mais rigor perante uma traição, ele me manteve viva e não me perseguiu. Agora, retribuí toda a consideração que ele teve comigo lhe causando um novo sofrimento. Sou uma pessoa horrível, Abigail – e chorou, como se toda a sua dor fosse escoar pelas lágrimas derramadas.

Abigail a amparou em seus braços e disse:

– Não se martirize tanto. Você errou nas escolhas que fez, mas a vida é um conjunto de oportunidades que nos levarão a escolher melhores caminhos. Deus não nos cobra nada porque sabe que estamos no pré-primário da vida. Por isso, perdoe-se, primeiramente, para que você se livre de toda a culpa e mágoa que ainda existem em seu coração.

– Como posso fazer isso? Com minha última ação, atingi várias pessoas que estão sofrendo muito agora. Entre elas, Paula, que nada fez contra mim.

Vanessa parou de falar, como se tivesse vergonha do que iria dizer, mas, de cabeça baixa, continuou:

– Sim, agora eu sei de tudo. Enquanto estava com Mário naquela chácara, vi em seus pensamentos que ela não foi a responsável pela minha desgraça. Sempre pensei que ela tivesse algo a ver com isso porque não foi uma ou duas vezes que eu vi, no olhar de meu marido, o encantamento que provocava nele quando estávamos nos bailes e festas que frequentávamos. Na verdade, ela foi usada por Mário e deve ter sofrido tanto ou até mais que eu, porque eu era culpada pelos meus atos e ela foi coagida.

— Minha querida criança, não existem vítimas nos quadros pessoais da vida evolutiva, todos nós estamos aprendendo diante de nossas experiências. Paula pode não ter feito nada contra você, mas isso não significa que seja vítima inocente em um contexto de vida mais amplo. Ela planta e colhe os melhores frutos de seu merecimento, mas essa colheita está a cargo de Deus, que sabe sempre o que é melhor para nós, reservando-nos apenas as experiências mais adequadas ao nosso grau de evolução. Por isso, pare de querer fazer justiça com as próprias mãos, porque você sabe que a sua percepção não alcança além da primeira curva do caminho.

— É verdade, tinha tanta certeza sobre as verdades que trazia em meu coração a respeito daqueles que imaginava serem os responsáveis por me infelicitar a alma e percebo que não sabia de nada, nada mesmo. Somente agora vi que fui eu mesma a grande responsável pela minha ruína.

— Que bom que os seus olhos se abriram para o seu esclarecimento. Se quiser, podemos voltar àquele hospital onde você foi internada um dia e auxiliou a muitos para, quando estiver melhor, poder ser útil novamente ou...

Abigail parou propositadamente de falar.

— Ou o quê, Abigail?

— Ou você pode ser útil agora nos ajudando a colocar a vida daqueles com os quais está preocupada num curso mais feliz.

— Eu posso fazer isso? Como? Não sei como ajudar, eu só sei atrapalhar, e muito.

— Precisamos de você, e sei que poderá nos ajudar nesse momento, mas preciso saber como você se sente em relação a Mário.

— Para falar a verdade, quando percebi que ele jogou com a minha vida porque precisava de dinheiro, fiquei muito irritada, com muita raiva. Mas, quando pensei como poderia me vingar dele, senti um profundo desânimo. Percebi que, hoje, ele está muito mal e que, na verdade, precisa de ajuda. Sobretudo, percebi que não quero mais essa vida e, por isso, não desejo nada de ruim para ele, simplesmente cansei – afirmou Vanessa com muita sinceridade.

Abigail ficou satisfeita por perceber que ela estava, apesar do sofrimento, consciente de sua situação. É claro que ainda havia um longo caminho para sua mudança real, mas ela poderia ser, se desejasse, uma trabalhadora eficaz naquela tarefa de auxílio.

Então, minha amiga, vamos nos fazer úteis na seara bendita – Abigail abraçou Vanessa, e saíram juntas para o trabalho de auxílio.

Capítulo 62

Felipe chegou ao hospital seguindo imediatamente para o setor cardiológico. Após se inteirar do acontecido e descobrir que Roberto estava desacordado, Felipe dirigiu-se ao quarto em que o paciente se encontrava.

Verônica estava ao lado da cama, chorando em silêncio. Felipe tossiu para chamar-lhe a atenção e, quando ela o viu, recuou instintivamente.

— O que faz aqui?

A pergunta pegou Felipe de surpresa. Ela parecia temer a sua presença, mas, querendo acreditar que estava sob forte emoção, vinculou o seu comportamento ao fato.

— Olá, Verônica! Fui chamado pelo hospital, pois os outros especialistas estão ocupados em outras cirurgias e não poderão atendê-lo na urgência que o caso pede. Já me coloquei a par da situação do Roberto e quero a sua autorização para efetuarmos a cirurgia o quanto antes.

Ela o olhava com um semblante enigmático, parecia ter receio de alguma coisa, como se quisesse saber algo que não podia perguntar. Isso o incomodou, mas não tinha tempo para conjecturas naquele momento e foi direto ao ponto, perguntando se ela tinha alguma dúvida sobre a sua competência e repetiu o pedido apresentando um Termo de Responsabilidade para que Verônica assinasse. Após alguns segundos de hesitação, ela assinou.

Imediatamente, Felipe providenciou a remoção de Roberto para o Centro Cirúrgico, acompanhando-o até lá.

Neste momento, Abigail chega com sua amiga ao quarto do hospital. Vanessa vê Verônica no canto do quarto, abatida, sem reação e com medo.

Ela sabia muito bem que, quando o encarnado se encontrava naquele estado de desequilíbrio, sua reação natural seria vibrar de alegria diante da dor de sua influenciada, mas olhou para Abigail com os olhos cansados e disse:

– Não sei o que fazer.

Verônica estava com fortes dores de cabeça e com a sensação de que não tinha saliva em sua boca. Poucas foram as vezes em que bebeu tanto a ponto de se embriagar, mas tinha passado dos limites naquela vez. O pior é que não se lembrava muito bem do que tinha falado com Roberto e tampouco com Letícia ao telefone. Parece que só tomara consciência de si mesma quando o viu ficando roxo e desmaiar. Estava amedrontada com o que poderia ter falado a Roberto, já que o levou a passar mal. Seus pensamentos ainda estavam confusos pelo excesso de álcool em seu sangue.

Abigail disse para Vanessa:

— Precisamos ajudá-la.

— Por quê? Foi ela que levou Mário a sequestrar Paula, e impediu a filha de viver o seu grande amor. Ela é má. Não ama nem os pais dela! Não merece ser feliz.

— Vanessa, olha o que você está me dizendo. Se foi ela quem fez tudo isso, não o fez sozinha. Você a incentivou e a orientou em muitos dos comportamentos equivocados que teve. Se você diz que ela não merece ser feliz, também está dizendo que não posso ajudar você.

Vanessa tomou um susto com o que disse Abigail, pois era a pura verdade. Foi ela quem reforçou em Verônica muitas atitudes ruins e preconceituosas. Por vingança, tinha se aliado a ela, que era um alvo fácil de manipular, porque já tinha em seu coração os germes do preconceito e da falta de caridade. "E sem mim talvez não tivesse levado a cabo seus intentos. Eu também sou má, não mereço ajuda." – pensou Vanessa.

— Não, Vanessa, isso não é verdade. – falou Abigail, que acompanhava os seus pensamentos – Você errou quando acreditou que deveria usar Verônica para se vingar de seus desafetos, mas a culpa não é toda sua. Ela poderia recusar, a qualquer momento, a influência que você e seus amigos exercem sobre ela e não executar as ideias que sugeriam. Mas ela as aceitava, portanto, é tão responsável quanto vocês por suas ações. O que quero que entenda é que Jesus não abandona nenhum de Seus irmãos, Ele determina a todos os Seus obreiros que nenhuma de suas ovelhas se perca, e é esse o nosso objetivo principal. Você pode ter se equivocado na vida, mas não é uma pessoa má, só escolheu agir de maneira errada. Se quero ajudar você, também quero ajudar Verônica, pois ambas precisam de Jesus.

Vanessa estava com os olhos cheios de lágrimas, percebia o amor saindo de Abigail e indo em sua direção e na de Verônica. Entendia que Jesus estava se manifestando por meio dela e se sentia abençoada e com mais vontade de fazer o que era certo.

— Entendo, Abigail. Se estou sendo ajudada, por que ela não poderia ser? Se a julgo uma pessoa má é porque me considero má. Por favor, ensine-me a fazer o que é certo, deixe-me ajudar Verônica para que eu me redima perante ela.

Abigail falou satisfeita:

— Vá até ela e faça com que se lembre parcialmente dos últimos eventos. Dê a ela a capacidade de começar a refletir sobre a sua vida e, principalmente, a valorizar a vida que tinha com o marido e com a família.

Isso Vanessa sabia fazer. Foi até Verônica, que já estava sozinha no quarto, e emanou energias para que a sua mente se abrisse para as memórias mais recentes, levando-a a pensar em Roberto.

"Meu Deus! Roberto está tão mal, será que vai superar esse contratempo?" — Verônica começou a refletir.

Por meio de uma orientação indireta de Abigail, Vanessa leva Verônica a pensar em quando o casal se conheceu: "Engraçado eu me lembrar disso logo agora, faz tantos anos! Estava trabalhando em uma lanchonete na hora do almoço quando ele entrou para comprar um prato feito e um refresco. Naquele fim de semana, estava substituindo uma amiga que precisou viajar para ver os pais doentes no interior. Como precisava do dinheiro, aceitei trabalhar. Roberto veio até mim e me fez um pedido para viagem, e o seu sorriso me cativou na hora. No dia seguinte, lá estava ele de novo, só que dessa vez ele nada pediu, me chamou para sairmos depois do trabalho. Fiquei radiante, ele parecia ser uma pessoa de posses, mas, pela primeira vez na minha vida, não era isso que me fazia querer estar com alguém. Quando saí do trabalho ele veio me buscar, e fomos a uma praça ali perto para conversarmos. Depois disso, não nos largamos mais."

Vanessa, percebendo que Verônica não daria importância ao fato seguinte, fez com que ela fixasse a sua lembrança nos momentos subsequentes: "Quando lá chegamos, um mendigo o cumprimentou e agradeceu pelo prato feito do dia anterior. Percebi que ficou sem graça, mas nada comentou.".

Dando uma pequena parada na emissão energética que estava dando impulso às lembranças, Vanessa jogou um pensamento para que Verônica refletisse sobre o fato em si: "Nossa, só agora percebo que Roberto foi àquela lanchonete para comprar um prato de comida para o mendigo. Se não fosse isso, ele jamais teria parado ali. Meu Deus, como nunca percebi isso antes?".

Vanessa então envia para ela outro pensamento: "Se não fosse o mendigo, vocês não teriam se encontrado e não estariam juntos.".

Verônica, na hora, capta o pensamento e fica envergonhada: "Foi por causa de um mendigo que eu tenho a vida boa que tenho hoje.".

Satisfeita, Vanessa continua na sua tarefa de fazê-la juntar as peças de sua vida "Muitas vezes, quando ajudava alguém, Roberto dizia que tinha encontrado a felicidade quando se dispôs a ajudar o próximo. Achava aquilo ridículo, mas agora entendo que ele se referia a mim. Ele tinha me encontrado porque entrou lá para ajudar àquele mendigo." – Verônica pensava, e as lágrimas corriam por suas faces.

Vanessa daria agora a cartada final. Conduziu-a para que percebesse as suas ações frente aos que mais necessitavam: "Eu nunca dei valor às pessoas que nada tinham e ainda achava um absurdo aquele comportamento de Roberto em querer dar tudo para os outros. Somente agora percebo que, se ele não fosse assim, não teria me encontrado, e... – Vanessa interviu e lhe sussurrou um pensamento que a fez soluçar alto ante as lágrimas que não mais tinham freios – não teria me dado a chance de ser a sua namorada. Eu também era ninguém.".

Capítulo 63

Mário agarrou Paula com força e deu um sorriso aterrorizante.

Ela quase desmaia quando o vê, mas, percebendo que o outro não se encontrava com ele, faz uma última tentativa:

— Mário, deixe-me ir, você é meu amigo e não quer me fazer mal.

Ele a olha e seu sorriso se desfaz. Com profundo ódio, diz:

— Você não entende, não é? Não sou seu amigo e, se não for minha, não será de mais ninguém! – disse Mário, sob a influência de um espírito cuja companhia foi aceita por ele com naturalidade diante da ausência de Vanessa, pois, quando o Pezão chegou à chácara, trouxe consigo muitos espíritos desequilibrados.

Mário começa a gritar por Pezão e este se junta aos dois, minutos depois. Quando vê Paula, abre um sorriso nojento.

Ela pensa que agora não tinha mais jeito, apenas por um milagre sobreviveria. Pezão olhava para ela com olhos de cobiça e Paula sabia bem onde isso iria acabar. Ela tremia toda, fosse por causa da dor insuportável que sentia em todo o corpo ou pelo medo da própria vida em risco.

Convencida de que não sairia daquela experiência com vida, sentia um desespero tomar conta dela. Enquanto os homens amarravam as suas mãos, olhava para todos os lados, com a esperança de achar alguém que pudesse salvá-la. Mas apesar de o sol já ter clareado tudo ao redor, nenhuma alma viva se fazia presente por aquelas bandas.

Mário a carrega no colo e, quando chegam à chácara, há mais dois traficantes em frente à casa. Mais uma vez, Paula viu no olhar daqueles homens uma cobiça que não lhe agradava. Seu coração quase saía pela boca, e seu medo se agravou. Eles pareciam não ter qualquer escrúpulo em matá-la e, pior, de se aproveitarem dela antes de finalizar a execução.

Neste momento, o amigo espiritual de Mário, Gaston, o faz perceber o interesse daqueles homens por Paula, intuindo-lhe a levá-la para dentro da casa, trancando-a no quarto e guardando a chave consigo.

"Ela é minha, só minha!" – sem perceber a presença do mentor, o obsessor em desequilíbrio firmava na mente de Mário esse pensamento, ajudando Gaston na proteção de Paula.

Paula, quando se viu só, foi pulando até a janela do quarto tentando ouvir quais seriam os planos daqueles homens, mas o esforço foi em vão, pois sua janela era direcionada para o fundo da casa, e isso a impossibilitava de escutá-los.

Desistindo do seu intento, sentou-se no canto do quarto, como se pudesse se salvar se ficasse ali bem quietinha. Uma desesperança começou a tomar conta de seu ser e as lágrimas começaram a cair livremente. Observando que alguns dos companheiros espirituais de Pezão estavam sendo atraídos por aquela energia, Estevão começou a enviar para ela uma vibração suave, provocando uma dormência que começou a tomar conta de todo o seu campo mental e emocional. Essa energia afastou os outros espíritos, que saíram dizendo que os "da Luz" estavam ali.

Parecia estar sendo transportada para outro lugar e, então, começou a pensar nas pessoas que fizeram parte de sua vida.

Como se estivesse se despedindo, dizia-lhes em pensamento: "Mãezinha, não poderei me despedir de você! Eu não compreendi os seus avisos sobre Mário, não os levei em consideração e agora vivo os últimos momentos desta minha vida. Fiquei tanto tempo querendo preservar o meu orgulho que só agora percebo que perdi tempo. Deixei de estar com a senhora por dez anos, deixei de aprender com essa pessoa maravilhosa com quem Deus me permitiu dividir o início de minha vida e que tanto bem me fez, e de valorizá-la também. Quando mais precisei, você esteve ao meu lado sem nada me cobrar ou exigir. Se tivesse lhe contado sobre a minha última experiência difícil com Mário, provavelmente a senhora não me deixaria vir com ele dessa vez. Espero, minha mãe, que a senhora não sofra tanto pela minha partida.".

"Fabrício, como pude errar tanto com você? Você nunca se escondeu verdadeiramente de mim, era um rapaz problemático, mas eu não queria enxergar isso. Achava que o amava, e que você tinha o mesmo sentimento por mim. Nossa, como fiquei feliz quando você disse que iria se casar comigo! Não pensei em mais nada, nem os sábios conselhos de mamãe me fizeram ver que você não mudaria por minha causa. E como sofri depois disso, como foi difícil viver aqueles dez anos com alguém que não era meu companheiro, meu amigo, meu protetor. Mas quero que saiba que nada disso é importante para mim agora, pois você me ensinou muita coisa. Como mamãe disse, eu sou quem sou hoje porque aprendi com a vida e, por consequência, com você. Eu o perdoo, Fabrício, e espero que você também esteja aprendendo com as experiências que a vida lhe trouxe."

Paula não chorava, só pensava.

"Felipe, como eu errei com você também. Poderíamos ter aproveitado tanto o nosso tempo, ter ficado mais juntos, sem tantos contratempos! De novo, pelo meu orgulho, ficamos afastados, eu não quis escutá-lo, me fiz de vítima e o expulsei do meu lado. Agora não temos mais tempo, irei antes de você. Se os livros espíritas estiverem certos, esperarei por você do outro lado da vida. Eu o amo muito e sinto por todo o sofrimento que o farei passar com a minha partida. Infelizmente, não poderemos vivenciar, nessa vida, o amor que sentimos um pelo outro."

Com este último pensamento, Paula concluiu: "Devo ter feito algo muito errado em alguma das minhas existências para ter um fim tão trágico, mas quero acreditar que, se vou passar por isso, a minha redenção acontecerá. Estou resgatando agora os meus débitos da forma que mereço.".

Acreditando-se merecedora de seu destino, ela começou a chorar por si mesma, com desesperança e medo. Depois do que viu naquele buraco, começou a imaginar o que passaria nas mãos daqueles animais antes de lhe retirarem a vida, e a temer como eles a matariam.

Estevão tentava trazer paz ao seu coração, mas a sua desarmonia estava em níveis altíssimos, chamando novamente a atenção dos outros espíritos que estavam na casa. Como um último recurso, emanando-lhe energias de puro amor, Estevão a fez se lembrar de quando pediu demissão e teve de retornar ao seu antigo lar para embrulhar os seus pertences e entregá-lo ao senhorio. Naquela ocasião, encontrou uma caixinha antiga de fotos de sua infância que ela trouxe quando fugiu de casa com Fabrício. Como já estava quase terminando de embalar tudo, resolveu abri-la e, qual foi a sua surpresa ao se deparar, entre as fotos, com uma cartinha de sua mãe que lhe foi dada em sua primeira comunhão. Como não se lembrava mais do que estava escrito nela, resolveu relê-la, e a emoção tomou conta de si porque foi muito especial a mensagem de sua mãe para ela, que iria receber o corpo de Jesus pela primeira vez em sua vida. Uma parte dizia: "A vida é uma caixinha de surpresas, muitas vezes você a abrirá e achará experiências maravilhosas para serem vividas e, em outros momentos, não. Quando você perceber que as surpresas não lhe serão agradáveis, lembre-se de que Jesus é o seu guia e Ele jamais a abandonará em suas dificuldades. Por isso, não tema jamais vivenciar as surpresas que a vida lhe trouxer. Jesus estará sempre com você.".

Diante dessa lembrança, Paula respirou fundo e tentou fazer uma oração, pois, se iria sofrer, que fosse com Jesus ao seu lado. Em uma prece muito singela, ela consegue acalmar o seu coração.

Estevão, diante daquela bênção de fé, sussurra-lhe aos ouvidos:

– Aguarde, minha amiga querida, que o socorro está vindo.

Capítulo 64

Delegado Martins estava no carro com Cleto repassando aos seus homens, por rádio, as coordenadas da chácara. Cleto havia explicado, através de um mapa, onde a chácara se encontrava, e ainda indicou todos os detalhes do local que poderiam ajudá-los a chegar na surdina para surpreender Mário.

O delegado já tinha avisado de que não poderiam saber ao certo se Mário estaria sozinho naquele sequestro, mas o pai que existia em Cleto não queria acreditar que seu filho iria colocar a vida de Paula em perigo. Não queria acreditar agora, como não quis acreditar, no passado, que Mário sabia algo sobre o paradeiro de Carmem.

Quando já estavam próximos do local, o delegado orientou os policiais a pararem as viaturas para que pudesse repassar o plano de invasão da área, apreensão dos possíveis criminosos e resgate da vítima. Após terem verificado se o equipamento de rádio auricular estava funcionando, todos foram para as suas posições.

Enquanto isso, no plano espiritual, Nestor, Gaston, Estevão e os mentores dos demais integrantes da quadrilha de traficantes estavam reunidos com os instrutores daquele grupo de policiais.

Todo o objetivo agora era levar a todos os envolvidos as bênçãos divinas para o aprendizado edificante. Da mesma forma que estava acontecendo no plano material, o grupo de auxiliares do Cordeiro estava pronto para colocar o seu plano em ação para que tudo acontecesse da melhor forma possível.

Já passava um pouco das seis horas da manhã quando os policiais chegaram ao ponto de observação. Tinham deixado a viatura muitos metros antes e estavam chegando a pé, separados e monitorando a área para a captura de possíveis comparsas de Mário.

Como o mapa de Cleto não era preciso, ele foi junto para direcioná-los por um atalho que conhecia e que os levaria às construções da chácara sem serem notados. Ele acreditava que nem Mário conhecia aquele caminho.

Neste momento, Abigail chegava com Vanessa, e Nestor as recepcionou com muito carinho. Vanessa ficou muito constrangida com a sua presença. Ela já havia sido orientada que o objetivo era evitar que alguns dos irmãos encarnados, que ali se encontravam, desencarnassem naquele momento. Os mentores dos policiais já estavam trabalhando para que nenhum deles usasse de força excessiva naquela operação.

Foi dada a ela a oportunidade de dizer como achava que seria mais oportuno agir.

— Sério? Vocês querem a minha opinião?

— Certamente, Vanessa. Você tem muitos conhecimentos que serão importantes neste momento. Se o nosso intuito é minimizar o número de mortos e feridos aqui, queremos ouvi-la.

Ultrapassando a timidez inicial, Vanessa, que já era acostumada a planejar e comandar o seu grupo, disse que, pelo pouco tempo de que dispunham, o jeito era convencer o grupo espiritual que os acompanhavam a ajudá-los nesta tarefa.

Nestor perguntou, com um sorriso nos lábios, como poderiam fazer isso.

– Muito simples, convencendo-os que, se esses homens morrerem agora, isso não lhes trará benefício algum. Daí, explicamos a eles que não terão trabalho nenhum em colaborar conosco, eles apenas não devem avisar os encarnados de que a polícia está rondando, tampouco incitá-los a responder com violência à ação dos policiais. Não se preocupem, eu faço isso.

Após o grupo de auxílio ter concordado com as ideias trazidas por Vanessa, ela foi conversar com os espíritos influenciadores, não sem antes dizer aos "da Luz":

– Vocês sabem que, mesmo que este grupo não interfira, os encarnados podem agir segundo querem, não é?

Eles concordaram com a cabeça. Abigail aproveitou e lhe disse para tranquilizá-la:

– Estarei ao seu lado quando for conversar com eles, mas somente você me verá. Tenha fé que tudo dará certo.

Enquanto isso, os policiais, quando lá chegaram, mantiveram-se em observação, pois precisavam saber se Mário tinha agido sozinho. Por um tempo razoável, não viram movimentação na casa. Mesmo com a porta da frente arrebentada e três carros estacionados, eles precisavam saber quantos eram os comparsas de Mário.

Assim, o delegado autorizou o início da operação de resgate. Um policial se arrastou para perto da casa e conseguiu ver um homem armado lá dentro, bebendo e vendo televisão. Viu também que um dos cômodos estava com a porta fechada. Na sala, ele não avistou a vítima e por isso se arrastou em direção à janela que dava para aquele cômodo fechado. Viu Paula em pé, imóvel, com as mãos amarradas, no canto do quarto e Mário, armado, perto da porta fechada. Paula parecia estar bem, apesar de abatida e acuada. Ele conversou baixinho pelo rádio com os demais policiais, narrando o que tinha visto. Logo após, fez a mesma varredura nas demais janelas e percebeu que na casa só havia essas pessoas.

O Delegado Martins já havia mandado mais quatro policiais fazerem a varredura da área, inclusive no depósito, cuja localização Cleto lhes havia passado. Este, no entanto, não contou sobre ter visto, há anos, armas e drogas ali.

Quando os policiais chegaram ao depósito, verificaram que estava aberto e puderam ver que dois outros homens estavam lá dentro, também armados, vasculhando o conteúdo de umas caixas grandes.

Avisaram ao delegado e aos demais. A operação dependia de uma ação em conjunto de todo o grupo e, ao descobrir que Mário estava com Paula no quarto, o Delegado Martins entendeu que isso poderia ser um problema para a segurança da vítima. Mandou que o policial de elite se colocasse em posição e avisasse quando Mário estivesse na mira. Quanto aos demais, era para todos esperarem.

No quarto onde Paula estava aprisionada, Mário tentava convencê-la de que ela precisava cooperar. Estava com uma arma em punho, e a sua voz deixava transparecer um certo medo:

– Paula, você pode ficar bem se você ajudar, é só se render a mim que eles não farão nada a você, prometo.

– Mário, não sei por que fez isso comigo nem porque me trouxe para cá, mas você, mais do que ninguém, sabe que eles não me deixarão viver – só conseguia pensar no corpo que encontrara no buraco.

– Eu lhe trouxe para cá porque aqui nós seríamos felizes, aqui você me respeitaria.

– Meu Deus, Mário! Você me disse que tinha uma namorada e que a amava, por que não ficou com ela? Sempre lhe disse que amava outro homem, que nós éramos apenas amigos. Por que colocou em sua cabeça que eu poderia gostar de você de outra forma?

– Eu, eu, eu não sei! – Mário exclamou, colocando as mãos na cabeça, demonstrando o quanto estava confuso. Batia de leve a arma em sua cabeça, como se quisesse desembaralhar as ideias.

Agora, Mário tinha perdido a influência de um dos espíritos desequilibrados porque Vanessa tinha tido êxito em seu plano e eles prometeram não se intrometer. Queriam apenas ficar ali, vendo o desenrolar dos fatos para dar boas risadas. Vanessa espantou-se, mas, quando se lembrou de seu passado recente, percebeu que teria tido a mesma reação.

Mário sentia-se confuso, depressivo e covarde, em razão das drogas e da falta do apoio espiritual em seu desequilíbrio, mas Gaston estava ali com ele, levando ao seu tutelado uma chuva de luz para que conseguisse se manter tranquilo naquele momento que seria de grande tensão.

Enquanto Paula e Mário conversavam no quarto, o Delegado Martins recebeu uma indicação positiva do policial de elite de que Mário estava na mira e foi informado pelos seus policiais de que os dois comparsas estavam se movimentando no depósito, dando a entender que voltariam à casa.

Martins sabia que não encontrariam outra oportunidade em que os comparsas estariam separados e, principalmente, longe da vítima. Seguindo a intuição de que o momento era aquele, imediatamente mandou que os policiais efetuassem a prisão dos dois no depósito e que os demais invadissem a casa para o resgate final. Se Mário fizesse algum movimento que colocasse em perigo a vida da vítima deveria ser abatido, afirmou o delegado para o atirador de elite.

Cleto ouvia tudo isso com o coração partido. Em sua mente, só conseguia se lembrar de seu filho pequeno, sorridente, carinhoso, que fazia de sua vida e da de Carmem uma eterna alegria. Era o presente mais precioso que tinham ganhado de Deus, mas, com o passar dos anos, na adolescência e em razão de alguns comportamentos estranhos, ele foi levado para análise médica, sendo constatado que já fazia uso de drogas. Para eles, isso foi um choque, mas o amor deles não esmoreceu. Apesar de terem passado por muitos dissabores, ele era o seu filho. Agora que estava sob ameaça de morte, seu coração parecia que ia estourar de tanta angústia.

A operação de resgate foi rápida, os dois comparsas que estavam no depósito foram rendidos sem reagir. Infelizmente, Pezão, que estava assistindo televisão, tentou atirar no policial que entrou na casa e foi atingido mortalmente.

Por fim, ouviu-se no rádio:

– Doutor Martins, a vítima foi recuperada e está bem – dizia o policial que estava com Paula sob seus cuidados.

Mário, apesar de ouvir todo o barulho do lado de fora do quarto, não teve qualquer reação e acabou capturado pelos policiais que entraram no quarto.

Capítulo 65

Letícia chega ao hospital e encontra sua mãe chorando.

— Mãe, o que houve? A senhora está bem? Papai está bem?

Verônica ainda refletia sobre as últimas descobertas de sua vida e se culpava por saber que tinha tudo, mas que até aquele momento não tinha dado o devido valor às coisas.

Quando viu sua filha entrando apreensiva naquele quarto de hospital, indo até ela preocupada, abraçando-a, percebeu que não tinha sido uma boa mãe e que, apesar de tudo, sua filha a amava e respeitava. Ela, ao contrário, brincou com os sentimentos de Letícia, tentando retirar dela a oportunidade de ser feliz, apenas porque aquele que a filha escolheu não tinha dinheiro.

"Poderia ter simplesmente aceitado o rapaz porque, com certeza, Roberto poderia oferecer a ele um emprego melhor e condições de dar a nossa filha tudo o que ela quisesse." – pensou Verônica, olhando para a sua filha, sem nada falar.

Sabia que não tinha tentado achar soluções para o bem de seu filha, só se preocupou em preservar a imagem dela perante a sociedade.

Ao se deparar com a realidade de onde veio, de suas origens humildes, isso a fazia perceber que não tinha o direito de criticar ninguém.

— Mãe, fala comigo! Está tudo bem com papai? A senhora está me assustando.

— Não precisa se preocupar, minha filha, ele ainda está no centro cirúrgico, mas com certeza ficará bem. Vamos aguardar para saber por Felipe se tudo deu certo.

— Imaginei que fosse Felipe que estaria aqui atendendo ao papai – disse Letícia sem demonstrar qualquer entusiasmo ou brilho no olhar.

Verônica percebeu a reação de sua filha e pensou como ela própria reagia diferente quando se tratava de qualquer coisa que se relacionava a Roberto. Quando eram mais jovens, ela ficava radiante só de falar no nome dele.

"Meu Deus, minha filha não sabe o que é isso. Queria que ela se casasse com Felipe, mas ela nem liga para ele. Como seria a sua vida sem amor?" – pela primeira vez, via-se pensando em mais alguém que não fosse ela mesma.

Cíntia, sua mentora, que a auxiliava em seus pensamentos e análises, levou à sua lembrança o entusiasmo de sua filha ao falar de Pierre. Sim, sua filha o amava e ela a havia impedido de ser feliz.

Verônica voltou a chorar e sua filha imaginou que era por causa do estado de saúde de seu pai, pois sabia o quanto aqueles dois se amavam e que a doença dele devia ter sido um susto enorme para a sua mãe. Ela a abraçou e a deixou desabafar suas dores pelas lágrimas que corriam intensas.

A lembrança do amor de seus pais fez Letícia se lembrar de sua própria dor. Ela também não estava bem, havia perdido Pierre e tudo o que era de mais valioso para ela tinha saído daquele carro sem olhar para trás. Todos os seus sonhos mais lindos foram retirados dela.

Os espíritos que estavam naquele ambiente sabiam que havia chegado mais um momento que faria diferença na vida daqueles que estavam ligados, vida após vida, por ações equivocadas. Por isso, era a hora da verdade.

Rafael levou ao pensamento de Letícia suas experiências anteriores com Pierre, nas quais ele dera a ela todas as oportunidades para que fosse sincera e esclarecesse suas aflições e tivesse com ele a oportunidade de resolver aquela dificuldade com os seus pais. Mas por medo ela não fez isso, e achou que poderia ir adiando o momento inevitável de sua partida. O problema é que o momento havia chegado, e a vida deu a ela o que pediu, ou seja, um tempo a mais para a sua separação.

"Eu não me dei nenhuma chance porque todas as minhas ações estavam baseadas em uma vida em que nós ficaríamos separados." – pensou Letícia, com lágrimas nos olhos.

Pela primeira vez na vida, percebia que era a única culpada por aquela separação. Mesmo que os seus pais não aceitassem o seu relacionamento, ela poderia ter agido diferente e lutado pelo que queria. Poderia tê-los enfrentando e, se eles não aceitassem a sua decisão de ficar com Pierre, iria embora com ele mesmo assim. Poderia lembrá-los de que, se eles tinham direito ao amor, ela também o tinha. "Mas eu preferi me acovardar. Eu não lutei pelo que queria!".

Mãe e filha, cada uma em seu silêncio, estavam mergulhadas num processo de autoconhecimento. A partir desse momento, diante dessas reflexões, suas ações fariam grande diferença no seu caminhar evolutivo.

Capítulo 66

Um pouco antes dessas ocorrências, Roberto encontrava-se na sala de cirurgia, mas não entendia o que estava acontecendo. Ele via muitas pessoas se mobilizando para atender alguém que parecia estar muito mal.

Observava tudo de longe até que percebeu que não estava só, uma senhora estava ao seu lado, sorrindo. Quando fixou melhor o seu olhar nela, estremeceu. Era a sua mãe, falecida há alguns anos. Uma felicidade o preencheu por inteiro e a abraçou com todo o seu carinho.

De repente, pensou: "Meu Deus, morri!".

Ela, escutando o seu pensamento, disse-lhe:

– Você não morreu, meu filho amado, ainda vive e é você quem está ali sendo auxiliado. Devido aos últimos acontecimentos você não aguentou a emoção e teve um enfarto.

— Vou conseguir me salvar, mãe?

— Veremos, filho!

Ambos se voltaram para Felipe quando este afirmou para o seu assistente que não sabia como Roberto ainda estava vivo:

— Ele não morreu por pouco! – exclamou.

Ouvindo a opinião do médico e amigo que tinha acabado de chegar, disse, aliviado:

— É o Felipe! Então, estou em boas mãos.

— Sim, meu filho, você está.

Aos poucos, Roberto foi se recordando dos últimos momentos em que esteve a conversar com sua esposa, lembrou-se da dor aguda e depois não sentiu mais nada. Lágrimas começaram a brotar em seus olhos

Imediatamente, seu quadro orgânico sofreu uma debilidade, sua pressão arterial começou a cair, levando os médicos a tomarem medidas urgentes para salvá-lo.

— Mãe, descobri que a mulher que amo não é quem eu pensava. Ela mandou sequestrar uma pessoa inocente, pura e simplesmente porque estava impedindo o possível casamento de nossa filha. Pior, mãe, também atrapalhou a felicidade de Letícia porque ela estava enamorada de um rapaz pobre. Quem é ela, minha mãe? Como pude me enganar tanto com uma pessoa?

Roberto chorava, desolado. Ao mesmo tempo, o seu quadro físico piorava, trazendo preocupação aos médicos que o estavam operando.

Madalena, sua mãe, percebendo o problema, disse a Roberto:

— Meu filho, mantenha-se em harmonia, pois, se você quiser voltar ao plano físico, precisa ajudar os médicos que estão tentando salvar a sua vida. Se me prometer que vai ficar bem, eu o levarei até Verônica. Acho que será um bom aprendizado para você.

Roberto, então, enxuga os olhos e segue a mãe, que o leva para o quarto onde mãe e filha se encontravam.

Ele as vê e sente uma emoção nova. Enquanto estamos no plano espiritual, nossas sensações e sentimentos palpitam em nós com profundidade e maior intensidade.

Verônica e Letícia estão pensativas e chorosas.

Madalena abre para Roberto algo como se fosse um painel, e ele passa a ver o que ambas estavam pensando. Ele se depara com as reminiscências de Verônica, de sua conscientização do amor profundo pelo marido e do medo de ficar só, do quanto o coração caridoso de seu marido fez com que eles se aproximassem e de sua atitude errada junto a filha, impedindo-a de ser feliz.

Ele chorava, percebendo o quanto ela estava se desnudando frente ao momento vivido. Uma intensa emoção o tomou quando Verônica percebeu que ela, mais do que ninguém, precisava valorizar a vida, pois também tinha vindo de baixo e mesmo assim Deus a tinha concedido a bênção de um marido que a amava.

Ao mesmo tempo, ele também via o martírio de sua filha. Percebia como ela sofria pela perda de seu namorado. Ele conseguiu entender todo o processo de mentiras e enganações em que ela se meteu para continuar por um pouco mais de tempo com seu grande amor. Seu coração doía de ver a filha passando por aquelas experiências, provocadas, pura e simplesmente, por preconceitos de sua mulher.

– Não, Roberto, ela não está passando por essa dor por culpa exclusiva de Verônica. Como você percebe nas próprias conclusões de minha neta, ela também poderia ter lutado pelo que queria. Você, mais do que ninguém, sabe que, se ela tivesse ido até você, toda a dor dela teria sido evitada, porque você não compactuaria com as ideias de Verônica.

– É verdade, não consigo entender porque Letícia não veio falar comigo. Por que aceitou a imposição da mãe sem me consultar?

– Faça uma análise de sua vida, Roberto. Você sempre foi um pai que deu tudo o que a sua filha precisou, mas nunca foi muito presente. Sempre esteve financeiramente na vida delas, mas nunca pôde participar de forma mais íntima. Então, não seria normal para a sua filha resolver esse problema contando com você, já que Verônica sempre foi o porto emocional de Letícia. O ponto primordial é que, quando desejamos algo, buscamos caminhos diferentes para alcançar resultados diferentes. Esses caminhos, infelizmente, não foram trilhados por Letícia até agora.

Ao ouvir as ponderações da mãe, Roberto entendia:

– Mãe, se eu voltar, não poderei mais estar com a mulher que amo. Não sei o que farei, mas não posso perdoá-la. O que ela fez foi algo tenebroso.

Percebendo que poderia ajudar Roberto, Madalena vinculou as emoções dele às da esposa, que começou a pensar em suas últimas atitudes:

"Meu Deus, o que fiz? – Verônica estava com a cabeça entre as mãos – Como pude ter feito tudo isso? Eu não refleti nas consequências de minha ação. Como não imaginei que Mário, um homem sem escrúpulos, poderia tomar uma atitude tão drástica assim? O pior é que deixei muito claro que Paula era um empecilho. Mas não a queria morta, apenas fora do caminho. Não tive a sensatez de entender que tinha pedido a ele que a sequestrasse, que cometesse um crime. Ela me deixava com muita raiva por estar afastando Felipe de Letícia, mas o que não entendo é como a minha raiva por ela podia ser tão intensa. Pensando nisso agora, chegava a ser irracional. Como pude agir desse jeito?"

Para que Roberto pudesse compreender todo o processo, foi concedido a ele, naquele momento, a dádiva de relembrar de parte do passado em que Verônica, como mãe de Paula, sofreu os impactos de ter uma filha adúltera, ladra e fugitiva. Pela atitude caridosa de Felipe, ela e as outras filhas não tinham ido para a sarjeta, porém, naquela época, era como se tivessem ido. O seu nome tinha sido manchado. O seu ódio pela filha ingrata ultrapassou todos os véus do esquecimento, levando-a a odiá-la nesta vida.

Paula, após ter fugido com Mário, deixou Verônica, Margareth e Letícia em situação muito delicada junto ao marido traído, porque ele não poderia continuar dando luxo à família de uma esposa infiel. Ele já tivera uma atitude muito digna com Vanessa e agora não poderia deixar as pessoas pensarem que não era um homem de pulso firme. Mas o seu coração não queria condenar aqueles três seres inocentes diante da falta de sua esposa. Assim, ele as deixou morar em uma casa simples, fora da cidade, com os poucos recursos que ele lhes dava mensalmente, por bondade. Verônica jamais perdoou Paula por isso.

– Isso, meu filho, não é desculpa para as atitudes atuais de Verônica, você bem sabe. Quando voltamos para o plano físico, trazemos conosco a vontade de solucionar as aflições construídas, mas para ela, por mais que fosse planejada a reconciliação entre ambas, os preconceitos falaram mais alto. Por favor, continue observando a sua esposa.

"Eu não sei por que tenho tanta raiva daquela menina, mas agora percebo que não tinha o direito de brincar com os sentimentos dos outros, principalmente os de minha filha. Foi imperdoável eu ter interferido no seu relacionamento com Pierre. Vê-la assim sem poder saber o que é viver a felicidade de ter ao seu lado o amor de sua vida, como eu tive, dói muito em mim."

Roberto estava emocionado, percebia que ela estava sendo sincera, porque o seu coração brilhava com os pensamentos emanados. Ele sentia que a transformação de sua mulher era real.

– Mãe, apesar de ela estar sendo sincera, não poderia acobertar o seu ato. Ela cometeu um crime, meu Deus!

– Filho amado, eu sei disso. Somente você poderá escolher o que fará com o que sabe, mas, se foi autorizado hoje a saber dos motivos que a movem, foi para que não a julgue nem a condene. Ela necessitará de você e de sua filha para superar esse momento. Observe mais.

"Meu Deus! – pensava Verônica – Sei que fiz errado e, se acontecer alguma coisa com aquela moça, nem sei o que faço. Perdoe-me, Pai amado, por ter agido sem me preocupar com as consequências de meu ato. Eu não me importo com o que vai acontecer comigo, só não leve o meu marido para me punir. Salve aquele que sempre foi uma boa pessoa, um bom pai e o meu melhor amigo. Ele pode não me perdoar quando souber o que fiz, mas se ele estiver bem, me sentirei feliz."

Roberto estava emocionado. Percebia que ela tinha sido inconsequente, mas estava ali, durante horas, sentindo o peso de sua responsabilidade. Sabia que não poderia eximi-la da verdade que descobrira, mas sentia que ainda amava a sua esposa e isso não poderia ser negado.

Neste instante, Roberto começou a sentir um repuxo, algo o estava atraindo quase que fisicamente para algum lugar. Madalena olhou para o filho com um olhar que demonstrava todo o seu amor e se despediu dele, dizendo:

– Filho querido, o seu momento chegou, você retornará ao seu físico. Não se lembrará de tudo, mas terá mais alguns recursos íntimos para que possa ver a vida de outra forma e auxiliar seus dois amores a encontrar a paz e a felicidade.

Roberto voltou à consciência no centro cirúrgico, ouvindo ao fundo:

– Finalmente, a cirurgia foi um sucesso!

E nada mais.

Capítulo 67

Quando Felipe saiu da sala de cirurgia, sua assistente, que tinha sido orientada a anotar qualquer recado sobre o caso do sequestro, o aguardava com uma boa notícia – sua amiga tinha sido resgatada e estava bem.

Felipe ficou parado no corredor, com lágrimas nos olhos, sem saber se ria, se chorava, se gritava.

Ele sabia que não poderia sair dali naquele momento porque precisava ver a família de Roberto, mas tinha que ligar para Margareth.

– Margareth, você ficou sabendo? Sim, soube agora. A cirurgia acabou neste momento e estarei aí o quanto antes. Somente tomarei algumas medidas com a família de Roberto e vou para sua casa. O quê? Ela está aqui, neste hospital? Você também está aqui? Então, irei para o pronto-socorro agora mesmo. Até logo!

Felipe estava radiante e, diante dos fatos, pediu à sua assistente que fosse até a família de Roberto lhes falar sobre a cirurgia e explicar a situação de sua amiga, dizendo a eles que depois iria encontrá-los. Foi direto ao pronto-socorro à procura de Paula.

Lá estava ela com Cleto e Margareth, tomando soro com um tipo de sedação para uma melhor recuperação de seu estado emocional. Estava pálida, arranhada, machucada, com o pé imobilizado, mas linda.

Felipe ficou ao seu lado, não se importando mais com nada. Deu-lhe um beijo em seus lábios, o que a fez abrir um pouco os olhos. Quando o viu, sorriu para ele, mas voltou a fechá-los.

Margareth o abraçou, sabia que Felipe estava ansioso por notícias e pediu ao Cleto que fosse com Felipe para o corredor e descrevesse tudo o que presenciou. Com lágrimas nos olhos, Cleto contou tudo que aconteceu, inclusive informou que o seu filho Mário tinha ido direto para a prisão, junto com os demais traficantes. Eles tinham achado na localidade uma enorme quantidade de armas, munição, drogas e dinheiro. Além do sequestro, eles também seriam enquadrados em outros crimes.

– Cleto, imagino a sua dor. – disse Felipe.

– Acredito que não, meu amigo, a minha dor é mais profunda ainda do que você pode imaginar. Antes de sairmos de lá, Paula disse ao Delegado Martins que descobriu um corpo quando tentava fugir, em um local perto do rio – Cleto dá um suspiro profundo. – Felipe, segundo o próprio Mário, esse corpo é o de minha amada esposa que sumiu há alguns anos e que ele dizia que tinha nos abandonado – Cleto agora soluçava com a dor que o consumia.

Felipe o abraçou como se abraça uma criança desamparada e ficaram ali alguns minutos, dando a Cleto a oportunidade de chorar verdadeiramente pela morte de sua esposa.

Estavam ainda no corredor quando, vendo aquele senhor chorando nos braços de Felipe, Letícia pensou que Paula tivesse morrido e interrompeu a sua marcha, colocando a mão na boca com um olhar de desespero.

Felipe, vendo o estado de Letícia, pediu desculpas a Cleto e veio até ela. Percebeu que tinha imaginado o pior e então abraçou-a, dizendo que a sua amiga estava bem.

Letícia tinha medo da desconfiança que preenchia o seu coração sobre a participação de sua mãe naquela tragédia. Quando a assistente de Felipe chegou ao seu quarto e deu a notícia sobre o resultado da cirurgia e do porquê de Felipe não estar ali com elas, sua mãe caiu em um choro compulsivo, como se tivessem tirado uma culpa dilacerante de suas costas.

Foi Verônica quem disse para Letícia ir visitá-la, saber como ela estava. Letícia não tinha dúvidas de que sua mãe sabia a quem a assistente de Felipe se referia. Somando isto ao que sua mãe tinha lhe falado no dia anterior com relação ao fato de Paula ter sido raptada, tudo dava margem às mais graves desconfianças.

Felipe, então, leva Letícia até o quarto, apresentando-a a Margareth. Ela cumprimentou Margareth e se virou para Paula, que estava com os olhos fechados. Sentiu um carinho enorme e espontâneo pelas duas e, vendo-as, não podia crer no que sua mãe tinha lhe falado sobre elas.

Voltando-se para Felipe, perguntou:

— Felipe, o que aconteceu com ela? Sua assistente nos disse que ela foi sequestrada. Meu Deus!

— É verdade, Letícia, foi sequestrada por um conhecido dela. Passou maus bocados nas mãos dele, até porque não estava sozinho e os amigos de Mário eram muito perigosos. Deve ter sentido muito medo.

Letícia olhava para Paula enquanto Felipe explicava. Sentia pena dela e imaginava as dificuldades que poderia ter passado nas mãos daqueles homens. Não queria pensar mal de sua mãe, mas tinha quase certeza de que ela tinha algo a ver com isso.

Enquanto pensava, Paula abriu os olhos, viu Letícia e sorriu para ela, o que fez com que esta, automaticamente, pegasse em sua mão e a confortasse com o olhar. Felipe e Margareth perceberam que a atitude de Letícia foi espontânea e carinhosa, trazendo-lhes grande conforto.

Felipe sabia que o momento era aquele e que não poderia mais se furtar a tomar uma providência real quanto ao término de seu relacionamento:

— Letícia, gostaria de apresentá-la a minha futura esposa.

Letícia, Margareth e a própria Paula se surpreenderam com aquela declaração, mas Letícia, mais do que ninguém, sabia que ele não poderia mais esperar. Se a amava, depois do que aconteceu, não hesitaria mais em ficar perto dela e protegê-la. Sem soltar a mão de Paula, Letícia disse-lhe:

— Felipe, fico muito feliz por vocês dois. Entendo os seus sentimentos e não vou mais segurá-lo em um relacionamento que não tem qualquer futuro para ambas as partes. O seu compromisso comigo está desfeito e, mesmo não podendo falar com papai agora, quando ele estiver bem, farei com que ele entenda os nossos sentimentos. Espero que vocês possam ser felizes juntos por toda a vida.

Paula sentiu muita paz com Letícia e, mesmo sabendo que ela era a antiga namorada de Felipe, não se importou com isso. Simplesmente gostou dela e não queria que fosse embora. Enquanto fechava os olhos pelo efeito dos remédios, não largou a mão de Letícia, como se fosse uma grande amiga. Esta, por sua vez, não saiu do seu lado enquanto não percebeu que tinha dormido.

Margareth chamou Felipe no canto do quarto e lhe disse:

— Duas almas que se reencontram. Sinto que crescerá daí uma bela amizade.

Capítulo 68

Na delegacia, Mário estava muito assustado. Estava em uma cela com outros detentos, mas não conhecia nenhum daqueles. Gaston estava ao seu lado, aguardando a chegada de Abigail com Vanessa para que outra etapa do resgate se fizesse. Ali, naquele cantinho da cela, ficava balbuciando que não tinha sido ele.

Ambas chegaram naquele ambiente muito conhecido desta última. Perceberam que as lembranças de Mário o atormentavam.

Sem que Abigail pedisse, Vanessa foi até Mário e viu que os pensamentos dele pareciam um filme que passava lento e sem sentido. Tinha se drogado há poucas horas e sua condição psicológica não ajudava.

Então, ela começou a ajudá-lo a trazer discernimento aos seus pensamentos, fazendo com que se lembrasse de ter escutado tiros e muito barulho. Conseguiu também se lembrar de que não tivera qualquer reação para fugir ou mesmo para usar sua arma para se proteger, o que foi melhor para ele. Viu o que aconteceu com Pezão: por ter reagido, foi morto sem piedade.

Abigail estava orgulhosa de Vanessa, ela fazia tudo aquilo com muito carinho. Não sentia nela nenhum sentimento menos digno; ao contrário, fazia aquilo para que Mário pudesse entender suas ações e, por consequência, crescer com aquelas experiências o mais rápido possível.

Relembrava os seus sentimentos quando viu o seu pai, ali, ao lado daqueles policiais. Não acreditava que o seu próprio pai o tinha traído e trazido a polícia para prendê-lo. Quando Cleto tentou falar com ele, reagiu como se a culpa de tudo o que estava vivendo não fosse um reflexo de suas próprias escolhas:

– Não fale comigo nunca mais. Como você teve coragem de trair o seu próprio filho? Trouxe os policiais até mim para me prejudicar. Você não é mais o meu pai.

Cleto ficou arrasado e isso trouxe uma enorme satisfação para Mário.

Enquanto os policiais o colocaram sentado ao lado dos demais comparsas, perto de uma das paredes da casa sede ele viu Paula, chorando, ir ao encontro de seu pai como uma criança que se aconchega nos braços de um conhecido. Cleto a levou para descansar em uma das viaturas da polícia.

Mário percebe que Paula faz gestos para o delegado que, neste momento, estava orientando os demais policiais para que vasculhassem toda a chácara atrás de mais armas, drogas ou outro tipo de provas que pudessem caracterizar outros crimes praticados por aquela quadrilha.

Quando pôde, o delegado foi até ela, que lhe falou alguma coisa. Mário, abaixando a cabeça que latejava freneticamente, somente a ergueu quando Cleto veio até ele gritando:

— Como você teve coragem? Como você teve coragem de matar a sua própria mãe? É ela, não é? Naquela cova rasa? Ela fazia tudo por você. Você era o bem mais precioso que tinha na vida!

Mário não conseguiu sustentar o olhar de seu pai, aquelas palavras o atingiram como uma punhalada em seu coração. Jamais imaginou que Cleto descobriria o segredo sobre o paradeiro de sua mãe. Nesta hora, Mário sente-se acuado e, como um menino temendo o castigo, fala com voz fraca:

— Não fui eu que a matei, pai, não fui eu. Foi Pezão que a matou porque ela descobriu o nosso segredo e ele me ameaçou, dizendo que, se eu o delatasse, mataria a mim também e ao senhor.

Mário chorava e ficava dizendo, alienadamente, como para se convencer:

— Não fui eu, não fui eu. Minha mãe, perdoe-me, perdoe-me.

O delegado levou Mário para que pudesse mostrar onde estava escondido o corpo de sua mãe e esclarecer com detalhes como foi que ocorreu a sua morte.

Se antes estava com raiva do pai, agora ele só queria o seu amparo. Com dificuldade, falava para os policiais como se descrevesse um filme do qual ele não fazia parte. Tudo estava sendo filmado para condenação futura. Depois que mostrou onde estava o corpo de sua mãe, não viu mais o seu pai. Tinha sido demais para ele. A decepção estampada em seu semblante era evidente.

Quando voltou para a sede da chácara, seu pai já tinha ido embora.

Mário tinha dificuldade de entender todo o processo, ainda sofria os efeitos das drogas, o que lhe acentuava alguns sintomas de debilidade mental, mas, com a ajuda de Vanessa, estava iniciando o seu processo de recuperação.

Ali, naquela cela cheia de bandidos, repetia para si, insistentemente, como ele próprio arruinara a sua vida.

Capítulo 69

No dia seguinte ao do resgate, Paula já estava em casa. Era noite quando a campainha tocou. Era Felipe, e trazia uma visita inesperada: Letícia.

— Olá, Paula! Espero que a minha visita não a incomode – disse Letícia, timidamente.

— Claro que não, Letícia! Adorei que pôde vir hoje com Felipe.

Antes de Paula sair do hospital, Letícia tinha ido até ela, mais uma vez, para conversarem. Ficaram ali quase duas horas como se fossem velhas amigas, e quando Felipe disse que precisava levá-la para casa, as duas combinaram que se veriam de novo.

Apesar da linda amizade que nascia, Letícia estava vivendo um momento bastante desgastante. Roberto ainda estava no hospital e Verônica enfrentava os seus dilemas legais e morais.

Quando Roberto acordou de sua cirurgia, tinha em seu consciente alguma lembrança daquela experiência no plano astral junto à sua mãe. Sentia que não trouxera consigo todas as verdades que lhe foram apresentadas, mas o seu ser estava apto para fazer a escolha de perdoar Verônica e apoiá-la em seu momento de dificuldade.

Não houve necessidade de ele ou de Letícia a questionarem sobre nada, pois ela mesma, logo cedo no dia seguinte, confessou o seu crime. Aproveitou o momento em que Felipe entrou no quarto para ver Roberto e contou tudo.

Verônica explicou sua participação no sequestro e aproveitou o momento para confessar as suas atitudes equivocadas na tentativa de impedir que Letícia continuasse o seu relacionamento com o rapaz pobre da Europa. Falava e chorava, pedindo perdão.

— Mãe, não fique assim. Não posso deixar de dizer que o que a senhora fez com a Paula foi horrível. A senhora, talvez sem perceber, deu a Mário carta branca para ele fazer o que quisesse com ela, até matá-la. Mas não posso ficar bem comigo mesma se der às costas para a senhora agora, quando mais precisa de mim. Eu a amo e tentarei ajudá-la no que puder. Quanto ao meu relacionamento com Pierre, também tive culpa pelo término de meu namoro. Então, não quero jogar sobre a senhora a culpa que também é minha.

Roberto só olhava para Verônica, com lágrimas nos olhos. Não podia falar muito tampouco se emocionar, mas sentia que tudo aquilo, apesar de ser muito grave, merecia o seu perdão e que tanto ele como a filha não podiam abandoná-la agora em sua infelicidade.

Felipe, no entanto, pensava: "Como Verônica pôde fazer uma coisa dessas? Foi por isso que ela teve aquela reação ontem quando me viu. Olhou-me com medo porque já sabia do sequestro e tinha receio do que eu poderia descobrir.".

— Felipe, sei que para você deve ser mais difícil aceitar tudo o que fiz, mas só peço a você que entenda que eu realmente acreditava estar ajudando você e Letícia. Todo o resto é indefensável e, em razão disso, quero que todos saibam que vou me entregar. Arcarei com as consequências de meus atos. Ligarei para o advogado da família pedindo orientação para o meu caso.

Felipe não sabia o que dizer, era tudo muito difícil. Pediu licença e saiu daquele quarto que o estava sufocando. Pensou em ligar para Paula, mas sua intuição disse que não era o melhor a fazer naquele momento.

Diante de sua família, Verônica criou coragem e ligou para o advogado.

Antes de o delegado Martins tomar qualquer providência no tocante à prisão de Verônica, pois Mário já a tinha entregado, ela se apresentou na delegacia e, diante de sua apresentação espontânea e sem ter havido flagrante, não foi presa, mas o inquérito policial estava sendo formulado contra ela e os demais criminosos.

Naquele mesmo dia, Letícia queria contar para a sua nova amiga sobre a participação de sua mãe em seu sequestro. Por isso, pediu a Felipe que a levasse para vê-la, e é assim que vamos encontrá-la chegando à casa de Paula naquela noite.

— Paula e Margareth, o que tenho para lhes falar não é fácil para mim, mas prefiro que vocês saibam pela minha boca e não pelos jornais que circularão amanhã ou nos próximos dias.

Respirando profundamente, Letícia começou:

— Minha mãe está sendo processada juntamente com o Mário pelo seu sequestro, Paula.

Ante a reação de surpresa das duas, Letícia falava com dificuldade, vergonha e lágrimas nos olhos, mas não se intimidou e continuou:

— Ela, sabendo que Mário gostava de você, incentivou-o financeiramente para que a levasse para longe de Felipe, porque entendia que você era uma interesseira que queria estragar o meu futuro com ele. Ela me mostrou um dossiê sobre o seu passado, conseguido por meio de um investigador particular. Nele está registrado que você foi amante de um bandido, que era ladra e péssima filha, entre outras coisas. Sei que vocês têm tudo para nos odiar a partir dessa minha confissão, mas ela é minha mãe e não posso deixar de apoiá-la. Meu pai e eu entendemos que a lei tem de ser aplicada e não queremos, nada mais nada menos, do que os benefícios que a própria lei pode dar a ela. Se ela tiver de ficar presa, teremos que aceitar, mesmo com dor no coração. O que posso dizer para vocês é que ela está muito arrependida e realmente não pensou que fosse fazer tanto mal a você.

Paula escutava tudo com os olhos cheios de lágrimas. Era difícil lembrar tudo o que tinha passado, mas pensar que a mãe de Letícia tinha agido de forma que aquele sofrimento a atingisse doía muito. Lembrou-se de que Mário falara com ela sobre uma tal de Verônica.

Margareth, por sua vez, estava tentando entender suas emoções. Aquela informação lhe causava profunda dor e ela tentava não ser injusta com aquela moça inocente que estava ali procurando redimir sua mãe de uma ação intolerável.

Com a graça de Deus, eles não estavam sozinhos, seus mentores estavam ali, preparados para aquela revelação. Até Felipe precisava de Pérsio naquele momento, porque ele tinha aceitado levar Letícia para conversar com Paula sobre o ocorrido, mas ainda não tinha aceitado tudo o que ouvira no hospital. Cada um se posicionou para auxiliar os seus tutelados, levando-lhes a possibilidade de ficarem bem para compreender aquela experiência de vida.

Os espíritos ali presentes impulsionavam os pensamentos de seus tutelados para a ideia de que nenhum deles chegou ao ponto de pagar alguém para cometer um crime. Mas será que poderiam ficar impunes se tivessem de passar pelo tribunal de suas consciências?

Paula tentava raciocinar sem as emoções que a sufocavam. Ao ouvir do dossiê com o relato de suas ações, sentiu em sua face o tapa das próprias dificuldades e, pelo que Letícia descrevera, ele não continha mentiras. Olhando para o seu passado, via que sua história não era bonita, ela realmente foi companheira de um bandido e "a outra" de sua vida. Antes, tinha abandonado sua mãe à própria sorte, com problemas de saúde e retirado de seu lar muitos objetos que não lhe pertenciam. Ora, não tinha sido isso mesmo que Felipe pensava dela desde o início? Sua mãe poderia ter morrido em um dos enfartes que teve pelas suas atitudes egoístas e de filha mimada.

Estavam todos calados e Letícia mantinha-se cabisbaixa, sem saber o que fazer. Ela jogara uma bomba naquela família e estava ali aguardando o quê? Sentindo que deveria falar alguma coisa e sair, Letícia pronunciou-se:

— Peço desculpas por trazer mais dor aos seus corações, por isso, vou-me embora.

— Letícia! – disse Paula num rompante – Por favor, perdoe-nos. Realmente você está certa quando disse que trouxe aos nossos corações mais dor, mas não se culpe por isso. Primeiro, porque você não pode ser responsabilizada pelas atitudes equivocadas de sua mãe; segundo, quem somos nós para apontarmos o dedo e a julgarmos? Quem fará isso será a justiça dos homens e a de Deus, e não nós. Espero estar falando por nós três quando afirmo que, se não quero odiar Mário que agiu como agiu, não quero odiar a sua mãe também. Não desejo construir essa prisão de ressentimentos para mim, estou cansada de reafirmar valores que só me trazem mais sofrimento por causa da preservação de um orgulho que precisa ser trabalhado em mim de melhor forma.

Paula olhou para todos e, vendo que Felipe e sua mãe concordavam, continuou:

— Quando afirmo que nos trouxe mais dor, estou me referindo à necessidade que cada um de nós tem de analisar o seu íntimo e lembrar que somos falíveis e que erramos muito nesta vida. Quando estava naquela chácara, tive tempo de pensar nas besteiras que fiz e percebi que ainda tenho muita coisa para aprender. Em razão do meu orgulho, não falei para vocês sobre o que Mário tinha feito comigo antes e a verdadeira razão para eu não ter mais saído com ele.

Paula respirou profundamente, acreditava que precisava fazer também as suas confissões e contou que não tinha sido a

425

primeira vez que Mário a tinha sequestrado, que ele já havia tentado estuprá-la e, por muita sorte, conseguira fugir dele. Mas, por vergonha e para salvaguardar o seu orgulho, não teve coragem de falar para ninguém. Seria o mesmo que admitir que ela errara, e a sua mãe, novamente, acertara sobre a índole de alguém com quem se relacionava.

– Talvez, mamãe, se eu tivesse lhe contado, não teria me deixado ir com ele, e deixaríamos de vivenciar momentos de tão grandes traumas. Naquele cárcere, percebi que muitas dores pelas quais passei foram em decorrência de valores deturpados que possuo e que me impedem de ser realmente feliz.

Com a cabeça baixa e falando baixinho, confessa:

– Também não contei a vocês que tive a oportunidade de matar Mário naquela chácara, peguei a arma dele enquanto estava dormindo. Tive muita raiva dele e, por poucos segundos, eu quis fazer isso. Poderia ter evitado metade do meu sofrimento, e possivelmente todos justificariam a minha ação, mas em meu coração eu sabia que não era o certo a fazer, que, se fizesse aquilo, estaria vinculada negativamente a ele pela eternidade afora.

Com lágrimas nos olhos, olha diretamente para Letícia e diz:

– Eu descobri em você uma grande amiga e não quero perdê-la por escolher, de novo, o caminho obscuro do orgulho equivocado.

Depois, Paula levantou-se do sofá e foi dar um abraço apertado em sua nova amiga, que ela sentia como se fosse uma irmã.

Ao se afastarem, ela lhe suplicou:

— Compreendo a sua atitude de ajudar sua mãe e lutar para que ela possa sobreviver a esse momento que acredito ser de muita dor para a sua família. Só não me peça, agora, que eu aceite as medidas que ela tomou contra mim. Não desejo nada de mal a ela, mas ainda me dói muito lembrar tudo o que passei.

— Entendo perfeitamente, e tenha certeza de que nem eu nem mamãe exigiríamos isso de você, é por isso que ela não está aqui.

Felipe percebe que é o momento de descobrir algumas verdades que poderiam ser descortinadas por Letícia. Assim, perguntou:

— Letícia, já que você veio aqui para nos esclarecer sobre o que aconteceu, talvez possa nos trazer luz a questões para as quais ainda não temos respostas.

— Claro, Felipe. Se puder ajudar, ficarei feliz.

— O que exatamente aconteceu naquela última festa? Você sabia que eu já não a amava, mas mesmo assim ficou cheia de carinhos comigo.

Letícia ficou rubra.

— Naquela festa, mamãe tinha me pedido para conseguir umas fotos de nós dois juntos para afastar você e Paula. Como já falei para vocês, nós pensávamos que Paula fosse uma interesseira que o estava enganando. Pensando assim, concordei com mamãe em atendê-la. Somente depois, mamãe me explicou como iria conseguir o seu objetivo. Quando soube, fiquei chocada com tudo aquilo.

– Renata participou desse plano?

– Infelizmente, tenho que dizer que sim. Mamãe prometeu a ela uma recompensa por qualquer informação útil sobre vocês. Quero que entendam, entretanto, que o dossiê de Paula não nos dava margem a duvidar sobre sua má índole. Sinto muito, Paula. Acredito que ele deve ter sido forjado.

– Infelizmente, não foi, ele é verdadeiro. – disse Paula, cabisbaixa.

– Paula, não é assim! – disse Margareth em sua defesa.

– É assim mesmo, mãe, não quero mais viver de mentiras e preciso enfrentar o meu passado.

Paula respirou fundo, olhou para Felipe e Letícia e prosseguiu:

– Errei muito quando jovem, era uma filha que não enxergava a mãe maravilhosa que tinha. Sempre tive muito amor por mamãe, mas não percebia que ela me amava tanto que se sacrificava por mim. Pode parecer absurdo, mas eu achava que era obrigação dela fazer tudo por mim. Então, jamais a ajudei nos serviços domésticos, a pagar as contas de casa, em absolutamente nada. Quando conheci Fabrício, foi pior. Achei que ela queria que eu ficasse sempre ao seu lado e não me deixaria ser feliz. Então fugi com o homem que amava e carreguei junto muitas coisas que não me pertenciam. Se Fabrício nunca foi honesto comigo, eu também não fui com a minha mãe.

Paula parou de falar e olhou nos olhos da mãe, como a pedir desculpas pelo seu comportamento. Margareth sorriu para a filha compreensivamente, e ela retomou sua confissão:

— Fabrício me fez juras e promessas de amor eterno, mas era casado com outra que esperava um filho dele. Segundo Mário, ele teve algum problema sério que o forçou a sair da cidade. Como, além da inocência, eu tinha recursos financeiros para ajudá-lo, me iludiu para fugirmos juntos. Não sabia de seus negócios desonestos nem de sua família, mas também jamais quis saber, jamais questionei seus comportamentos estranhos.

Felipe já tinha ido se sentar ao seu lado, abraçando-a, para que tivesse forças para continuar as suas confissões. Olhando para ele, finalizou:

— Diante de tantos equívocos, posso dizer que aprendi muito com as minhas trapalhadas, mas não posso condená-los por terem pensado coisas negativas sobre mim.

— Paula, o que percebo — disse Letícia — é que todos nós já erramos. Uns um pouquinho mais que os outros, mas todos nós estamos aprendendo. Não posso condená-la, porque também sofro pelas escolhas erradas que fiz. Felipe, jamais deveria ter aceitado as artimanhas de mamãe, mas, pelos vários motivos já expostos, eu acreditava que o estava ajudando. O que você não sabe é que em Londres me apaixonei perdidamente por um rapaz pobre, trabalhador e esforçado. Quando liguei para minha mãe para lhe contar, ela não aceitou o meu relacionamento. Por medo, por covardia, não lutei por esse amor e hoje o perdi. Por isso, entendo o amor de vocês dois. Espero que nunca desistam um do outro e que sejam muito felizes juntos.

Por mais que eles tivessem perguntas a fazer, parecia que todo o resto perdera a importância. O que importava era o futuro.

Capítulo 70

Os dias seguintes foram muito difíceis para todos. As manchetes dos jornais falavam sobre a participação de Verônica no sequestro da namorada oculta de seu futuro genro. Foi um escândalo na sociedade, e ninguém acreditava que ela pudesse estar envolvida num crime tão terrível como aquele. Os jornais não perdiam a oportunidade de sujar a reputação dela, dizendo horrores sobre sua origem humilde e os possíveis motivos que a levaram a participar do crime.

Letícia e Roberto faziam o possível para que ela sentisse o apoio deles, mas estava sendo muito difícil. Tudo o que Verônica mais prezava estava ruindo: sua reputação e posição perante a sociedade. Ela não saía de seu quarto desde que fora à delegacia, chorava muito e pedia para o médico lhe dar tranquilizantes fortíssimos. Nem ir ao hospital ver Roberto ela conseguia. Letícia não sabia mais o que fazer até que sua avó, mãe de Verônica, chegou à sua casa.

— Vovó, que bom que a senhora está aqui. Por que não nos avisou que viria? Mandaríamos um motorista ir buscá-la.

— Minha neta querida, não se preocupe, estou aqui para ver Verônica. Onde ela está?

Letícia, com medo de sua mãe não ser muito acolhedora naquele momento, diz:

— Ela não está muito bem, como a senhora sabe. Talvez seja melhor avisá-la de que está aqui.

— Não se preocupe, eu sei me virar com sua mãe. – falou Fátima, subindo em direção ao quarto da filha.

Bateu na porta, não ouviu nenhum som. Bateu de novo, ninguém respondeu. Então, abriu a porta devagar, percebeu que o quarto estava escuro e alguém estava deitado na cama. Sentou-se na beirada da cama e começou a fazer carinho nos cabelos daquela que era o seu presente divino.

Verônica dormia e Fátima observou que há muito tempo não podia fazer isso em sua filha. Como ela pôde se afastar tanto dos seus pais? Fazia muitos meses que ela nem ligava para saber como estavam. Roberto sempre fora um genro excelente e queria que os pais de sua esposa fossem morar com eles. Ela e o marido sabiam, entretanto, que Verônica não ficaria satisfeita, que sempre tivera vergonha deles e de sua origem humilde. Então, tentou levá-los para um bairro melhor, mas dona Fátima não queria sair do lugar em que moravam.

Enquanto acarinhava a filha, Fátima se lembrava de como foi difícil para ela engravidar. Foram anos tentando e, quando já tinha perdido as esperanças, foi surpreendida com uma gravidez de risco. Teve de parar de trabalhar como empregada doméstica e isso piorou muito a condição financeira do casal, mas ambos sabiam que aquele bebê era muito importante. No sétimo mês, Verônica nasceu e ficou mais quarenta dias lutando pela vida numa UTI neonatal pública. Apesar do susto, saíram de lá com o presentinho de Deus nos braços.

Fátima sorria com as lembranças da infância de Verônica, que sempre foi muito alegre e determinada. Infelizmente, também não aceitava as dificuldades pelas quais passavam e culpava a mãe por ela não trabalhar para melhorar a condição de vida deles.

Fátima teve uma complicação no parto e vivenciou uma quase morte e, como sequela pelo tempo em que ficou sem oxigenação no cérebro, teve uma paralisia severa de um lado do corpo, impossibilitando-a de trabalhar. As cobranças que recebia da filha a faziam sofrer muito em vários momentos.

Seus pensamentos foram interrompidos por Verônica, que acordava.

– Mãe, o que faz aqui?

– Sabia que precisava de mim, então estou aqui.

– Como a senhora soube? Leu nos jornais?

– Liguei para seu marido como sempre faço e ele me contou, filha. Como você está?

– Estou muito mal, mãe. Nunca imaginei que pudesse sentir tanta dor e tanto remorso por uma ação inconsequente que tive.

– Minha filha, então abandone o remorso e vamos atingir o arrependimento, porque o primeiro escraviza e o segundo, liberta.[1]

Verônica começou a chorar, lembrou-se de como era bom conversar com sua mãe quando tinha dificuldades emocionais. Todas as vezes em que se via em conflitos íntimos, via em sua mãe uma fonte de carinho e sabedoria. Fátima era uma benzedeira, uma conselheira para muitos vizinhos que, desprovidos de recursos financeiros, a procuravam em busca de curas físicas e emocionais. Verônica achava que ela deveria cobrar aquelas consultas, mas a mãe se recusava firme e repetidamente a fazer isso: "O que de graça recebi, de graça dou.".

– Mãe, não sei o que Roberto lhe falou, mas o que fiz foi horrível.

– Se você sabe que o que fez foi ruim é porque tem consciência de sua ação, e isso é um bem precioso. O pior é quando não temos consciência do que fizemos e não podemos dar a nós mesmos condições de modificar nossas ações e sentimentos.

Fátima, como boa médium que era, dava lugar para Cíntia intuí-la, levando à sua filha algumas palavras de conforto e também de aprendizado:

---

[1] O remorso é uma reação impiedosa ante os nossos erros, provocando em nós punições emocionais severas; o arrependimento já é um estágio mais avançado, em que compreendemos o nosso erro e trazemos para nós a capacidade de mudanças no nosso pensar e no nosso agir. O primeiro nos escraviza às emoções desequilibrantes e o segundo nos liberta de nossas culpas ante o conhecimento que estamos adquirindo. (Nota do autor)

— Está na hora de você mudar, Verônica. Por anos, pedimos que você observasse as suas emoções e, por consequência, as suas atitudes quando contrariada. Agora, depois de muito plantar, terá de colher os frutos de suas ações, mas não tema. Deus nos dá apenas fardos que conseguimos carregar, pois Ele é o nosso grande professor, justo e bom.

— Você não entende, minha mãe! O que fiz me levará à prisão!

— Minha filha, por quantos anos você se encontrou aprisionada por suas ideias preconceituosas? Por quanto tempo você se deixou aprisionar por sua vaidade e orgulho desmedido, meu amor? Eu bem sei o quanto você ama a mim e ao seu pai, mas não vinha nos ver porque a sua vergonha a impedia. Está na hora de se libertar dessas convicções, de entender que podemos estar livres fisicamente, mas aprisionados por nossas crenças equivocadas. Da mesma forma, podemos estar fisicamente em uma prisão, mas nos sentirmos livres em nossa consciência emocional.

Fátima parou de falar alguns minutos para deixar Verônica pensar. Depois, continuou:

— Sabe o que vejo acontecer agora? Antes mesmo de se ter um veredito sobre o seu crime, você já se aprisionou. Não deixe de aproveitar a sua família, use o tempo a seu favor, invista em sua mudança interior. Se você prejudicou alguém, vá até ele e peça perdão. O que posso dizer a você é que, se essa pessoa não conseguir perdoá-la agora, isso faz parte do processo, mas você terá dado o primeiro passo para o seu autoperdão.

Verônica abraçou a mãe como há muito tempo não fazia. Como ela a amava! Como ela pôde abandonar os pais e não entrar em contato com eles? Ela sabia a triste resposta: tinha vergonha deles.

Ficaram assim por alguns preciosos minutos. Depois, Verônica levantou-se da cama e foi se arrumar. Enquanto tomava banho, conversava com sua mãe, como fazia quando era criança. Perguntou sobre o seu pai, se estavam bem, sobre coisas que ela não sabia porque simplesmente não ligava para saber.

Quando terminou de se arrumar, deu a mão à sua mãe e desceu para ver a família. No meio da escada, ela parou, estava com medo dos olhares dos empregados e começou a temer o julgamento dos outros.

Ary, seu antigo comparsa espiritual, ainda estava fazendo o seu serviço, tentando colocar na cabeça de Verônica como seria vergonhoso ser criticada por seus empregados. Logo eles que, até então, não eram ninguém para ela.

Verônica queria desistir e voltar para o quarto, mas sua mãe a abraçou e lhe disse:

– Viva a vida e não se aprisione por seus pensamentos equivocados, pois não somos seres especiais, apenas filhos de Deus aprendendo a caminhar.

Com a energia do amor de sua mãe, Ary foi automaticamente afastado de ambas, não conseguindo mais influenciar Verônica.

Ele foi para o quarto dela, que ainda estava impregnado da energia desequilibrante que precisava para respirar. Ary não entendia porque Vanessa não aparecia nem o chamava para lhe dar outras instruções, estava ficando preocupado. Não gostou daquela história de ela ir sozinha para aquela chácara, mas foi uma exigência dela e ele não discutia as suas ordens. Pelo que ouviu dizer, Vanessa não conseguiu o seu intento e agora, depois de tantos dias, ainda não tinha aparecido.

Pensando nisso, resolveu chamá-la. Nada. Diante de sua ausência, decidiu que não poderia continuar ali. Mandou alguns de seus colaboradores ficarem com Verônica e saiu para procurar Vanessa. Nada. O que tinha acontecido? Começou a ficar preocupado, não podia acontecer nada com ela, ele não permitiria.

Quando Ary começou a pensar em Vanessa, esta sentiu automaticamente o seu chamado, mas se encontrava internada e adormecida, num processo regenerativo do perispírito que a impossibilitava de ir até ele. Abigail, que a acompanhava, percebeu a sua aflição e foi até ele para descobrir o que estava acontecendo.

Ary não podia vê-la. Estava no quarto de Vanessa procurando algo que pudesse mostrar-lhe o que tinha acontecido, mas não havia nada ali. Sentou na cama e, parecendo desesperado, colocou a cabeça entre as mãos como se não soubesse o que fazer.

Abigail foi até ele e emanou uma energia reconfortante, quase sonolenta, e sem pensar muito ele se deitou naquela cama e começou a pensar sobre a sua vida e sobre Vanessa: "Minha vida neste plano mudou quando a conheci, ela era inteligente e determinada, e eu, um bronco. Como me senti importante quando ela me escolheu como seu aliado e braço direito! E agora eu não consigo achá-la. E se ela foi pega pelos "da Luz"? Eu não me perdoarei.".

Abigail queria que ele analisasse os seus sentimentos, pois em todos esses anos em que obedeceu Vanessa jamais se permitiu observá-los.

"E se ela foi capturada? Como a recuperaremos? Sempre ouvi falar que, depois que eles capturam alguém, não há retorno. Mas eu não poderia viver sem ela. Ela é o cérebro."

Ary, sonolento, deixava as defesas mais frouxas e Abigail conseguia levar-lhe os pensamentos adequados à sua autoanálise: "Será que é só por isso que não quero perdê-la? Não, ela também é minha única amiga e, por muitas vezes, me ajudou, não porque eu era o seu braço direito, mas porque se importava com ele, eu via isso em seus olhos.".

Abigail deu, então, a cartada final, fazendo com que ele se lembrasse de um detalhe interessante: "Por que eu a vejo com roupas e penteado diferentes? Ela sorri para mim com os olhos brilhantes e o meu coração bate descompassado, minha boca está seca. Sim, lembro-me, ela é jovem e rica e eu sou um mero cavalariço, nos amamos e não podemos ficar juntos. Seu pai nos descobriu juntos em uma tarde, nos beijando, e me mandou para muito longe. Disse-me que, se eu aparecesse por aquelas bandas, me mataria. Fugi como um cachorro sarnento, mas nunca me perdoei por isso. Algum tempo depois, numa briga de bar, fui esfaqueado numa traição e morri. Mas, mesmo morto, eu a encontrei e fiquei com ela. Eu alimentava nela os desejos carnais que tínhamos quando estávamos juntos e nada podíamos fazer. Quando ela se casou com aquele velho, mantive-me ao seu lado, o que lhe trazia uma fome sexual que nunca era saciada pelo marido. Vi Vanessa se envolvendo com outros homens, mas sabia que era a mim que ela queria. Poderia ter quantos homens quisesse, mas, ainda assim, não seria suficiente. O problema é que a descobriram, e isso a levou à desgraça. Eu sabia que a culpa era minha e então a abandonei. Lutei com todas as minhas forças para não procurá-la. Quem sabe ela seria mais feliz sem mim... O que será que aconteceu para ela chegar nesse plano num estado em que não a reconheci? E a culpa foi minha.".

Ary deixava as lágrimas rolarem por sua face desgastada. Eles não se reconheceram, mas o seu amor por ela ainda estava íntegro. E agora, onde ela está? Agora que se lembrava de tudo, ela tinha sido retirada de novo do seu lado.

"Não aguento mais isso, estou cansado desse sofrimento e meu coração está partido por tê-la perdido de novo. Não sirvo nem para protegê-la." – pensava transtornado.

Abigail sabia que este era o momento, deixou-se aparecer devagar, diminuindo ao máximo a sua luz angelical.

Ary ficou com medo, queria sair dali, mas não tinha forças. Levantou-se da cama com dificuldade.

– Olá, Ary! Sou Abigail, amiga de Vanessa. Sei onde ela se encontra, gostaria de vê-la?

– Como posso saber que não é uma armadilha para me capturar? Não acredito que Vanessa tivesse uma amiga entre os "da Luz".

– Como não? Por mais que nos percamos em nossa jornada evolutiva, construímos pelos nossos caminhos os amigos e amores. E estes estarão dos dois lados de nossas escolhas: nas trevas e na luz.

— Então, por que não os vi até agora?

— Você permitiu a aproximação deles? Você se abriu para enxergá-los em seu viver? Até este momento, você tinha se lembrado de Vanessa e reconhecido quem era ela?

Ary abaixou a cabeça. Não queria que a "da Luz" visse a sua vergonha.

— Ary, são muitos os que o aguardam deste lado, que rezam todos os dias para que possa enxergar o seu lado humano. O fato de no passado ter fugido diante da ameaça do pai de Vanessa não o transforma em um cão covarde.

— Mas é isso que sou.

— Vocês não se reconheceram fisicamente, mas se identificaram imediatamente pelos sentimentos, por isso a união livre e sincera de ambos. Você quer saber por que não se reconheceram? Por ter se entregado à vida promíscua, ela teve o corpo espiritual desgastado; você, por acreditar ser um animal sem valor e covarde, por se entregar de corpo e alma à bebida, teve também o seu perispírito modificado por sua própria ação e vontade, quando se convenceu que não era nada além de um cão sarnento, então...

Abigail abre a porta do armário de Vanessa e faz Ary se deparar com a sua imagem num espelho.

Ele toma um susto. É claro que já tinha se visto, outras vezes, no plano astral, mas nunca tinha se fixado em sua imagem. Ele era uma figura humana que lembrava a forma de um cão cheio de chagas.

— Isso é uma enganação sua, não sou assim!

— Não sou eu quem o engana. Quando desejamos, quando acreditamos, nosso corpo espiritual toma a forma que queremos. Você precisa deixar de acreditar que é um cão, para deixar de sê-lo.

— E, apesar dessa minha aparência, Vanessa não me repudiou?

— Como disse, vocês se identificaram.

Ary caiu sobre os joelhos e chorou. Chorou por tantos desenganos e desencontros. Quando se acalmou, escutou de Abigail:

— O convite ainda é válido, Ary. Sei onde Vanessa se encontra. Quer vê-la?

Com um sinal de cabeça, Ary afirma que sim.

Abigail, então, o abraça e o leva dali.

Capítulo 71

Voltando no tempo, vamos encontrar Pierre acordando melhor, após o seu cochilo. Tinha resolvido que iria aproveitar aquele dia para espairecer e não agir sem pensar. Preferiu passear pelas ruas, já que não tinha conseguido fazer isso antes, quando esteve naquela cidade a negócios.

Adorou sentir o sol, ver a praia com aquele povo alegre, comer peixe frito e tomar cerveja gelada. Tentava decidir se deveria voltar para Londres ou ficar mais tempo para dar uma chance à Letícia de se explicar.

Mas o problema era que não havia o que explicar, tudo já tinha sido dito: ela não podia ficar com ele e não tinha coragem de lutar contra os pais que não o aceitavam. Doía pensar que o amor que ela tinha por ele não era suficientemente forte para encorajá-la. Mas não estava sendo justo, pois Antony pediu que fosse o mais honesto possível em relação aos fatos e ele sentia que não estava sendo justo com ela. Sabia que era insegura, que o amor dela por ele poderia ser imenso, fato que sempre demonstrou em seu olhar, em seu sorriso, mas a sua fragilidade também o era. "O que fazer então? – pensava ele – E se ela desistir do mestrado? Nunca mais a verei! É o que quero? Não, não é. Talvez ela precisasse de minha presença ao seu lado para se sentir forte a fim de lutar contra o preconceito de seus pais.".

Pierre passou o dia buscando conselhos em seu coração. Antony deixou que ele usasse de seu conhecimento para fazer as escolhas sem a sua influência, pois todos os instrumentos já lhe haviam lhe sido entregues e tinha condições de fazer isso sozinho.

Quando chegou ao hotel, já tinha resolvido que aguardaria mais uns dias, porque Letícia precisaria de um tempo para o restabelecimento cirúrgico de seu pai e depois disso não estaria tão fragilizada para conversar com ele.

Passados dois dias, no entanto, foi surpreendido pelas manchetes dos jornais sobre o sequestro e o envolvimento de Verônica. Não queria acreditar no que lia.

Diante das circunstâncias, Pierre entendeu que não poderia mais esperar e ligou para Letícia. Vendo que era o número do celular de Pierre, ela atendeu, ofegante.

– Alô!

– Oi, Letícia! É o Pierre – parou de falar. Não sabia como continuar e tinha medo de ela não querer ou não poder falar com ele naquele momento.

Mas foi ela que continuou:

– Oi, Pierre! Como você está? Já voltou para Londres?

— Não, estou no Brasil — e parou por alguns minutos sem saber se devia continuar. Eu, eu vi as manchetes, como você está?

— Nem sei lhe responder isso, foram tantas surpresas nestes últimos dias que... — Letícia não conseguiu mais e chorou comovida. Ouvir a voz de Pierre era tudo o que queria, mas o queria ali com ela e não separado por um fio. Precisava dele.

— Letícia, quer que eu vá até aí?

— Sim, quero muito, estou tão abatida, Pierre! Foram tantas revelações, tantas dores. Preciso de você, preciso do seu carinho. Mesmo que não me perdoe, só de estar ao meu lado, hoje, me dará forças para continuar enfrentando esse momento.

Ela forneceu o seu endereço e, em seguida, ele se dirigiu para lá.

Quando desligou o celular, viu sua mãe descendo as escadas com a sua avó. Seu sorriso se abriu, ela enxugou as lágrimas e foi até elas para mostrar o quanto tinha ficado feliz com aquela iniciativa.

Quando Verônica se sentou, Fátima foi até a cozinha preparar algo para ela comer, pois tinha certeza de que não comia há algum tempo.

Letícia e Verônica estavam a sós, sentadas na sala, e ela aproveitou para falar:

— Mãe, apesar de tudo o que já conversamos, gostaria de saber se a senhora deixou de ser contra o meu relacionamento com Pierre.

— Sim, minha filha, não sou mais contrária a vocês ficarem juntos. Somente quando eu estava no hospital, pensando que poderia perder o seu pai, foi que percebi o quanto um relacionamento sem amor pode ser devastador. Entretanto, imagino que mais uma vez serei um empecilho para a sua felicidade. Depois de tudo que fiz, talvez o seu antigo namorado não vá querer estar com você. Muitos dos nossos amigos se afastarão em razão do meu crime.

— Eu imagino que sim, mãe, mas ele me ligou agora e o chamei para vir aqui. Pierre viu os jornais e ligou preocupado.

— Fez muito bem em chamá-lo, minha filha. Não o perca por minha causa. Se precisar, eu mesma pedirei desculpas a ele pela minha insensatez de querer afastar vocês dois.

— Obrigada, mãezinha. Se ainda houver alguma possibilidade de reatar nosso namoro, não queria fazer isso sem o seu consentimento. O do papai eu já tenho, ele conversou comigo sobre o assunto e chegou a dizer que daria um cargo importante para Pierre em suas empresas. Mas ainda não sei se ele vai me perdoar, eu não lutei por ele nem pelo nosso amor. Mas sei que tem um coração de ouro e talvez tenha vindo somente para me dar apoio neste momento de dificuldade.

— Minha filha, escute o seu coração quando forem conversar. Se ele a ama, vocês reatarão.

Fátima retornou da cozinha com um pratinho de sopa porque imaginou que qualquer coisa mais pesada poderia lhe trazer um desconforto estomacal, em função do tempo em jejum a que imaginava que Verônica tinha se submetido. Entregou-o à filha pedindo desculpas por ainda ser cedo para tomar sopa, mas achava que ela precisava se alimentar e não lanchar.

Quando Verônica sentiu o cheirinho daquela sopa que ela adorava, o seu apetite se abriu e tomou a sopa com prazer. Enquanto isso, mãe e filha lhe faziam companhia e conversavam sobre assuntos triviais.

Continuavam a conversar animadamente quando a campainha tocou. Imediatamente, Verônica e Letícia ficaram apreensivas, cada uma por um motivo diferente.

Um empregado foi abrir a porta e veio comunicá-las que o senhor Pierre estava aguardando na sala de visitas.

— Filha, o que quer que façamos?

— Mãe, preciso enfrentar essa situação sozinha, pois sempre tive muito medo a minha vida toda. Mesmo com a minha família sempre ao meu lado, eu tinha medo. Está na hora de pegar as rédeas de minha vida e enfrentar os meus medos, tudo depende só de mim.

— Estaremos esperando aqui, e fique tranquila que vai dar tudo certo.

Letícia entrou na sala de visitas com o coração aos pulos, tentando não pensar negativamente sobre o que iria acontecer. No entanto, quando viu Pierre, todo o seu medo se esvaiu.

Ele abriu os braços para ela, que se lançou neles como se fossem boias de salvação. Chorou sentidas lágrimas, sem nada falar. Ficaram muitos minutos ali, calados, sentindo a presença um do outro. Por fim, Pierre quebrou o silêncio:

— Imagino que não está sendo fácil para você enfrentar esse momento de grandes dificuldades familiares.

— Não, não está. Mas, apesar de tantos contratempos, meu pai internado e minha mãe sofrendo dores morais intensas, nossa família vive uma união que há muito não tínhamos. Meu pai tem conversando muito comigo nesses últimos dias, fazendo-me conhecer um lado dele que não pensava existir; minha mãe deixou de lado toda a soberba de que se armava para viver cada dia de sua vida e hoje está mais humana.

— Então, apesar da dor, esse momento está sendo importante para todos vocês.

— Sim. Até a minha avó que sempre tentou fazer parte de nossa vida, mas que minha mãe não permitia por vergonha de sua origem, está aqui conosco. Quando a vi, pensei que mamãe daria uma desculpa e a mandaria embora, mas isso não aconteceu. Estão na cozinha conversando como velhas amigas.

— Fico feliz que você esteja bem.

— Não, Pierre, não estou bem, porque nós não estamos juntos.

— Infelizmente, Letícia, não depende de mim.

— Eu sei que o magoei, que não fui honesta com você em muitos momentos, mas quero que entenda que para mim era muito difícil me afastar de você. Na primeira vez em que nos separamos, foi um martírio ficar longe, principalmente sabendo o quanto gostávamos um do outro. Agora, é muito pior, porque sei que o magoei. Perdoe-me, Pierre. Eu o amo.

— Mas por que você não lutou por nós? Por que chegou a Londres me dizendo que estava tudo acabado com Felipe e me permitiu apresentá-la a todos como minha futura esposa, se você não queria isso?

– É isso que você não entende. Eu queria, queria muito que tudo o que estava acontecendo conosco não tivesse fim e que eu não precisasse voltar para o Brasil para encarar um noivado do qual eu, há muito, já havia desistido. Mas não tive forças para lutar com os que eram contra o nosso relacionamento. Quanto a isso você tinha razão, fui uma covarde.

Ela secou as lágrimas que teimavam em cair. Apesar do sofrimento, não queria que ele a visse assim, fragilizada. Queria provar para ele que tinha mudado, mas não era fácil.

– Pierre, depois que nos separamos, muita coisa mudou, eu mudei. Se ainda acha que vale a pena viver ao meu lado, perdoe-me.

– Você quer isso mesmo, Letícia? Não sou um pobretão que não poderá dar a você um futuro de luxo e tranquilidade?

– Não me importo com isso, sei que faremos do nosso futuro o melhor para nós e isso não me assusta mais. Por favor, acredite em mim, perdoe-me pela minha imaturidade.

– Eu já a perdoei, Letícia. – disse, abrindo um sorriso maroto. Antes mesmo de ver as notícias nos jornais eu já tinha decidido procurá-la, elas só adiantaram o que já tinha planejado. Acreditei que precisava de um pouco mais de tempo para resolver os problemas de seu pai, mas, quando vi as notícias, imaginei que precisava de mim.

Depois de se reconciliarem, o casal foi até a cozinha para que Pierre fosse devidamente apresentado.

– Mãe, vovó, este é Pierre, o amor da minha vida!

Dona Fátima levantou-se imediatamente para poder abraçar o seu futuro neto. Verônica, enquanto Letícia estava conversando com ele, explicara tudo para sua mãe, não omitindo nenhum detalhe de sua má conduta em relação à tentativa de interromper aquele relacionamento.

– Verônica me contou o quanto vocês se gostam e já dou a minha bênção para este belo casal!

Verônica levantou-se, mas não conseguia encará-lo, estava muito envergonhada, tinha medo de que ele a rejeitasse e julgasse, com razão, por todo o peso de suas próprias faltas. Antes que ela pudesse ter qualquer reação, ele foi até ela e a abraçou com muito carinho. Ela, então, chorou pacificamente em seu ombro.

Aquele dia foi muito especial para todos. Durante a manhã, Pierre, Letícia, Fátima e Verônica conversaram e se conheceram. À tarde, ele foi levado ao hospital, sendo apresentado para Roberto. A alegria deste não tinha tamanho quando viu a felicidade de sua filha e a presença de sua esposa ao seu lado, sorrindo. Letícia já o havia informado de que Verônica não conseguia visitá-lo porque estava tomando remédios fortes para adormecer e quase não comia. Quando Roberto viu sua sogra junto com Verônica, percebeu que Deus não os havia desamparado, já que bênçãos estavam acontecendo para aliviar as dores sofridas.

Roberto não tinha contado para ninguém sobre a sua experiência espiritual, mas, desde que acordou da cirurgia, sentia a sua mãe ao seu lado, mesmo sem poder vê-la. Também sentia o ambiente ao seu redor e, em alguns momentos, a presença de irmãos espirituais que o confortavam diante de seus pensamentos mais pessimistas.

Quando Letícia precisava se ausentar para ver Verônica, ele ficava somente com a acompanhante e tinha tempo para pensar em tudo o que estava acontecendo. Então, uma dor aguda o perturbava, quando ele imaginava o futuro de sua esposa.

Uma parte dele queria levá-la para fora do Brasil, para que não fosse submetida às mais degradantes experiências aqui, mas ele sabia que não podia fazer isso, não depois de ter visto que a existência não se resumia àquela vida material.

Precisava deixar que ela passasse por aquela experiência dolorida, mas a consciência não retirava dele a dor de ver alguém que ele amava sofrer as amarguras de uma escolha equivocada.

Perdia momentos pensando nos motivos que a levaram a agir daquela maneira. Ela havia confessado que tinha agido assim porque acreditava estar ajudando Felipe, mas naquela noite em que passou mal, quando estava embriagada, sem os freios da moralidade, afirmara os seus verdadeiros sentimentos.

E, quando ele relembrava as suas palavras, o coração lhe doía. Não era fácil pensar que a mulher que ele idealizara por toda a sua vida não correspondia à realidade. Mas uma coisa era certa: ela havia se arrependido ou, pelo menos, estava sentindo na pele o equívoco praticado. E ele não podia esquecer que tivera a oportunidade de saber um pouco sobre o seu passado, demonstrando como a nossa vida tem reflexos mais abrangentes do que a nossa visão alcança.

Diante disso, foi surpreendido quando a família chegou em peso. Uma sensação muito agradável o dominou quando Pierre parou ao seu lado. Sabia que não estava só. Como não conhecia muito bem o assunto, preferia nada mencionar até que pudesse buscar informações a respeito. Já tinha solicitado ao seu assessor que providenciasse a compra de alguns livros espíritas para ele. Quando todos chegaram, estava com três livros sobre a cama e não sabia por qual começaria.

– Pai, o senhor é espírita?

– Não, minha filha. Mas estou curioso sobre o tema. Depois que a gente quase morre, começa a achar importante descobrir o que existe do outro lado da vida – disse, dando um sorriso sem graça. – Mas admito que não sei por onde começar.

Pierre escuta Antony e diz:

– Acredito que o melhor é começar pelo O livro dos espíritos. Se o senhor tem perguntas, é nele que vai achar as respostas.

Todos olharam para Pierre, inclusive Letícia. Ele sorriu humildemente.

– Você entende sobre o assunto, Pierre? – perguntou Roberto, ávido.

– Não posso dizer que entendo porque, quanto mais estudamos, mais parece que nada sabemos, mas já li muitas obras espíritas.

– Então, enquanto as mulheres vão conversar na lanchonete, pode ficar aqui e me responder algumas perguntas?

Elas riram muito enquanto se dirigiam para a lanchonete porque, sem perceber, Roberto havia expulsado as mulheres do quarto.

Roberto e Pierre ficaram ali conversando sobre alguns pontos que interessavam muito a Roberto: vida após a morte, relação dos entes queridos que desencarnaram com aqueles que ficaram, possibilidade de se lembrar de experiências no plano espiritual e muitos outros.

Verônica ainda estava muito insegura em andar fora de casa, sentia que todos estavam olhando para ela e a recriminando. Por isso, pôs um lenço ao redor de sua cabeça para disfarçar um pouco a sua identidade. Percebendo o desconforto, Fátima e Letícia começaram a falar de coisas engraçadas e banais, fazendo com que Verônica risse espontaneamente e se esquecesse de seus problemas.

Quando retornaram, encontraram os homens bem compenetrados conversando. Já era hora de saírem, mas Verônica dispensou a auxiliar de enfermagem contratada para acompanhá-lo durante a noite. Todos se surpreenderam, mas sabiam que, em seu íntimo, mudanças estavam acontecendo.

Antes de irem, no entanto, Verônica fez a mãe prometer que iria com o seu pai em sua casa no dia seguinte. Felipe já os havia informado de que Roberto teria alta no dia seguinte se nenhum inconveniente mudasse o seu quadro, e ela queria que seus pais estivessem lá quando chegassem do hospital.

O motorista então levou Fátima para a sua casa, e Letícia e Pierre para a casa dela. Ambos tiveram muito tempo para conversar e tirar todas as dúvidas que ainda pudessem existir e que maculariam o seu relacionamento.

Capítulo 72

Nas semanas seguintes, muita coisa aconteceu.

Roberto teve alta como Felipe prometera, mas ficaria de licença do trabalho por algumas semanas ainda, embora já estivesse conseguindo trabalhar em casa com o auxílio de seu assistente, que levava as suas ordens para a empresa, e de sua filha, que já o surpreendia com suas ótimas ideias e iniciativas.

Pierre teve de voltar a Londres para continuar o mestrado e trabalhar. Letícia, por faltar somente a sua tese, conseguiu do curso a possibilidade de permanecer no Brasil, indo de vez em quando a Londres para conversar com o seu orientador quando não conseguisse resolver algo virtualmente, e para matar as saudades de Pierre.

Verônica reatou os laços com seus pais que começaram a conviver mais com a família, indo visitá-los com frequência. Dia a dia, Fátima conseguia levar consolo à sua filha por meio de conceitos mais cristãos.

Vendo que Roberto agora era um leitor assíduo da Doutrina Espírita, Verônica quis saber um pouco mais sobre o assunto e isto os aproximou ainda mais nos momentos difíceis de suas vidas.

Paula e Letícia ficavam cada vez mais amigas e, em uma das idas à casa da amiga, Paula viu nas estantes os livros espíritas e comentou sobre sua surpresa ao saber que ela também gostava daquela filosofia. Ela disse que o seu namorado e seu pai eram leitores também, mas que ela quase nada sabia sobre o tema.

— O que a faz acreditar que existe vida após a morte, Paula?

— Para falar a verdade, quase todas as religiões acreditam em vida após a morte, pois dizem que a alma é imortal. Mas se me perguntar o que me faz acreditar em reencarnação, diria que é o fato de eu acreditar que Deus é bom.

— Como assim?

— Ora, minha amiga, pense comigo, para que víssemos bondade no Pai, as coisas precisariam ser mais equilibradas. Não podemos olhar ao nosso redor e afirmar que Deus é bom e justo diante do que vemos acontecer todos os dias. Vemos pessoas em circunstâncias e valores tão diferentes, criadas por Ele para essa existência, sem igualdade nenhuma! Qual a metodologia que Ele se utiliza para dar aos seus filhos uma única vida, em que uns sofrem muito com doenças, miséria, fome e outros vivem as bênçãos de uma vida privilegiada? E ainda, qual o critério que Ele se utiliza para dar a bondade espontânea para uns e a maldade incrustada para outros?

— Não tinha pensado sobre esse prisma.

– E, diante dessa visão, fico pensando que, se todos fôssemos amados pelo Pai, como disse Jesus, o que a mãe de Mário fez de tão mal nesta vida para ser assassinada da forma que foi, tendo o seu filho como cúmplice em sua morte?

– É verdade.

– É mais coerente imaginarmos que o que nos leva a ter uma vida boa ou não tão boa são as nossas ações anteriores e não que Deus acabou de nos criar e, por um sorteio aleatório, escolheu onde nasceríamos, com qual família viveríamos e se seríamos pobres ou ricos, doentes ou sãos, bons ou maus. Para que eu entenda a figura do Deus bom e justo trazida por Jesus, a teoria das vidas sucessivas é a que melhor preenche o meu coração. Foi por meio dela que não desisti de lutar naquele cárcere, foi por causa dela que não matei Mário quando tive a oportunidade. Temos de ser responsáveis pelo que vivemos hoje, e para isto precisaríamos ter tido outra vida antes, na qual agimos bem ou mal e aprendemos ou não com aquelas experiências, trazendo-nos reflexos justos dessas ações para o nosso aprendizado nesta vida.

– Meu pai me contou que ele, quando estava sendo operado por Felipe, reencontrou minha avó já falecida. Pensei que estava delirando por causa dos efeitos dos medicamentos, mas ele me contou a conversa que tive com a minha mãe enquanto estava em cirurgia. Falou-me sobre os meus pensamentos mais íntimos no tocante à minha covardia de não lutar pelo meu relacionamento com Pierre. Fiquei até arrepiada quando ele me contou.

– Ao mesmo tempo em que esse tipo de relato nos impressiona, também nos traz muito conforto em pensar que sempre existirá alguém que nos ama e nos protege. Sei que estava sob muito estresse na chácara, mas tinha certeza de que não estava só. E eu, realmente, quero acreditar que jamais estive só.

Num rompante, Paula diz para Letícia:

— Se você quiser, venha conosco numa das reuniões na casa espírita que frequentamos, tenho certeza de que muitas dúvidas poderão ser esclarecidas.

— Eu adoraria! Talvez os meus pais também queiram ir... – de repente, Letícia para de falar e pede desculpas.

— Falei sem pensar, Paula. Acredito que não é o seu desejo ver a minha mãe.

Paula estava de cabeça baixa, sentira o incômodo que aquela ideia havia lhe trazido.

— Está tudo bem, Letícia, mas, realmente, ainda está muito recente.

— Eu compreendo, não se preocupe.

Apesar daquele desconforto entre ambas, a amizade delas se fortalecia sempre mais.

Capítulo 73

Ary foi levado por Abigail até Vanessa. Chegando ao hospital espiritual, ele pôde vê-la, por um vidro, e se assustou com a aparência de seu grande amor. Ela estava linda, deitada em seu leito, dormindo tranquila.

Emocionado, perguntou:

— Como pode ser? Ela está igual a quando eu a conheci em nossa última existência, maravilhosa.

— Meu amigo, ela venceu a si mesma quando perdoou aos que imaginava serem os seus algozes, transcendeu aos sentimentos que lhe conservavam as enfermidades de seu corpo perispiritual. Agora, está se recuperando de seus vícios emocionais e logo poderá viver uma vida com um ideal mais elevado.

— Isto quer dizer que não poderei ficar ao lado dela — afirmou Ary, sentido.

— Por que me diz isso?

— Porque não posso ficar ao lado de um anjo. Sou um animal, lembra?

— Você só continuará sendo um animal se quiser. Já ultrapassou essa etapa evolutiva e hoje só se apresenta com essa fisionomia porque acreditou nisso. Está somente em você a vontade de se redimir perante si mesmo e se reconstituir como o ser humano que é. Ary, ela o aguarda há muito tempo. Vá até ela.

Ele olhou para Vanessa do outro lado do vidro. Como poderia estar com ela? Como teria a pretensão de que ela o amasse de novo com aquela aparência horrível? Não, ele não queria vê-la. Abigail, tendo ciência de seus pensamentos, lhe diz:

— Se não quer estar mais ao seu lado, pelo menos fale isso diretamente a ela. Você viveu um inferno em sua vida por ter fugido sem se explicar. Tenha coragem para enfrentá-la e se despedir dela.

Abigail mexeu com seu amor-próprio, ele não poderia ser covarde novamente. Vanessa merecia uma explicação do porquê de ele não poder mais estar com ela, mesmo que fosse preciso lhe contar uma mentira.

Assim que ele entrou no quarto, ela abriu os olhos. Quando o viu, sorriu. Ela sabia, ela se lembrava dele, e seu coração batia descompassado. Todo o amor que sentia por ele floresceu. Ela aguardou que chegasse mais perto.

— Ary, que bom que veio! Pensei que não fosse me dar a oportunidade de conversar com você e pedir o seu perdão.

Tinha medo de que não me perdoasse por tê-lo abandonado em nossa meta inicial.

Ele, não aguentando a sua culpa, ajoelhou-se ao seu lado e começou a chorar. Soluçando, disse:

— Como pode me dizer que tenho de perdoá-la se sou eu que tenho de suplicar o seu perdão? Será que você se lembra de mim? Será que, se soubesse quem fui, estaria falando comigo?

Parou de falar porque a emoção o impedia de continuar. Após alguns segundos, disse:

— Vanessa, fui eu que a abandonei quando precisava de mim, fui eu que, após o desencarne, fiquei ao seu lado e a incitei ao apetite sexual desenfreado, a ponto de trair o seu marido e ser expulsa do seu lar. E depois, achando que estava lhe fazendo muito mal, abandonei-a novamente, sozinha, para viver as amarguras de uma vida desgraçada.

— Ary, sei quem você é e não me importo com esse passado, pois quero liberdade. Vivi tanto tempo escravizada aos sentimentos menos dignos que não quero voltar ao estado anterior por não querer compreender o seu momento. Tive oportunidade de trabalhar para os "da Luz", Ary, e não posso perder isso de novo.

— Então, os sentimentos que nutria por mim não existem mais?

— Ao contrário, eu os tenho mais intensos e puros. Agora, sei por que tínhamos a sensação de que precisávamos ficar juntos quando estávamos encarnados, o porquê de não conseguirmos nos afastar um do outro levando-nos a descumprir as regras de conduta de nosso tempo, o porquê de nos aproximarmos neste plano da vida e continuarmos juntos, apesar de não nos reconhecermos. É porque nos amamos desde sempre.

— Mas você disse que quer ser livre!

— Quero ser livre das minhas ideias de vingança, para viver o nosso amor sob a orientação de Jesus, porque o amor deturpado que abraçamos somente nos tornou escravos dos sentimentos mundanos, levando-nos ao trágico final de nossas vidas terrenas. Se tivéssemos percebido que não poderíamos ir contra as regras que nos exigiam um comportamento diferente, teríamos vivido como o programado e alcançaríamos o sucesso das metas contidas em nossa programação de vida.

Ary entendeu que ela não estava diferente apenas fisicamente, tinha mudado o modo como se expressava e as ideias que trazia. Doía-lhe pensar que eles teriam de se afastar. Então, ele a ouviu pedir:

— Quero que me atenda em um pedido: preciso fazer de tudo para ajudar aquela família a qual estávamos atrapalhando. Infelizmente, agora, não posso fazer nada porque Abigail me disse que era o momento de me curar. Mas não terminei o que precisava fazer para que eles alcançassem a paz retirada por nós. Por favor, Ary, com ajuda de Abigail, faça isso por mim.

— Como dizer não a você, Vanessa? Você é a mulher que eu amo, foi minha amiga quando não nos reconhecemos e ainda é a minha chefe. Se me pede para ajudar eu irei fazer isso, só não sei como.

— Com a ajuda de Abigail, perceberá que é muito simples. Confie nela como você confiava em mim.

— Mas, depois disso tudo, o que será de nós, Vanessa?

— Descobriremos juntos, meu querido.

Eles se abraçaram com lágrimas nos olhos, Vanessa tinha esperança no olhar e Ary, receio do trabalho que estava prestes a realizar.

Abigail entrou no quarto e, após acomodar melhor Vanessa em seu leito, levou Ary para o seu novo recomeço.

Capítulo 74

Letícia tornou-se frequentadora daquele centro, junto com Felipe e Paula. Roberto também começou a ir com o apoio de Verônica, embora esse não tivesse sido imediato.

Quando Letícia contou que iria ao centro, Roberto e Verônica se empolgaram para ir junto. No entanto, Letícia foi muito sincera, explicando a situação delicada que seria formada se Verônica fosse.

A primeira reação de Verônica foi ficar muito chateada, e seus pensamentos foram povoados pelas antigas ideias. Sentia-se como uma vítima sendo perseguida, e um pensamento recorrente a inflamava: "Quem ela pensa que é?". Cíntia veio imediatamente em seu socorro.

Os comparsas de Ary ainda estavam presentes, estimulando o desequilíbrio em qualquer um que desse abertura. Enquanto Ary ou Vanessa não voltassem, realizariam a sua tarefa com fidelidade.

Percebendo a necessidade, Cíntia buscou ajuda, mentalizando Nestor. Este, imediatamente, recorreu a Abigail, informando-lhe que o momento chegara. Estava na hora de Ary agir.

É importante lembrarmos que os nossos pensamentos são de nossa propriedade, mas eles podem ser alimentamos por aqueles que nos acompanham. Por mais que Verônica quisesse fazer mudanças em sua vida elas não seriam imediatas, pois não evoluímos aos saltos. Precisamos entender cada etapa. Por isso, se pensarmos em alguém saltando para atingir conceitos muito elevados, notaremos que gastará energia para dar o grande salto, mas cairá a poucos passos de sua origem. Ou seja, conseguimos agir por um tempo conforme as novas ideias que nos trazem consolo, mas estaremos sempre aptos para agir conforme a nossa natureza antiga até que o novo conceito seja absorvido por nós. A nossa evolução é assim.

Abigail e Ary chegaram à casa de Roberto e, quando os capangas de Ary o viram, foram até ele cumprimentá-lo. Estranhou, porém, o fato de ninguém perceber a presença de Abigail. Ela fez um sinal de silêncio e ele os levou para longe dos encarnados, dizendo que precisava lhes dar novas orientações.

Sem a presença dos espíritos e com a ajuda de Cíntia, Verônica conseguiu enxergar que tais pensamentos não a auxiliaram antes e não seria agora que a ajudariam a passar por aquele momento tão difícil. Enquanto estava tentando se recuperar intimamente, Roberto foi impulsionado a perguntar com carinho o que trazia em seu coração, se queria que eles procurassem outro local para frequentarem juntos. Com aquela atitude, Verônica percebeu o quanto era amada e isto a auxiliou a perceber que não estava sendo colocada de lado ou punida por sua ação, entendendo que a reação de Paula era natural.

— Roberto, meu querido, não precisa. Vão vocês dois e, se gostarem de lá, não deixem de ir por minha causa. Quando chegarem em casa, poderão me passar todos os ensinamentos importantes. Eu ficarei bem.

Roberto e Letícia abraçaram Verônica com muito carinho porque sabiam que, para ela, era um passo difícil de dar.

Enquanto isso, no plano espiritual, Ary colocava em prática o que Abigail tinha lhe orientado. Estava fazendo aquilo por Vanessa, ela lhe havia feito um pedido e ele não a decepcionaria.

Abigail instruiu-lhe que, para ajudar aquela família, teriam de ajudar primeiro os espíritos que a estavam prejudicando. Ele precisava levar cada um dos seus companheiros a repensar suas atitudes e, para isso, pedira-lhe que se abrisse às intuições mais sutis, pois ela o ajudaria.

Ary sentia-se incompetente, não tinha ideia do que ela estava lhe falando, mas não podia demonstrar que não sabia. Abigail, ao contrário do que ele imaginava, conhecia o que se passava em seu coração, mas nada disse. Sabia que daria conta da tarefa.

Assim, Ary levou os parceiros para a central, lugar onde eles se reuniam de vez em quando para dar as ordem de praxe. Estavam todos o aguardando. Eles eram em número de cinco, todos muito fiéis.

— Meus amigos, Vanessa nos mandou para uma empreitada diabólica e, como é uma tarefa das mais complexas, precisaremos, cada um de nós, resolver algo diferente. Por isso, aguardem, que eu indicarei as missões de cada um.

À parte, Ary foi chamando um por um para determinar sua missão e dizia que, ao final, Vanessa lhe dava a liberdade de escolher a melhor direção a ser tomada. Cada um, por sua vez, achou isto muito estranho já que não tinham muita liberdade nas tarefas a que eram submetidos, mas não questionaram.

Cada uma das missões indicadas por Ary levava aqueles irmãos a se deparar com amores preciosos que se encontravam sob as mais diversas influências. Alguns estavam perdidos e necessitavam de abrigo e auxílio, outros protegiam aqueles que seriam os seus alvos.

Cada um dos comparsas foi se deparando com suas experiências, percebendo o caminho errado que estava trilhando. Perceberam que Ary tinha lhes dado sua carta de liberdade.

Ary e Abigail acompanharam o progresso gradativo de cada um deles e ele, mais e mais, compreendia o que era abraçar o trabalho redentor do Cordeiro. Seu coração explodia de alegria e emoção a cada resgate daqueles que até ali foram os seus companheiros de trabalho. Eles se deixaram levar pelos "da Luz" para a recuperação de seus corpos perispirituais, de suas mazelas mentais ou emocionais, tendo em seus corações a gratidão pelo ato de Ary e de Vanessa. Ao final de quase um mês, todos tinham sido resgatados.

Como a casa de Verônica estava livre da presença desses espíritos, os encarnados alcançavam mais harmonia em seus corações e, por consequência, em seu lar.

Quando o marido e a filha iam para as reuniões de estudo no centro, o coração de Verônica ficava tranquilo na companhia de Ary, que a auxiliava a compreender o seu momento. Quando voltavam, eles conseguiam repassar a ela os ensinamentos que recebiam. Verônica estava gostando muito dos estudos e Ary também aprendia com eles.

Após três semanas indo às reuniões, ao final de uma delas, Letícia contou para Paula que Pierre chegaria na semana seguinte. Todos estavam muito felizes, pois Felipe e Pierre também tinham se tornado grandes amigos. Com isso, vários encontros foram marcados para que fizessem muitas coisas juntos enquanto ele estivesse no Brasil. Os planos incluíam irem às reuniões de estudo que Pierre ansiava por conhecer e participar.

Capítulo 75

Em um sábado, estavam todos juntos na casa de Felipe numa recepção simples para Pierre. Ali se encontravam ainda Letícia, Paula, Margareth, Marcelo e Margot.

O clima era de descontração quando Felipe chamou a atenção de todos para um pronunciamento.

— Meus amigos, estamos reunidos aqui porque o nosso amigo Pierre chegou de viagem e queríamos que se sentisse acolhido por todos nós, mas tenho de confessar que não aceitei participar desse encontro apenas por esse motivo. Gostaria que todos fossem minhas testemunhas da resposta que desejo da mulher que amo – e, abraçando Paula, mostra uma caixinha de veludo e diz: você é muito especial para mim e desejo viver ao seu lado o resto de minha vida. Você quer se casar comigo?

Paula, juntamente com todas as mulheres da festa, estava sorrindo emocionada. Ela não desconfiara de nada, embora notasse que ele estava de muita conversa com Margareth nos últimos dias. Mesmo assim, jamais imaginou que pudesse ser isso.

Felipe continuou:

— Quando imaginei que nunca mais a veria de novo, tive a certeza de que queria passar o resto de minha vida com você e que podemos ser naturalmente surpreendidos por um afastamento inevitável de um momento para o outro. Não há porque levarmos mais tempo para tomar essa decisão. Quero que viva ao meu lado e, com a bênção de amigos tão queridos, gostaria que aceitasse o meu pedido.

Paula, emocionada, abraça Felipe e responde entre beijos:

— Claro que aceito, Felipe. De todo o meu coração, eu aceito.

Ambos mantiveram o abraço sob os aplausos dos amigos que, com certeza, só queriam que eles fossem felizes. Eles, então, marcaram o casamento para dali a dois meses.

Aquela reunião foi muito especial nos corações daqueles que só se queriam bem.

Capítulo 76

A reunião de estudo na casa espírita acontece sempre às terças-feiras. Margareth, Paula, Felipe, Roberto, Letícia, Pierre, Marcelo e Margot estavam presentes para assistir à palestra que falava sobre o perdão aos inimigos.

As palavras do palestrante tocaram fundo no coração de Paula. A palestra tinha como base uma passagem de O evangelho segundo o espiritismo, que dizia:

> Aquele que estiver sem pecado, atire-lhe a primeira pedra. Com este ensinamento, Jesus faz do perdão um dever, pois não há ninguém que dele não tenha necessidade para si mesmo, e nos ensina que não devemos julgar os outros mais severamente do que julgaríamos a nós mesmos e nem condenar nos outros o que perdoaríamos em nós. Antes de condenar uma falta de alguém, vejamos se a mesma reprovação não pode recair sobre nós.[1]

---
[1] O evangelho segundo o espiritismo, capítulo 10, item 13, Allan Kardec, Editora FEB.

Com palavras simples e profundas, o palestrante fez com que os presentes, inclusive Paula, refletissem sobre suas vidas. Se somos tão cheios de defeitos, como podemos exigir do outro que ele não erre? Como pedir ao outro que nos perdoe se, quando ele erra, não somos capazes de perdoá-lo na mesma medida?

Paula refletia sobre a sua vida. Foram muitos os momentos em que fez escolhas erradas, mas os momentos em que as pessoas que fizeram parte de sua vida a perdoaram foram muito mais frequentes. Agora, era colocada à prova e estava falhando.

Sob a influência dos amigos espirituais, ela começou a olhar para Letícia e Roberto que estavam ali, tranquilos, aceitando participar daquele reunião sem Verônica por causa dela que, mais do que ninguém, sabia o quanto aqueles estudos fariam bem a ela. Entretanto, ambos respeitavam a sua dificuldade de estar com ela em um mesmo ambiente.

Será que estava sendo caridosa? Será que não poderia perdoar a ação de Verônica? Letícia dava-lhe notícias do seu arrependimento, mas Paula se via como a vítima e exigia o seu afastamento.

Jesus nos ensinou a perdoar setenta vezes sete vezes[2]. Até agora, não fizera nenhum sacrifício para aplicar o perdão à mãe de sua melhor amiga. Se queria perdoar Mário, que foi quem levou a cabo o sequestro e a fez sofrer intensamente, por que não perdoar aquela que tinha um motivo mais justificável para a sua ação?

Estevão levava ao seu coração a sensação boa do perdão, a vontade de se libertar daquele sentimento que a aprisionava quando o esquecimento das ofensas não se fazia presente em sua mente.

---
2 Mateus, 18:22.

Assim, quando terminou a palestra e todos estavam juntos na saída, Paula disse a Letícia e a Roberto:

— Eu gostaria de me desculpar, pois, devido ao meu egoísmo, não pude ver o quanto deve estar sendo difícil para vocês se verem privados da companhia de Verônica, por minha causa, nestas reuniões de estudo. Somente agora entendi que estou trazendo dor a vocês por um sentimento menos nobre de minha parte. Como posso dizer que deixo para a justiça dos homens e a de Deus o seu julgamento se não consigo compreender que ela agiu para defender o meu futuro marido? Mesmo que tenha errado, as suas intenções foram boas, e não quero ser responsável pela infelicidade de vocês.

Paula respirou profundamente e disse:

— Não posso prometer nada sobre como reagirei, mas gostaria que ela pudesse frequentar as reuniões de estudo conosco.

Roberto e Letícia abraçaram-na com lágrimas nos olhos. Ela tinha razão e, para eles, cada minuto de que eram privados da companhia de Verônica lhes era doloroso, porque imaginavam que, a qualquer momento, ela poderia ter de se afastar deles por muito tempo.

Os amigos espirituais se abraçaram, comemorando mais essa oportunidade aberta para a reconciliação de almas afins que se perderam no trilhar de seus caminhos.

Capítulo 77

Mário estava muito deprimido em sua cela, enfrentava o processo de abstinência das drogas e isso fazia com que sofresse ainda mais. Os outros detentos já estavam acostumados com esse tipo de reação dos novatos e simplesmente os deixavam de canto, sofrendo suas dores.

Muitos espíritos desencarnados se alojam com os prisioneiros em suas celas fétidas e se esbaldam com os fluidos do medo, da luta pelo poder, da abstinência de seus vícios e da vergonha de seus erros. Quando chegou lá, Mário estava sendo usado por esses irmãos mais uma vez.

Ary, porém, foi autorizado pelos amigos espirituais a ir até ele e, com a ajuda de Abigail e Gaston, entendeu que precisava ajudá-lo. Com a sua facilidade para intimidar outros espíritos, convenceu aqueles obsessores, sem violência, a não se meterem com Mário, pois ele era seu protegido.

Apesar de estar livre da influência deles, Mário não conseguia parar de pensar em tudo o que já tinha feito de errado. O que lhe pesava mais na consciência era a imagem de seu pai desolado lhe dizendo que ele era o bem mais precioso de sua mãe.

Mário amava sua mãe, mas, até aquele momento, tinha erguido uma barreira de proteção contra a dor da sua morte. Ele não a matara diretamente, mas foi o causador do seu assassinato. Contou para Pezão que ela havia descoberto a operação toda e os delataria para as autoridades.

Pezão não titubeou, disse-lhe que levasse a sua mãe para perto do rio que ele iria conversar com ela. Mário sabia que Pezão não tinha perfil de quem conversa com alguém, mas queria acreditar que, por se tratar de sua mãe, ele nada faria contra ela. Um grande e terrível engano. Foi só ela chegar perto do rio que Pezão e mais um comparsa a pegaram e, após mostrar para ela que ninguém atrapalharia seus lucros, eles a afogaram no rio, sem Mário ter coragem de fazer nada para impedir.

Depois, mandou Mário esconder o corpo, queria saber se seria fiel ou se teria de eliminá-lo também. Ele pegou o corpo de sua mãe, aquela que o tinha aninhado em seus abraços todas as vezes que tivera medo ou frio, e a colocou naquele buraco, enterrando-a. No dia seguinte, mentiu para o seu pai e para a polícia, com medo de ser a próxima vítima.

Depois disso, convenceu-se de que sua mãe era muito controladora, que não o amava e que tinha sido melhor assim. Tudo isso o mantinha de pé até ele olhar no fundo dos olhos de seu pai e ver a dor que provocou nele. Todas as suas mentiras ruíram naquele momento. Ele até pode não ter matado a mãe, mas foi ele quem provocou sua morte, afinal, foi ele quem levou aqueles homens para dentro do seu lar.

Sua consciência o martirizava e, nas crises de abstinência, delirava na culpa. Com o passar do tempo, porém, livre da influência das drogas, começou a enxergar que não merecia qualquer clemência porque era muito mal, que matou a sua mãe, sequestrou quem ele dizia amar, não respeitou o seu pai e muito menos a sua própria vida.

Ary tentava fazer com que ele não sucumbisse sob o peso do remorso. Queria que entendesse que o passado era imutável, mas que o presente e o futuro ainda se encontravam em suas mãos. Estava preso em uma cela, mas mesmo ali poderia fazer diferente. Abigail dissera a Ary que ele deveria se utilizar de suas próprias dores para ajudar Mário. Infelizmente, este não o escutava, entrara em um processo emocional destrutivo pela morte de sua mãe e da aceitação de sua maldade acentuada que não o permitia se desculpar para continuar com os aprendizados.

Ele vivia quieto no canto da cela, saindo apenas para o banho de sol e para comer, isso quando ia!

Ary já não sabia o que fazer. Chamou por Gaston, que o atendeu prontamente.

— Gaston, não sei mais o que fazer, Mário não aceita a minha influência e está cada vez mais mergulhado na depressão. Acho que vocês erraram em achar que eu poderia ajudá-lo.

— Não duvide de sua capacidade, meu amigo. Tenho certeza de que você alcançará bons resultados nesta tarefa. O problema é que todo indivíduo que passa por situações como essa pode pender para qualquer lado, e Mário pendeu para o remorso improdutivo e paralisante. Isso também servirá para uma limpeza de sua consciência se ele achar que é assim que pode se redimir. Vá apresentando a ele suas considerações que, nessa noite, o levaremos para uma reunião importante no plano astral que, acreditamos, o ajudará a entender as suas dificuldades.

Depois desse entendimento, Ary, que sempre fora um influenciador determinado, volta para sua tarefa com mais vontade de resgatar aquele ser.

Capítulo 78

Verônica e Roberto foram dormir. Ela demorou um pouco mais para pegar no sono porque estava pensando no que tinha feito de sua vida. Apesar de todas as besteiras que fez, percebeu como era abençoada por ter tantas pessoas que a amavam e que lhe queriam bem. Roberto e Letícia, tão logo chegaram em casa da reunião de estudos, tinham contado a ela sobre a decisão de Paula. Ela ficou exultante, mas também com muito medo.

Por isso, aproveitou para rezar pedindo ao Senhor que não a abandonasse naquele momento, porque sabia que tinha agido muito errado e arcaria com as consequências de sua escolha. Mas, se ela pudesse fazer um pedido, seria que Paula pudesse realmente perdoá-la.

Cíntia emanava sobre a sua protegida as energias equilibrantes que a levariam a um sono tranquilo. Precisavam que ela repousasse para um encontro de amor.

Logo que adormeceu, foi levada por ela a uma sala no plano espiritual, onde reconheceu imediatamente alguns dos presentes.

Sentiu muita vergonha. Queria sair dali, mas Roberto e Letícia se aproximaram e a abraçaram, conduzindo-a para se sentar ao lado deles.

Verônica não levantava o olhar. De longe, via Paula e Mário.

Nestor começou a falar:

– Meus queridos amigos, vocês estão reunidos aqui hoje porque este é um momento que fará grande diferença na vida de todos. Aguardávamos que chegassem ao nível de compreensão que alcançaram para que pudéssemos fazer essa reunião de amor.

Dando uma pausa, Nestor continuou:

– Vocês todos foram convidados a participar de mais essa existência material com o intuito de trabalhar seus mais difíceis alicerces emocionais: orgulho exacerbado, egoísmo e amor deturpado, falta de perdão e autoperdão, medo e baixa autoestima, falta de confiança em si e no próximo. Se analisarmos bem, esta é uma programação normal a que toda a humanidade se submete ante as necessidades que todos temos, mas que, para esse grupo, os fará compreender uns aos outros, favorecendo a reconciliação que se concretiza.

– Parabenizamos aqueles que conseguiram de uma maneira ou de outra vencer um pouco de seus tormentos – disse Abigail – mas, para que possamos seguir em frente, a Espiritualidade Maior entendeu que vocês precisavam relembrar, neste momento de sua existência terrena, alguns pontos essenciais de seus relacionamentos anteriores para que não haja mais vitimizações desmedidas.

Nestor, após uma prece singela de agradecimento a Jesus por aquela experiência esclarecedora de amor, abre um telão à frente de todos e começa a passar um filme de suas vidas entrelaçadas.

Todos se voltam para a tela, que passou a mostrar os fatos pretéritos sem nenhum filtro. As cenas mostravam Paula fazendo confidências a Margareth sobre desconfiar que estava esperando um filho de Felipe e de seu sonho em ter muitos filhos com ele; ela sendo chantageada por Mário para conseguir o maior número de riquezas que conseguisse e escrevesse a carta ferina de despedida para o marido; o desespero dela por ter de abandoná-lo e seguir com aquele que seria o seu opressor por toda a vida; o desespero de Felipe quando se viu enganado pela esposa e de sua vontade de tirar a própria vida. As cenas causaram bastante comoção.

Não havia necessidade de grandes explicações dos orientadores espirituais, porque as consciências dos presentes já estavam lhes trazendo as respostas.

Felipe estava no escritório, com a carta de Paula em uma mão e uma arma na outra, pensando em acabar com a sua própria vida em razão do desespero, quando ouviu uma gargalhada em seu jardim. Foi até a janela e viu Margareth brincando com os cachorros. "Ela nada sabe da ação indigna de sua irmã" – pensou. O sorriso dela sempre o levou a acalmar as suas emoções e ele a tinha em seu coração como a uma filha. Aquele sentimento o fez pensar no que aconteceria com ela se ele cometesse aquele ato desesperado. A família de sua infiel esposa não poderia ser prejudicada por sua atitude desonrosa, não poderia fazer isso com Margareth e, por isso, não as deixou sem casa e sem comida.

Margareth, com seus recém-conquistados onze anos de idade, era a confidente de Paula, já que eram muito amigas e não tinham segredos uma com a outra. Por isso, sabia que algo estava muito errado quando afirmaram que Paula tinha fugido com outro homem porque soube que Felipe era o amor da vida de sua irmã. No entanto, por ser ainda uma criança, ninguém a escutou.

Verônica nunca foi grata a Felipe por sua atitude altruísta porque achava que o dinheiro que ele lhes dava era muito pouco para viverem na sociedade e terem o luxo do qual se achava merecedora. Por isso, com pouco menos de dois anos que saíram da casa de Felipe, ela encaminhou Margareth para o convento para que sobrassem mais recursos para as suas extravagâncias. Não fez o mesmo com Letícia, pois via nesta a possibilidade de levá-las de novo para uma vida de mais conforto. No início, foi muito difícil para Margareth, mas, com o passar do tempo, tornou-se uma freira sensata e fiel aos seus afazeres. Felipe jamais desconfiou de que aquela que sempre vira como uma filha fora forçada por sua mãe a ingressar no convento.

A tela, de repente, fica turva, e uma imagem foi se formando. Paula toma um choque, reconhece o lugar. Começa a sentir náuseas e agarra o braço de Felipe com força.

Estava encolhida em uma cela, já não tinha mais lágrimas para chorar. Pensava se o que tinha feito era o certo. Esperou que Mário dormisse e o matou. Depois de alguns anos se submetendo aos caprichos dele sob a ameaça constante de que mataria qualquer um dos que ela amasse; depois de ele ter lhe dado mais uma surra por estar grávida, a ponto de fazê-la perder outro filho – o primeiro era de Felipe – argumentando que Paula era só dele, ela não aguentou mais e o matou. Foi descoberta pelos empregados, no dia seguinte, em seu quarto, com hematomas da surra tomada, um sangramento pela perda de seu filho e o punhal que o matara nas mãos.

Nem tentou fugir ou se esconder. Também, quem a ajudaria? Sabia que ninguém de sua família a perdoaria pela sua suposta traição. Seu único erro foi ter cedido às ameaças de Mário sem ter contado a verdade para Felipe, a quem muito amava, acreditando que assim evitaria que ele se tornasse um assassino.

Paula sentia em suas fibras a dor daquele momento, as lágrimas corriam sem freios sobre a sua face. Abraçava a sua barriga num ato reflexo de proteger o bebê que não mais existia. A mulher, naquela época, não tinha direitos, e nada que argumentasse a salvaria da prisão.

As imagens continuavam, e agora Paula, Verônica e Letícia estavam naquele cárcere.

Meses depois, quando descobriram que Paula foi presa, Verônica e Letícia foram visitá-la e a mãe, sem se perturbar com a dor da filha, jogou em sua cara todas as amarguras pelas quais passaram em razão de sua fuga. Paula tentou explicar o que realmente tinha acontecido, mas Verônica não conseguiu escutá-la, humilhando-a profundamente. Letícia tentou levar alento ao coração da irmã, mas sua mãe, tomada de uma raiva insana, impediu-a de argumentar, indo embora para nunca mais voltar. Apesar da dor profunda sentida por sua irmã, Letícia não conseguiu ir contra a sua mãe.

Verônica lembra-se de toda a raiva que se apoderou dela naquela cela. Ouvia, como um eco produzido em sua mente, que a culpa de tudo era daquela filha ingrata. Depois de tudo o que tinha feito por ela, a traição era imperdoável! As imagens seguem.

Letícia não odiava Paula porque sabia do peso das exigências de sua mãe com a filha mais velha e mais bonita: primeiro, tinha sido entregue a Mário e depois, a Felipe. Letícia não odiou Paula nem quando o seu noivado com Pierre, naquela existência um jovem abastado, foi desfeito pelo pai dele, Roberto, porque, ante a traição pública de Paula, ela também não era mais digna de fazer parte daquela família. Apesar de se amarem muito, Pierre não teve forças de ir contra a decisão do pai. Intimamente, Letícia responsabilizava mais Pierre pelo fim de seu relacionamento do que a irmã, pois ele não tinha tido a coragem de lutar pelo amor deles. Diante da reação do homem que dizia amá-la, Letícia se sentiu incapaz de conquistar os seus sonhos, submetendo-se às mais absurdas exigências de sua mãe para que elas pudessem voltar a frequentar os vastos salões da sociedade. Infelizmente, apesar de todo o seu esforço, ela nada conseguiu, e acabou morrendo alguns anos mais tarde, nova, solteira, pobre e doente.

Verônica via-se nas imagens e sentia em seu coração o impacto da retrospectiva. Percebeu que chegara a hora de enfrentar aquilo que não foi mostrado na tela: o seu papel na infelicidade das filhas. Foi ela quem forçou Paula a ter um caso com Mário, e quem jogou a filha nas mãos de um homem bem mais velho somente para que pudesse viver na riqueza de novo. Com a sua filha do meio, não foi diferente, suas exigências violaram-na de todas as formas apenas para que conseguisse um casamento rico. Contudo, o que conseguiu foi torná-la uma mulher da vida. E com a sua filhinha fez com que se transformasse numa freira sem nunca ter lhe perguntado se era o seu desejo. Agora, analisando o seu presente, Verônica pensou nas suas manipulações para conseguir o que queria com relação ao namoro de Letícia em Londres, e dizia entristecida para si mesma: "Novamente coloquei a riqueza acima do amor. Não respeitei a minha filha antes, e agora não cuidei da sua saúde emocional. A vida precisou me trazer, nesta existência, um homem que amo profundamente para que eu pudesse entender que há valores mais preciosos para abraçarmos. Infelizmente, levei anos para conseguir enxergar isso. Precisei quase perdê-lo para compreender a infelicidade que estava construindo para a minha filha.".

Pierre também estava envergonhado, pois há pouco tempo tinha julgado Letícia por não ter tido coragem de lutar pelo amor dos dois enquanto ele, em outra vida, não tivera coragem para fazer o mesmo. "Como a vida dá voltas pra nos mostrar as nossas imperfeições!" – pensou Pierre.

Antes mesmo que terminasse as suas reminiscências, outra imagem começava a aparecer na tela.

Letícia precisava ajudar Paula, mas não conseguia ir contra sua mãe, que não admitia que ela retornasse à prisão para ver a sua irmã. Então, ela pensou que a única que conseguiria ajudar Paula seria Margareth. Em uma tarde ensolarada, foi visitá-la para avisar sobre o destino de Paula. Não era muito, mas era o que tinha forças para fazer.

Hoje, Letícia conseguia entender as suas dificuldades em enfrentar os desafios de sua vida, o medo que a dominava. Tinha medo de sua mãe naquela existência e tinha medo das dificuldades na vida atual. Quando se viu de frente com tantas dores é que sentiu não poder mais continuar com medo. Não queria viver só nem sentir medo. O filme continuava.

De posse daquelas informações, Margareth removeu todas as dificuldades que foram impostas pelo próprio convento e autoridades para que ela iniciasse um trabalho de alívio aos encarcerados. Com a ajuda divina obteve a autorização e, sempre que podia, ia visitá-los e, é claro, aproveitava para levar alento àquela que era muito preciosa ao seu coração. Quando Paula tomou coragem e lhe contou todo o acontecido, Margareth resolveu que deveria tentar falar com Felipe sobre o destino de Paula, mas ele não quis escutá-la. Percebendo as profundas dores emocionais de Felipe, pediu autorização para a madre superiora para que pudesse se tornar uma amiga frequente na casa de seu cunhado. Como Felipe era um dos provedores do convento, ela não colocou empecilho àquelas visitas.

Diante do carinho de sua amiga, em um dia de muita melancolia, Felipe falou sobre as suas dores. Ela, então, pediu que desse uma chance para si mesmo e fosse ver Paula para que esta pudesse se explicar. Dizia que ele precisava saber a verdade diretamente por ela porque a verdade o libertaria das dores que sufocavam a sua alma. Infelizmente, ele demorou para tomar esta decisão e, quando resolveu ir ver Paula, ela já estava muito doente. Apesar das fraquezas físicas provocadas pelo cárcere e pelo aborto provocado, Paula teve a oportunidade de lhe contar toda a verdade. Felipe a escutou atrás de um escudo de proteção emocional, pois estava com medo de abrir o seu coração novamente, tinha medo de sofrer. Dois dias depois, Paula faleceu em uma tarde chuvosa nos braços de Margareth, delirando com pedidos de perdão. Foi muito difícil para Margareth acompanhar o término da vida de sua melhor amiga e irmã. Esta experiência a fortaleceu para continuar com a sua tarefa de auxílio e acabou conhecida como a "freira dos encarcerados".

Margareth percebeu de onde vinha a sua dificuldade em enfrentar novamente uma possível separação com Paula ou qualquer pessoa que ela amasse. Sentiu que descobrir aquela verdade tirou um fardo imenso de seu coração, libertando-a.

Por sua vez, Felipe percebeu porque a atitude de afastamento de seu pai foi tão difícil para ele. O seu coração doía diante da sensação do abandono por uma pessoa amada. Também compreendeu porque Mário lhe trazia tanta insegurança: ele levara o seu grande amor num ato de traição.

Felipe viveu o restante de sua vida tendo Margareth como sua única amiga. Ele, após a visita à prisão, não mencionara mais o nome de Paula, até que, em seu leito de morte, perguntou à Margareth se ela achava que Paula tinha dito a verdade para eles. Margareth, com um sorriso lindo nos lábios, disse-lhe que nunca duvidara do amor de Paula por ele e que acreditava em cada uma de suas palavras. Felipe sorri e, após sentida prece de Margareth, ele abandona em paz o seu corpo físico envelhecido.

Mário, encolhido em um canto do salão, a tudo assistia. Sentia-se mal por tantas vidas terem sido prejudicadas pela sua ambição, mas não via saída para si mesmo. Ele era o que era. Gaston, que estava ao seu lado, disse-lhe:

– Não, Mário, não é assim. Você não é o que é, você só está temporariamente assim, é diferente. Por circunstâncias anteriores, agiu e reagiu segundo as suas emoções. Como disse a nossa amiga Abigail, não existem vítimas aqui e, portanto, os algozes só existem porque cada um de vocês escolheu o caminho que desejou trilhar. Veja a existência anterior a esta a que estão assistindo.

Mário encontrava-se em uma linda casa, era um jovem muito bonito e ingênuo. Paula era uma mulher nova, mas experiente e ambiciosa. Tinha Felipe como o seu homem, que usufruía dos valores conseguidos por ela por meio da mentira e da sexualidade. Ela enganava jovens ricos com a sua beleza, convencendo-os de que os amava e, enquanto podia, vivia às suas custas como amante sedutora. Mário foi um dos jovens enganados, ela o fez amá-la com todas as suas forças, apesar de ele estar noivo de Verônica. Quando o pai de Mário morreu em um naufrágio, perdendo quase todos os seus bens e títulos, Paula o abandonou, caçoando dele e de seu amor infantil. Como Mário não desistia dela, Felipe tomou à frente, surrando-o em uma noite escura e quase lhe tirando a vida. A surra que tomou e a ausência do amor de Paula o deixaram enlouquecido, passou a viver pelas ruas a delirar, chamando por seu grande amor, até morrer na pobreza, mentalmente desestruturado. Verônica acabou se casando com outro, mesmo sem amá-lo, mas jamais perdoou Paula por ter feito o seu noivo abandoná-la às portas do altar.

Foi nesta mesma existência que Felipe descobriu que Margareth fora a sua mãe e que, apesar de toda a pobreza, sempre se sacrificara por ele e lhe dera exemplos de honestidade e honradez. Ele a amava muito, mas, como morreu quando ainda era muito jovem, ao ficar adulto preferiu seguir por caminhos mais fáceis e desonestos. Abigail era sua esposa que, juntamente com as suas filhas, Vanessa e Letícia, sofria pelo abandono do marido. Somente quando Felipe perdeu o seu lar e toda a família em um incêndio provocado por seus rivais, ele, arrependido de suas ações, se separou de Paula e buscou a mudança de comportamento.

Paula e Felipe sentiam as lágrimas escorrerem por suas faces, tomados de constrangimento e arrependimento diante dos olhares lacrimejantes de Mário, Verônica e Letícia. Não havia cobranças mútuas, só pedidos velados de perdão. Felipe enxergou em Abigail aquela que fora a sua companheira e mãe de suas filhas, que não tinha sido valorizada em sua dedicação e amor.

Foi aí que eles compreenderam que, na existência seguinte, Felipe e Vanessa, Paula e Mário deveriam reforçar os seus laços de amor e resgatar débitos que contaminavam suas consciências.

Todos eles entenderam a trajetória drástica que percorreram, percebendo que precisavam mudar o curso de suas vidas. Quando a última imagem passou no telão, todos estavam emocionados.

Nestor falou-lhes:

– Meus amigos, cada um de vocês teve a oportunidade de enxergar o seu papel nestas existências terrenas. Somos todos agentes ativos das experiências que vivenciamos e não há injustiças ou acasos em cada um dos aprendizados. O que existirá sempre é a justiça divina prevalecendo em cada uma das circunstâncias, com o único intuito de sairmos mais sábios e melhores. Vocês não se lembrarão desta reunião, com raras exceções, mas o que tiveram oportunidade de relembrar fará diferença em suas escolhas daqui para a frente.

Após uma comovida prece, todos os convidados foram regressando para os seus corpos físicos, com a ajuda de seus mentores.

Capítulo 79

Verônica acordou empapada de suor. Tudo era muito real. As sensações eram muito reais. Estava chorando, e a dor de ver uma filha encarcerada era profunda, mas o seu orgulho naquela época era tanto que não deu margem a que aceitasse seu erro. "Então, como ela poderia me perdoar hoje?" – acordou com essa pergunta flutuando em seus lábios.

Roberto acordou e, percebendo a sua intranquilidade, perguntou se estava tudo bem. Verônica disse que havia tido um pesadelo, mas que estava bem. Levantou-se para tomar um copo de água e se acalmar. Roberto foi atrás dela, não queria deixá-la só. Imaginava que tinha alguma coisa a ver com o processo criminal. Ele acordou com uma sensação de que precisava parar e pensar sobre os seus atos.

Na cozinha, ambos tomaram um chazinho e comeram uns biscoitos. Roberto ficou calado aguardando que ela se abrisse se achasse que deveria. Após poucos minutos em silêncio, Verônica perguntou a Roberto algo que tinha muito medo de saber:

– Meu querido, o que fez você me perdoar e aceitar a minha ação insensata?

Roberto foi pego de surpresa. Não imaginou que ela pudesse lhe perguntar sobre um assunto tão delicado até para ele. Ele também se perguntava isso de vez em quando, e a resposta era sempre "porque a amava". Achou que deveria dar essa resposta, mesmo que ainda não o satisfizesse por inteiro.

– Eu não sei se mereço o seu amor, Roberto. Por mais que diga que fiz isso por querer proteger Felipe, isso não é totalmente verdade. Se olhar para dentro do meu coração, enxergarei que não queria que Paula ficasse com Felipe, não queria que ela fosse feliz. E não tenho resposta sensata para isso, porque eu não a conhecia, jamais tinha sido apresentada a ela, vi apenas uma foto dela e uma vez de longe, e foi raiva o que senti por ela em ambas as situações. Antes eu não percebia o quão sem sentido era ter esse sentimento brotando em meu coração. Hoje, quando penso o que vivi, parece que é da vida de outra pessoa que estamos falando, porque nem para mim isso faz sentido.

Roberto ouvia sua esposa e sentia alívio por sua confissão. Era isso que ele tinha ouvido dela quando passou mal. Era isso que parecia um cravo em seu coração todas as vezes que pensava sobre as razões dela.

– Roberto, eu sonhei com ela. Sonhei que ela estava em uma prisão e eu estava lá, humilhando-a, espezinhando a sua última gota de esperança de ter em mim piedade do seu estado. Em meu sonho, Roberto, ela era minha filha.

Parou de falar, soluçando. Lágrimas escorriam por sua face, mas ela continuou:

— Será que isso foi apenas um sonho? Era tão real! Vocês me disseram que a gente pode ter vivido outras vidas, será que isso que sonhei aconteceu?

Verônica estava desolada. Ela sentia uma dor moral surgir em seu peito só de imaginar que tudo poderia ser verdade e que, quando a sua filha precisou dela, não tinha conseguido perdoá-la e deu-lhe as costas. Então, como poderia exigir que Paula tivesse essa atitude altruísta com ela agora?

— E não foi só isso que vi. Letícia estava lá comigo e era outra filha minha – Verônica se esforçava para contar – ela queria ajudar Paula, mas eu não deixava. Fiz dela uma mulher da vida, exigia dela que conseguisse um relacionamento com alguém de muitas posses para que pudéssemos viver na riqueza. Ela tentou, mas nada conseguiu. Nunca teve de mim palavras de amor ou de agradecimento, só repressão por não conseguir o que eu queria. Ela morreu doente por minha culpa.

Verônica encolheu-se na cadeira. Abraçava as pernas com uma dor profunda estampada no rosto e chorava compulsivamente.

Roberto veio em seu socorro:

— Verônica, se o que teve foi uma lembrança do passado, o que você precisa fazer é aprender com a lembrança e não sofrer. Saber o que aconteceu entre vocês pode lhe dar o instrumento para enfrentar os seus desafios de agora com dignidade e a compreensão de que não há vítimas no processo de evolução individual. Somos todos responsáveis pelas nossas escolhas e ações que surgem delas. Amanhã vamos estar todos juntos. Veja o que sente ao lado de Paula, lembrando-se de que, mesmo se a raiva aflorar em seu coração, Deus lhe deu um presente generoso para tentar modificar os seus sentimentos. Com este presente, você poderá entendê-la se não conseguir perdoá-la agora. Quanto à Letícia, ela já a perdoou. Não alimente o sentimento de culpa que está surgindo em seu coração, ele só vai escravizá-la a outros sentimentos menos dignos.

Roberto a levou para o quarto e a fez dormir.

O que Verônica não sabia é que Roberto também estava tentando lidar com alguns sentimentos que surgiram em seu coração quando ele acordou e relembrou de um pedaço do sonho que teve, em que fez a sua filha de hoje enfrentar a pobreza por não poder aceitar o casamento de outro filho seu com alguém que fora desgraçada pela atitude de sua irmã que errou. Ele separou dois corações que se amavam por puro preconceito e agora compreendia como a vida podia trazer para os filhos do Altíssimo que estavam em aprendizado as experiências que os fariam enxergar o quanto estavam crescendo, lentamente, sem atropelos e com muita sabedoria.

Capítulo 80

Paula estava muito apreensiva, pois, naquela noite, eles teriam estudo na casa espírita que frequentavam e, sem saber por que, sentia que sua vida dependia daquele encontro com Verônica. Tinha medo de não conseguir ficar no mesmo ambiente com ela e acabar magoando Letícia e Roberto.

Verônica, por sua vez, também estava muito angustiada. Além de ter de enfrentar aquele momento, tinha tomado conhecimento de que teria a sua primeira audiência dali a dois dias. Ela quase tivera uma recaída e, por pouco, não tomou os remédios que a fariam dormir por longo número de horas para não ter de enfrentar aquela situação. Pensou, porém, em seu sonho e sentiu que, se queria mesmo mudar, o seu primeiro teste seria com Paula. Precisava enfrentar o seu futuro com humildade.

Elas chegaram quase juntas na instituição. Quando se viram frente a frente, um emaranhado de sentimentos conflitantes tomou conta delas e fez com que cada uma abraçasse o seu companheiro e entrasse para assistir ao tema daquela noite: "Somos o resumo de todas as nossas encarnações."

A palestrante da noite era muito clara em sua exposição e trazia uma ideia muito tranquila sobre o fato de que as experiências que temos são somente um reflexo de nossas escolhas. Entre várias abordagens, destacamos algumas palavras relevantes:

"Muitas vezes, quando nos deparamos com os momentos de dor, pensamos estar sendo punidos por ações equivocadas que praticamos durante as nossas vidas atuais e passadas. Mas o que não percebemos é que as circunstâncias dolorosas vêm somente para conquistarmos mais um valoroso aprendizado. Cada experiência traz uma visão do que estamos assimilando e de nossa capacidade para transpô-la. Se olharmos para a vida que vivemos talvez não consigamos entender o porquê de sofrermos tanto em razão dos fatos que causaram as experiências atuais, pois eles foram provocados por acontecimentos de outras vidas. Mas podemos ter a noção exata do que seríamos capazes, com uma análise minuciosa de nossos pensamentos reflexos."

Ela parou para tomar um pouco de água e logo continuou:

"Mas, o que são os pensamentos reflexos? São os primeiros pensamentos que temos após vivenciar uma situação ou acontecimento corriqueiro da vida. Vejamos: você está dirigindo o seu carro e é fechado por outro motorista que está muito apressado. Qual é o primeiro pensamento que chega a você? Esse é o pensamento reflexo, aquele que o revela por inteiro. Ele demonstra quem você está hoje, mesmo que depois, flagrando-se na falta de caridade, corrija-se dos pensamentos impulsivos. Os segundos, terceiros e quartos níveis de pensamentos demonstram quem você quer se tornar.

Se nesta vida você se acha uma pessoa desprivilegiada, olha para toda a sua vida e não enxerga nenhuma falta grave para justificar tantos dissabores, observe os seus pensamentos. Observe como vê a vida pelos seus pensamentos em relação às ações do próximo e terá todas as respostas."

Todos escutavam a palestra tentando analisar as suas características pessoais, se enxergar e, se possível, aplicar os ensinamentos trazidos pela palestrante. Não era fácil se flagrar nas palavras daquela pessoa que estava ali, expondo as mazelas mais íntimas de cada um, mas a preocupação de todos era o aprimoramento, o que conduz cada um à capacidade de, humildemente, ser honesto consigo mesmo.

O tempo todo Verônica se lembrava de seu sonho e de como ainda não havia mudado nada nesta existência. Seus pensamentos mais íntimos eram o reflexo daquela Verônica da outra vida e ela estava envergonhada. Mas a palestrante veio em socorro de todos que pensavam daquela forma:

"Tenho certeza de que muitos de vocês devem estar envergonhados, pensando que são pessoas horríveis em razão do tipo de pensamentos reflexos que possuem, mas isso não reflete a verdade. Observem que eu disse que eles demonstram quem estamos hoje e não quem somos. Se hoje já temos em nós a capacidade de nos corrigir, de nos flagrar em erro e buscar a depuração de nosso coração, isso significa que estamos passos à frente em nossa evolução."

Todos deram um sorrisinho sem graça, como se a desculpa fosse um alento para os seus corações. Como se tivesse adivinhando, a expositora disse:

"Isso não é desculpa, gente, é a verdade. Apreciem cada passo que derem, cada novo avanço, porque o único juiz que temos somos nós mesmos. Seremos nós que aplicaremos a pena e determinaremos o nosso destino no plano espiritual, e a culpa é um agravante doloroso na pena aplicada.".

E, após um suspiro enfático, ela termina a palestra:

"No tribunal de nossa consciência, nos julgaremos com o mesmo peso com que julgamos o próximo quando ele se equivoca. Se você acredita que o está julgando com severidade e falta de caridade, comece agora a compreender que com o mesmo peso com que medimos seremos medidos por nós mesmos. Segundo as leis divinas, o objetivo é aprendermos e não acertarmos tudo porque conseguir isso hoje em dia e de uma só vez seria impossível. Se entendermos isso, quando estivermos frente ao nosso juiz, promotor e carrasco internos, teremos mais compaixão diante da nossa idade evolutiva. Não se crucifiquem, os nossos erros foram praticados somente porque não sabíamos agir diferente, éramos caminhantes aprendendo o caminho. Hoje, ainda não sabemos em qual direção seguir, mas temos mais maturidade para escolher como agiremos no caminho escolhido em direção ao Pai."

Estavam todos pensativos. Verônica pediu a Roberto para cumprimentar a palestrante e eles foram até ela. Coincidentemente, Paula fez o mesmo pedido, ficando as duas cara a cara perto da palestrante. Esta, sob forte intuição, lhes disse diretamente:

— Mãe e filha se reencontram para a reconciliação necessária. Aproveitem esta existência para cultivarem a paz em seus corações porque a vida só deseja que vocês sejam felizes.

Ela deu um sorriso e se afastou.

Ambas sentiram, no fundo d'alma, aquelas palavras. Então não tinha sido apenas um sonho, era tudo real! Paula também tinha sonhado com a prisão, mas também com o desespero de Verônica que fora abandonada por seu noivo e, naquela época, era uma desonra ser abandonada daquele jeito e isto a forçou a se casar com um homem muito mais velho que ela, por ter sido o único a aceitá-la. Sua vida foi muito infeliz.

Paula e Verônica se abraçaram, chorando, como um pedido mudo de perdão por tudo o que tinham feito uma a outra. Não havia como mudar o que já tinham feito, mas poderiam fazer diferente daqui para a frente.

Todos se emocionaram com aquele gesto tão simples, mas de muito significado.

Capítulo 81

Estavam todos na sala de audiência. No banco dos réus, estavam Verônica, Mário e os dois outros rapazes que faziam parte do bando do Pezão.

Ela estava sendo assistida por um advogado de renome, e os demais por um defensor público. Mesmo assim, estava pálida, envergonhada, com a cabeça baixa e os olhos inchados de tanto chorar.

Ela e os demais estavam sendo processados pelo sequestro e cárcere privado de Paula. Os demais crimes cometidos pelos traficantes seriam julgados em processos diferentes, por determinação do juiz.

Estava sendo um dia muito desgastante e cansativo. A família toda estava lá para apoiá-la, mas também para que Paula não se sentisse abandonada.

Paula ouvia tudo com os olhos marejados, como se revivesse todas as dores e os desesperos sofridos na ocasião. Olhava para

Mário sem entender os seus sentimentos, sentia pena daquele que a fizera passar por tudo aquilo, não conseguia ficar com raiva dele. Sentia que estava passando por um resgate de suas próprias dores, como se o fato de não tê-lo matado na chácara tivesse tirado um peso enorme de sua consciência e agora, por não odiá-lo, estivesse limpando toda a sua alma. Quanto à Verônica, elas se permitiram conversar no dia seguinte àquela palestra. Letícia a chamou para um chá em sua casa e ela compareceu acompanhada de Margareth. No início, estavam encabuladas, mas Verônica foi muito clara com Paula ao explicar que não exigia dela o perdão pelo seu ato, e que ela seria julgada e cumpriria a pena que a justiça determinasse. No entanto, se tudo o que elas descobriram nestes últimos dias fosse verdade, ela acreditava que Deus as estava abençoando para um reencontro e, talvez, um perdão no futuro. Foi uma tarde agradável, onde elas estavam aprendendo a se respeitar.

Voltando o seu pensamento para o presente, Paula apertou a mão de Felipe e sorriu para ele, demonstrando estar bem.

O julgamento não terminou naquele dia, sendo marcada outra audiência para o dia seguinte.

A família de Letícia, diante do um futuro desconhecido em que poderiam enfrentar uma condenação, se juntou naquela noite e ficaram relembrando momentos maravilhosos de suas vidas. Ao final da noite, Verônica pediu perdão a eles por tanto dissabor. Sentia-se miúda e oprimida e, toda vez que se sentia assim, lembrava-se do que sonhou com Paula naquele cárcere: o sofrimento em seu olhar e a sua súplica para que acreditasse numa verdade que ela nem quis escutar. Tinha receio de ter de viver experiência semelhante para resgatar os seus débitos.

— Minha filha — retrucou Fátima, diante de seu depoimento — lembre-se do que ouviu na palestra de terça-feira. O sentido da vida não é nos punirmos pelos nossos erros e sim aprendermos com eles, e você aprendeu tanto nestes últimos tempos! Tenho certeza de que você não passará por tudo aquilo, pois estaremos sempre por perto para amá-la e ampará-la. Não se permita ficar assim só por achar que tem de sofrer pelo que fez os outros sofrerem. O aprendizado não é esse, mas sim entendermos que não devemos fazer de novo.

Os pais de Verônica se mudaram para a casa da filha, depois de ela tanto suplicar que viessem. Somente foram convencidos quando lhes disse que precisava deles por perto para superar esse momento de tanta dor. Estava muito feliz, apesar da enorme ansiedade que sentia.

Paula, Margareth e Felipe também conversavam sobre aquele dia do julgamento. Discutiam sobre como aquele momento estava sendo estranho para todos. O normal era existir revolta e vitimismo, mas estavam todos tranquilos, apesar de uma certa tristeza no ar. Por incrível que pareça, estavam torcendo para que Verônica pegasse uma pena branda.

Quando Paula contou que tinha ido ver Mário, Margareth e Felipe pularam do sofá:

— Mas o que você foi fazer lá? — perguntou Margareth.

— Eu fui visitá-lo porque precisava muito conversar com ele. É claro que ainda tenho medo dele e percebi que não deixei de sentir isso, mas sei que não sou simplesmente uma vítima dele, algo aconteceu para que reagisse assim comigo e, por mais que me perguntem o que foi, não saberei dizer, eu simplesmente "sei" que houve algo. Ele estava diferente, mais humilde no olhar, pedia o meu perdão, mas percebi que o que o perturbava era o senhor Cleto não ir visitá-lo. Pediu-me para interceder por ele, afirmava que sabia que tinha feito coisas horríveis e até admitiu que estava pronto para me matar se eu não ficasse com ele naquela ocasião, mas que agora nada daquilo fazia sentido. Disse-me: "Joguei a minha vida fora e nada do que eu faça trará minha paz e a mamãe de volta". Foi muito estranho.

— Mas por que não nos disse que queria visitá-lo? Teríamos ido com você – perguntou Felipe.

— Eu precisava ir sozinha para saber se conseguiria enfrentá-lo depois de tudo que sofri. Fiquei feliz com a minha coragem de, ao final, lhe dizer que acreditava que ele sairia dali bem melhor do que entrou porque, quando éramos amigos, ele foi o melhor amigo que tive. Por fim, fui ver o senhor Cleto e conversei sobre o Mário. Ele estava irredutível, mas acho que o convenci de que ele precisava daquela visita mais do que Mário. Ele chorou no meu ombro e foi muito triste ver o sofrimento daquele pai que acha que falhou com o seu filho.

Felipe abraçou Paula e disse:

— Querida, conto com a sua ajuda para, quando os nossos filhos chegarem, podermos educá-los com carinho, amor e discernimento, a fim de que saibam escolher com responsabilidade e sejam sempre honestos e caridosos.

Paula aninhou-se em seu abraço com amor, selando o compromisso assumido.

Capítulo 82

O julgamento terminou e Verônica foi condenada, mas, por ser primária e pelo tamanho da pena imposta, poderia cumpri-la em regime aberto. Para tanto, alguns trâmites processuais e legais deveriam ser respeitados e, apesar de o advogado recorrer da decisão, ela estava feliz.

Mário, no entanto, tinha sido condenado a uma pena maior e, como o outro processo estava correndo em separado, ele não teve a mesma sorte.

Quando foi dado o veredito, ele olhou para trás e se deparou com Paula, mas a sua surpresa maior foi ter visto o seu pai ao lado dela. Mário esboçou um sorriso envergonhado, mas esperançoso e, abaixando a cabeça, aceitou humilde o seu destino.

Ao saírem dali, Cleto agradeceu a Paula por ela ter ido vê-lo. No tribunal, entendeu que o seu filho precisaria dele para se tornar um homem de bem. Saiu quase sorrindo, como se tivesse tirado um peso de sua consciência, pois sentia que Mário era o seu bem precioso e não iria continuar errando com ele. Sabia que Mário merecia pagar pelos seus crimes, mas não precisava ficar só. Pai e filho começariam uma nova relação de amor.

Capítulo 83

Aquele sábado era um dia especial. Era o dia do casamento de Paula e Felipe. Já eram dezessete horas e o casamento seria realizado por um juiz de paz, em um cerimonial, e em seguida haveria uma festa.

Ela estava se olhando no espelho quando Margareth entrou em seu quarto e parou deslumbrada. Sempre sonhara em ver o casamento de sua filha, principalmente se fosse com alguém que ela amasse tanto. Emocionada, sussurra para ela:

– Você está linda!

– Obrigada, mamãe! Você acha que este vestido está apropriado para o cerimonial?

– Claro que sim, você está linda e Felipe vai babar pela esposa maravilhosa que escolheu.

As duas riram animadas, mas, como se lembrasse do motivo de ter entrado em seu quarto, Margareth lhe falou:

— Ah, filha! Fiquei tão boba de vê-la assim tão linda que me esqueci de avisá-la que tem uma visita.

— Quem é, mamãe?

— Ela me disse que você não a conhece pessoalmente, mas que precisava lhe falar. Pediu desculpas por vir hoje porque não sabia que era o seu casamento, mas eu disse que iria chamá-la.

— Não há problemas, temos um tempinho ainda. Vou lá.

Paula saiu do seu quarto e, ao entrar na sala com Margareth, reconheceu imediatamente a pessoa que estava em pé à sua frente. Esta foi logo pedindo desculpas:

— Por favor, Paula, desculpe-me ter vindo aqui hoje, eu realmente não sabia que era um dia tão especial. Você não me conhece, sou Dalva, esposa de Fabrício.

— Sim, eu a reconheci. Aconteceu alguma coisa, Dalva? Com seus filhos, com Fabrício? – Paula a questionou, fazendo um gesto para que todas se sentassem.

— Meus filhos estão ótimos, graças a Deus! Quanto ao Fabrício, bem, ele foi assassinado no presídio há quase dois meses.

— Eu sinto muito, Dalva! – falou sinceramente Paula.

— Bem, já estou superando isso, mas achei que você merecia saber sobre o destino dele... e também receber as minhas desculpas.

— Mas, por quê? Você não me fez nada!

– Fiz sim, Paula. Eu não sabia nada sobre você, mas, depois que nos flagrou naquele presídio, tentei entender o que tinha acontecido. Fabrício mentiu descaradamente para mim dizendo que só podia ser algum erro, porque ele não a conhecia. Quando você nos enviou as coisas dele e aquela carta, eu o pressionei e descobri tudo o que ele tinha feito com você. Senti-me muito enganada, mas também responsável, porque ele trazia o seu dinheiro para nos sustentar. Eu também trabalhava, mas o meu salário era pouco e, com um filho pequeno, só conseguia trabalhar meio expediente. Ele me disse que você fazia até faxina nos finais de semana para poder dar conta de todas as despesas. Explicava tudo em tom de deboche e isso me causou muita indignação, mas naquela época não tinha forças para me livrar dele, eu o amava muito – falou com muita vergonha.

– Não se envergonhe de seus sentimentos, sei que Fabrício era muito convincente quando queria e nos enganava com a sua fala mansa. Entendo você.

Ambas riram, com um pouco de tristeza, por saber que ele era mesmo assim.

– De qualquer forma, não estou aqui apenas para pedir desculpas sobre isso.

Dalva respirou fundo e disse, olhando para Margareth:

– Acredito que a senhora não se lembra de mim, dona Margareth, mas fomos apresentadas na festa do churrasco de minha tia Nilce alguns meses atrás. Não sabia que a senhora era a mãe da Paula, somente quando a senhora passou mal e foi levada às pressas para o hospital é que fiquei sabendo da sua história. Minha tia, inocentemente, me explicou tudo o que tinha acontecido com a senhora e, por ter vindo morar neste bairro há somente cinco anos, não sabia que o meu marido foi o mesmo rapaz que levou sua filha a abandoná-la há dez anos. Fiquei chocada, não poderia imaginar que Fabrício era esse tipo de homem. Acho que nós duas não queríamos conhecer verdadeiramente o homem com quem vivíamos.

Dalva falou essa parte quase num sussurro. Depois, continuou:

— Quando percebi que sua mãe poderia morrer, pensei que teria de fazer alguma coisa para ajudar. Então, logo que retornei para casa, telefonei para o advogado que tinha sido contratado por você e perguntei o seu número de telefone. Daí, pensei que a melhor forma de fazê-la voltar para casa era dizer que sua mãe estava morta, porque, se você não tinha feito as pazes com ela logo depois que Fabrício foi preso, era porque tinha vergonha de encará-la.

Dalva apertava uma mão na outra em sinal de angústia. Não tinha coragem de levantar a cabeça e olhar nos olhos das duas, mas estava determinada a contar tudo, então, continuou:

— Fui eu, Paula, que liguei para dar aquela notícia tão triste para você, parecendo que não tinha qualquer consideração pelos seus sentimentos, mas não poderia fazer diferente. Já tinha perdido dois dias com o meu retorno para casa e minha tia havia me dito que, apesar da cirurgia ter sido um sucesso, sua mãe não estava fora de perigo. Então, tive de ser rápida. Pensei que, se fosse ríspida e desligasse logo, você não teria outra opção a não ser voltar para a sua cidade natal e resolver sobre os preparativos do funeral. Somente uma semana depois fiquei sabendo que você tinha retornado, e fiquei muito feliz.

No entanto, quando me ligaram do presídio para comunicar sobre a morte de Fabrício, a dor foi tão forte que me lembrei de você. Pensei que, mesmo na boa intenção, havia provocado o mesmo sofrimento em você. Após ter resolvido todas as pendências do lugar em que morava, senti-me livre para retornar para a minha cidade natal e, aproveitando que minha mãe ficou com as crianças, vim aqui para pedir desculpas e...

Antes de terminar, Dalva foi surpreendida com Paula levantando-se e indo abraçá-la com carinho.

– Dalva, muito obrigada. Apesar de todo o sofrimento daquele dia, o que você fez por mim não tem preço, pois foi por sua causa que voltei para casa e para a vida de minha mãe. Foi o melhor presente que alguém poderia me dar.

Margareth também se levantou e as abraçou, agradecendo a Dalva pelo seu bom coração.

Capítulo 84

Ary estava na cela com Mário quando vieram chamá-lo para receber uma visita. Era Cleto, que tinha ido ver o filho. Não era a primeira vez que o visitava, e Mário era cada vez mais grato ao pai pelo amor que lhe dedicava.

Cristina, a antiga namorada, também não o abandonou, sempre ia vê-lo, levando-lhe uma palavra de carinho e conforto. Sempre que podia, lia para ele uma parte da Bíblia com reflexões cristãs que lhe traziam o consolo do amor do Pai por todos nós, mesmo para aqueles que se encontram ainda em pecado.

Ary curtia muito aquelas visitas porque sentia que, apesar de tantas coisas erradas que Mário fez, o perdão lhe foi dado pelo amor de seu pai. Ele tinha esperança de que, se Mário pôde ser perdoado, quem sabe ele também pudesse ser um dia.

Mário sabia que ele iria viver por muitos anos na cadeia, tinha consciência de suas ações e tentava não colocar a culpa em ninguém, somente em si próprio. No início, cada vez que Mário entrava no turbilhão de revolta, Ary o aconselhava a pensar que nada fora inventado, que todos os argumentos levantados para a sua condenação foram verdadeiros e Mário, então, se tranquilizava. Em razão desta ação de Ary, Mário conseguiu elevar a sua vibração e Gaston já conseguia lhe levar alento e energias benéficas. Assim, pupilo e mentor já estavam em sintonia para enfrentar aqueles anos de muito aprendizado.

A visita de Paula também o ajudou muito. Ela tinha ido lhe confrontar e fazer muitas perguntas, mas em nenhum momento o condenou, mesmo tendo todo o direito de fazê-lo, e isso ficou provado quando ela convenceu o senhor Cleto a ir vê-lo. Por esse gesto, Mário lhe seria eternamente grato.

Em uma das visitas de Cleto, Ary se ausentou e foi para a mata localizada ao lado do presídio para relaxar, quando percebe uma luz se formar ao seu lado. Era Abigail, e ele foi logo abraçá-la com todo carinho que já se formava em seu coração.

– Meu querido, já está na hora de você vir conosco. Você já deu a Gaston as condições necessárias para que ele possa ajudar o seu pupilo, e este não ficará mais só. As aflições do coração de Mário já estão sendo curadas com o amor de seu pai e de sua namorada. Todo o curso da história dele está em alinhamento e esperamos que consiga se manter nele. Portanto, você não é mais útil aqui.

Ary ficou muito triste, pois estava gostando do trabalho de ajudar alguém. Para onde iria agora? Será que teria de voltar a fazer o mesmo de antes? Não, não era mais aquela vida que queria.

Abigail, lendo o seu coração, disse-lhe:

– Meu querido, você não é mais útil aqui, mas muitos outros irmãos estão necessitados de seu auxílio. Não pense que estamos dispensando você da tarefa que Vanessa lhe passou. Estamos ampliando-a aos muitos corações que necessitam de nosso consolo.

Enquanto Abigail falava, algumas formas foram se detalhando, e Ary pôde ver trabalhadores da luz trazendo seus antigos companheiros de influenciação, entre eles aquela que era a dona de seu coração, o que o deixou surpreso. Logo Vanessa correu para os seus braços.

Abigail continuou:

– Ary, todos eles vieram aqui, espontaneamente, para lhe agradecer pelas bênçãos de seus reencontros com seus entes queridos e, principalmente, consigo mesmos. Todos se sentem ligados a você pelos laços sagrados da gratidão e da caridade. Receba essa energia de amor como um carinho sincero que o possibilitará restaurar os seus erros, libertar-se de suas amarras e o conduzir à vida de luz e amor.

Neste momento, luzes das mais diversas cores foram saindo dos corações de Vanessa e de seus companheiros que, somados aos de seus instrutores, fizeram com que sentisse como se o próprio Pai o estivesse embalando, porque era plena a sua harmonia.

Quando aquelas vibrações terminaram de envolvê-lo, o seu perispírito plasmou o Ary de outrora, que amava a vida como este a amava hoje.

Vanessa o abraçou, e todos juntos foram levados por Abigail para novas atividades.

Capítulo 85

Estavam todos reunidos na recepção do casamento de Felipe e Paula, e os dois eram a expressão da verdadeira felicidade. Todos os amigos deles estavam ali, inclusive o pessoal do escritório de contabilidade onde Paula trabalhou na outra cidade. Felipe fez questão de que ela os chamasse, pagando, inclusive, as suas hospedagens.

Pierre também veio da França para o evento e, tanto ele quanto Letícia, já tinham terminado o mestrado e foram aprovados com louvor. Ele estava de férias e iria ficar por volta de duas semanas no Brasil para conhecer melhor a família de sua futura esposa.

No dia em que chegou, num jantar promovido por Verônica em sua casa para a família e alguns amigos mais íntimos, ele pediu a mão de Letícia em casamento. Foi uma surpresa geral e, na hora do brinde, Roberto fez o convite para Pierre trabalhar em uma de suas empresas, em um cargo importante e de confiança. Pierre disse-lhe:

— Roberto, fico honrado com a sua proposta. Isso é muito importante para mim porque significa que você me aceita como um filho de seu coração, mas não posso abandonar a minha empresa neste momento. Antes mesmo de conhecer Letícia eu já pensava em uma expansão dos nossos negócios para a América Latina, só que não pensava em vir gerenciá-los pessoalmente no Brasil. Hoje, acreditem, é o que mais quero. Portanto, não poderei administrar a minha empresa e trabalhar na sua ao mesmo tempo.

— Mas, a Letícia me falou que...

— Que eu era pobre? Eu sei disso, e fiquei muito confuso quando ela me disse no carro que não poderia ficar comigo por causa disso. Diante dessa confusão, eu não poderia lhe dizer que tinha um bom patrimônio e que não era, necessariamente, pobre. Queria que me aceitasse sendo pobre ou não, e por isso preferi não corrigir o equívoco.

— Mas, por que você estava em uma pensão barata lá em Londres? Tinha sempre suas coisas numa mochila e usava roupas simples! – exclamou Letícia.

— Porque queria conseguir amigos por lá e não pessoas que tivessem interesse no que eu tinha. E também, como meu objetivo era estudar e trabalhar, achei que aquela pensão me daria a paz que queria.

Verônica estava calada, mas tinha percebido que a vida estava lhe dando mais uma lição. O seu futuro genro seria um instrumento de grandes ensinamentos para ela.

— Então terei de pensar em outro presente de casamento – disse Roberto.

Todos riram com a brincadeira, e a noite foi muito agradável.

Retornando à cerimônia do casamento, estavam todos muito felizes. A festa foi muito badalada. Verônica fez questão de ajudar Margareth nos preparativos, o que a deixou muito agradecida, já que Felipe e Paula tinham muito pouco tempo para isso.

Com essas atividades em comum, Margareth e Verônica reafirmaram seus laços de amizade e amor, tornando-se companheiras inseparáveis. Paula e Letícia até brincaram com as mães dizendo que estavam enciumadas, pois era Verônica e Margareth para cá, Margareth e Verônica para lá...

Ao final da festa, Felipe e Paula vieram se sentar à mesa com Margareth, Pierre e Letícia, Marcelo e Margot, Roberto e Verônica. Estavam todos irradiando felicidade e eram os últimos a permanecerem ali.

Estavam conversando sobre a viagem de lua de mel que o casal iria fazer. Felipe estava calado, pensativo e sufocado pela emoção. Pensava em sua mãe e em como ficaria feliz se estivesse ali com ele.

Em seus últimos dias na Terra, sempre lhe dizia que o que mais a entristecia era saber que não poderia estar ao seu lado naquele momento tão especial. Ele lhe dizia que a vida não acabava ali e que tinha certeza de que, quando achasse a mulher de sua vida, ela estaria bem ao seu lado e muito feliz no plano espiritual.

Paula percebeu o silêncio do marido e o abraçou, dizendo-lhe em tom de brincadeira:

– Está arrependido?

Todos pararam de falar.

— Jamais, Paula. Estou aqui pensando em minha mãe, sei que ela estaria muito feliz de estar aqui conosco.

Letícia, então, diz para ele:

— Felipe, Pierre tem um recado para você. Por favor, Pierre, diga o que você viu e ouviu.

— O nome de sua mãe é Rita, não é, Felipe? – disse Pierre – eu a vi abraçando vocês quando o juiz os declarou marido e mulher. Depois ela veio até mim, se apresentou e pediu para que lhe dissesse que você estava certo e que a vida continua do outro lado. Disse que está muito feliz com as suas escolhas e que ela o ama e se orgulha do filho maravilhoso que tem. Deu um sorriso maravilhoso, o abençoou novamente e se foi.

Felipe deixou cair algumas lágrimas de felicidade, sentindo que o desencarne não separa os corações que se amam.

Quando a festa acabou, todos foram para os seus lares com a convicção de que a vida é um presente divino e que, se bem vivida, nos trará tudo o que precisamos para preenchermos as lacunas que ainda existem em nossos corações e em nossa bagagem eterna.

FIM

Ficha Técnica

Título
Nem tudo é carma, mas tudo é escolha

Autoria
Espírito Ezequiel
Psicografia de Adriana Machado

Edição
1ª

ISBN
978-85-63365-85-9

Capa
Lucas William

Projeto gráfico e diagramação
Mônica Abreu

Revisão ortográfica
Juliana Biggi e Nilma Helena

Preparação de originais
Maria José da Costa e Nilma Helena

Composição
Adobe Indesign 6.0, plataforma MAC

Páginas
539

Tamanho do miolo
16x23cm
Capa 16x23

Texto principal: Baskerville 12.5pt
Título: Af Jen bold 25pt
Notas de rodapé: Baskerville 9.5pt

Margens
22 mm: 25 mm: 25 mm: 25 mm
(superior:inferior:interna;externa)

Papel
Miolo Offset LD FSC 75g/m2
Capa Cartão Supremo LD FSC 250g/m2

Cores
Miolo 1x1 cor
Capa em 4x0 CMYK

Impressão
Gráfica Viena

Acabamento
Miolo: Brochura, cadernos de 32 páginas, costurados e colados.
Capa: Laminação Fosca

Tiragem
1000

Produção
Junho / 2023

Nossas Publicações

SÉRIE AUTOCONHECIMENTO

DEPRESSÃO E AUTOCONHECIMENTO - COMO EXTRAIR PRECIOSAS LIÇÕES DESSA DOR

A proposta de tratamento complementar da depressão aqui abordada tem como foco a educação para lidar com nossa dor, que muito antes de ser mental, é moral.

Wanderley Oliveira
16 x 23 cm
235 páginas

FALA, PRETO VELHO

Um roteiro de autoproteção energética através do autoamor. Os textos aqui desenvolvidos permitem construir nossa proteção interior por meio de condutas amorosas e posturas mentais positivas, para criação de um ambiente energético protetor ao redor de nossas vidas.

Wanderley Oliveira | Pai João de Angola
16 x 23 cm
291 páginas

QUAL A MEDIDA DO SEU AMOR?

Propõe revermos nossa forma de amar, pois estamos mais próximos de uma visão particularista do que de uma vivência autêntica desse sentimento. Superar limites, cultivar relações saudáveis e vencer barreiras emocionais são alguns dos exercícios na construção desse novo olhar.

Wanderley Oliveira | Ermance Dufaux
16 x 23 cm
208 páginas

APAIXONE-SE POR VOCÊ

Você já ouviu alguém dizer para outra pessoa: "minha vida é você"?
Enquanto o eixo de sua sustentação psicológica for outra pessoa, a sua vida estará sempre ameaçada, pois o medo da perda vai rondar seus passos a cada minuto.

Wanderley Oliveira
16 x 23 cm
152 páginas

A VERDADE ALÉM DAS APARÊNCIAS - O UNIVERSO INTERIOR

Liberte-se da ansiedade e da angústia, direcionando o seu espírito para o único tempo que realmente importa: o presente. Nele você pode construir um novo olhar, amplo e consciente, que levará você a enxergar a verdade além das aparências.

Samuel Gomes
16 x 23 cm
272 páginas

DESCOMPLIQUE, SEJA LEVE

Um livro de mensagens para apoiar sua caminhada na aquisição de uma vida mais suave e rica de alegrias na convivência.

Wanderley Oliveira
16 x 23 cm
238 páginas

7 CAMINHOS PARA O AUTOAMOR

O tema central dessa obra é o autoamor que, na concepção dos educadores espirituais, tem na autoestima o campo elementar para seu desenvolvimento. O autoamor é algo inato, herança divina, enquanto a autoestima é o serviço laborioso e paciente de resgatar essa força interior, ao longo do caminho de volta à casa do Pai.

Wanderley Oliveira | Pai João de Angola
16 x 23 cm
272 páginas

A REDENÇÃO DE UM EXILADO

A obra traz informações sobre a formação da civilização, nos primórdios da Terra, que contou com a ajuda do exílio de milhões de espíritos mandados para cá para conquistar sua recuperação moral e auxiliar no desenvolvimento das raças e da civilização. É uma narrativa do Apóstolo Lucas, que foi um desses enviados, e que venceu suas dificuldades íntimas para seguir no trabalho orientado pelo Cristo.

Samuel Gomes | Lucas
16 x 23 cm
368 páginas

AMOROSIDADE - A CURA DA FERIDA DO ABANDONO

Uma das mais conhecidas prisões emocionais na atualidade é a dor do abandono, a sensação de desamparo. Essa lesão na alma responde por larga soma de aflições em todos os continentes do mundo. Não há quem não esteja carente de ser protegido e acolhido, amado e incentivado nas lutas de cada dia.

Wanderley Oliveira | Ermance Dufaux
16 x 23 cm
300 páginas

MEDIUNIDADE - A CURA DA FERIDA DA FRAGILIDADE

Ermance Dufaux vem tratando sobre as feridas evolutivas da humanidade. A ferida da fragilidade é um dos traços mais marcantes dos aprendizes da escola terrena. Uma acentuada desconexão com o patrimônio da fé e do autoamor, os verdadeiros poderes da alma.

Wanderley Oliveira | Ermance Dufaux
16 x 23 cm
235 páginas

CONECTE-SE A VOCÊ - O ENCONTRO DE UMA NOVA MENTALIDADE QUE TRANSFORMARÁ A SUA VIDA

Este livro vai te estimular na busca de quem você é verdadeiramente. Com leitura de fácil assimilação, ele é uma viagem a um país desconhecido que, pouco a pouco, revela características e peculiaridades que o ajudarão a encontrar novos caminhos. Para esta viagem, você deve estar conectado a sua essência. A partir daí, tudo que você fizer o levará ao encontro do propósito que Deus estabeleceu para sua vida espiritual.

Rodrigo Ferretti
16 x 23 cm
256 páginas

APOCALIPSE SEGUNDO A ESPIRITUALIDADE - O DESPERTAR DE UMA NOVA CONSCIÊNCIA

Num curso realizado em uma colônia do plano espiritual, o livro Apocalipse, de João Evangelista, é estudado de forma dinâmica e de fácil entendimento, desvendando a simbologia das figuras místicas sob o enfoque do autoconhecimento.

Samuel Gomes
16 x 23 cm
313 páginas

VIDAS PASSADAS E HOMOSSEXUALIDADE - CAMINHOS QUE LEVAM À HARMONIA

"Vidas Passadas e Homossexualidade" é, antes de tudo, um livro sobre o autoconhecimento. E, mais que uma obra que trada do uso prático da Terapia de Regressão às Vidas Passadas . Em um conjunto de casos, ricamente descritos, o leitor poderá compreender a relação de sua atual encarnação com aquelas que ele viveu em vidas passadas. O obra mostra que absolutamente tudo está interligado. Se o leitor não encontra respostas sobre as suas buscas psicológicas nesta vida, ele as encontrará conhecendo suas vidas passadas.
Samuel Gomes

Dra. Solange Cigagna
16 x 23 cm
364 páginas

SÉRIE CONSCIÊNCIA DESPERTA

SAIA DO CONTROLE - UM DIÁLOGO TERAPEUTICO E LIBERTADOR ENTRE A MENTE E A CONSCIÊNCIA

Agimos de forma instintiva por não saber observar os pensamentos e emoções que direcionam nossas ações de forma condicionada. Por meio de uma observação atenta e consciente, identificando o domínio da mente em nossas vidas, passamos a viver conscientes das forças internas que nos regem.

Rossano Sobrinho
16 x 23 cm
268 páginas

SÉRIE CULTO NO LAR

VIBRAÇÕES DE PAZ EM FAMÍLIA

Quando a família se reune para orar, ou mesmo um de seus componetes, o ambiente do lar melhora muito. As preces são emissões poderosas de energia que promovem a iluminação interior. A oração em família traz paz e fortalece, protege e ampara a cada um que se prepara para a jornada terrena rumo à superação de todos os desafios.

Wanderley Oliveira | Ermance Dufaux
16 x 23 cm
212 páginas

JESUS - A INSPIRAÇÃO DAS RELAÇÕES LUMINOSAS

Após o sucesso de "Emoções que curam", o espírito Ermance Dufaux retorna com um novo livro baseado nos ensinamentos do Cristo, destacando que o autoamor é a garantia mais sólida para a construção de relacionamentos luminosos.

Wanderley Oliveira | Ermance Dufaux
16 x 23 cm
304 páginas

REGENERAÇÃO - EM HARMONIA COM O PAI

Nos dias em que a Terra passa por transformações fundamentais, ampliando suas condições na direção de se tornar um mundo regenerado, é necessário desenvolvermos uma harmonia inabalável para aproveitar as lições que esses dias nos proporcionam por meio das nossas decisões e das nossas escolhas, [...].

Samuel Gomes | Diversos Espíritos
16 x 23 cm
223 páginas

PRECES ESPÍRITAS

Porque e como orar?
O modo como oramos influi no resultado de nossas preces?
Existe um jeito certo de fazer a oração?
Allan Kardec nos afirma que *"não há fórmula absoluta para a prece"*, mas o próprio Evangelho nos orienta que *"quando oramos, devemos entrar no nosso aposento interno do coração e, fechando a porta, busquemos Deus que habita em nós; e Ele, que vê nossa mais secreta realidade espiritual, nos amparará em todas as necessidades. Ao orarmos, evitemos as repetições de orações realizadas da boca para fora, como muitos que pensam que por muito falarem serão ouvidos. Oremos a Deus em espírito e verdade porque nosso Pai sabe o que nos é necessário, antes mesmo de pedirmos ".* (Mateus 6:5 a 8)

Allan Kardec
16 x 23 cm
145 páginas

O EVANGELHO SEGUNDO O ESPIRITISMO

O Evangelho de Jesus Cristo foi levado ao mundo por meio de seus discípulos, logo após o desencarne do Mestre na cruz. Mas o Evangelho de Cristo foi, muitas vezes, alterado e deturpado através de inúmeras edições e traduções do chamado Novo Testamento. Agora, a Doutrina Espírita, por meio de um trabalho sob a óptica dos espíritos e de Allan Kardec, vem jogar luz sobre a verdadeira face de Cristo e seus ensinamentos de perdão, caridade e amor.

Allan Kardec
16 x 23 cm
431 páginas

 ## SÉRIE DESAFIOS DA CONVIVÊNCIA

QUEM SABE PODE MUITO. QUEM AMA PODE MAIS

A lição central desta obra é mostrar que o conhecimento nem sempre é suficiente para garantir a presença do amor nas relações. "Estar informado é a primeira etapa. Ser transformado é a etapa da maioridade." - Eurípedes Barsanulfo.

Wanderley Oliveira | José Mário
16 x 23 cm
312 páginas

QUEM PERDOA LIBERTA - ROMPER OS FIOS DA MÁGOA ATRAVÉS DA MISERICÓRDIA

Continuação do livro "QUEM SABE PODE MUITO. QUEM AMA PODE MAIS" dando sequência à trilogia "Desafios da Convivência".

Wanderley Oliveira | José Mário
16 x 23 cm
320 páginas

SERVIDORES DA LUZ NA TRANSIÇÃO PLANETÁRIA

Nesta obra recebemos o convite para nos integrar nas fileiras dos Servidores da Luz, atuando de forma consciente diante dos desafios da transição planetária. Brilhante fechamento da trilogia.

Wanderley Oliveira | José Mário
14x21 cm
298 páginas

SÉRIE ESPÍRITOS DO BEM

GUARDIÕES DO CARMA - A MISSÃO DOS EXUS NA TERRA

Pai João de Angola quebra com o preconceito criado em torno dos exus e mostra que a missão deles na Terra vai além do que conhecemos. Na verdade, eles atuam como guardiões do carma, nos ajudando nos principais aspectos de nossas vidas.

Wanderley Oliveira | Pai João de Angola
16 x 23 cm
288 páginas

GUARDIÃS DO AMOR - A MISSÃO DAS POMBAGIRAS NA TERRA

"São um exemplo de amor incondicional e de grandeza da alma. São mães dos deserdados e angustiados. São educadoras e desenvolvedoras do sagrado feminino, e nesse aspecto são capazes de ampliar, nos homens e nas mulheres, muitas conquistas que abrem portas para um mundo mais humanizado, [...]".

Wanderley Oliveira | Pai João de Angola
16 x 23 cm
232 páginas

GUARDIÕES DA VERDADE - NADA FICARÁ OCULTO

Neste momento de batalhas decisivas rumo aos tempos da regeneração, esta obra é um alerta que destaca a importância da autenticidade nas relações humanas e da conduta ética como bases para uma forma transparente de viver. A partir de agora, nada ficará oculto, pois a Verdade é o único caminho que aguarda a humanidade para diluir o mal e se estabelecer na realidade que rege o universo.

Wanderley Oliveira | Pai João de Angola
16 x 23 cm
236 páginas

SÉRIE ESTUDOS DOUTRINÁRIOS

ATITUDE DE AMOR

Opúsculo contendo a palestra "Atitude de Amor" de Bezerra de Menezes, o debate com Eurípedes Barsanulfo sobre o período da maioridade do Espiritismo e as orientações sobre o "movimento atitude de amor". Por uma efetiva renovação pela educação moral.

Wanderley Oliveira | Ermance Dufaux e Cícero Pereira
14 x 21 cm
94 páginas

SEARA BENDITA

Um convite à reflexão sobre a urgência de novas posturas e conceitos. As mudanças a adotar em favor da construção de um movimento social capaz de cooperar com eficácia na espiritualização da humanidade.

Wanderley Oliveira e Maria José Costa | Diversos Espíritos
14 x 21 cm
284 páginas

Gratuito em nosso site, somente em:

NOTÍCIAS DE CHICO

"Nesta obra, Chico Xavier afirma com seu otimismo natural que a Terra caminha para uma regeneração de acordo com os projetos de Jesus, a caracterizar-se pela tolerância humana recíproca e que precisamos fazer a nossa parte no concerto projetado pelo Orientador Maior, principalmente porque ainda não assumimos responsabilidades mais expressivas na sustentação das propostas elevadas que dizem respeito ao futuro do nosso planeta."

Samuel Gomes | Chico Xavier
16 x 23 cm
181 páginas

SÉRIE FAMÍLIA E ESPIRITUALIDADE

UM JOVEM OBSESSOR - A FORÇA DO AMOR NA REDENÇÃO ESPIRITUAL

Um jovem conta sua história, compartilhando seus problemas após a morte, falando sobre relacionamentos, sexo, drogas e, sobretudo, da força do amor na redenção espiritual.

Adriana Machado | Jefferson
16 x 23 cm
392 páginas

UM JOVEM MÉDIUM - CORAGEM E SUPERAÇÃO PELA FORÇA DA FÉ

A mediunidade é um canal de acesso às questões de vidas passadas que ainda precisam ser resolvidas. O livro conta a história do jovem Alexandre que, com sua mediunidade, se torna o intermediário entre as histórias de vidas passadas daqueles que o rodeiam tanto no plano físico quanto no plano espiritual. Surpresos com o dom mediúnico do menino, os pais, de formação Católica, se veem às voltas com as questões espirituais que o filho querido traz para o seio da família.

Adriana Machado | Ezequiel
16 x 23 cm
365 páginas

RECONSTRUA SUA FAMÍLIA - CONSIDERAÇÕES PARA O PÓS-PANDEMIA

Vivemos dias de definição, onde nada mais será como antes. Necessário redefinir e ampliar o conceito de família. Isso pode evitar muitos conflitos nas interações pessoais. O autoconhecimento seguido de reforma íntima será o único caminho para transformação do ser humano, das famílias, das sociedades e da humanidade.

Dr. Américo Canhoto
16 x 23 cm
237 páginas

 SÉRIE **HARMONIA INTERIOR**

LAÇOS DE AFETO - CAMINHOS DO AMOR NA CONVIVÊNCIA

Uma abordagem sobre a importância do afeto em nossos relacionamentos para o crescimento espiritual. São textos baseados no dia a dia de nossas experiências. Um estímulo ao aprendizado mais proveitoso e harmonioso na convivência humana.

Wanderley Oliveira | Ermance Dufaux
16 x 23 cm
312 páginas
 ESPANHOL

MEREÇA SER FELIZ - SUPERANDO AS ILUSÕES DO ORGULHO

Um estudo psicológico sobre o orgulho e sua influência em nossa caminhada espiritual. Ermance Dufaux considera essa doença moral como um dos mais fortes obstáculos à nossa felicidade, porque nos leva à ilusão.

Wanderley Oliveira | Ermance Dufaux
16 x 23 cm
296 páginas
 ESPANHOL

REFORMA ÍNTIMA SEM MARTÍRIO - AUTOTRANSFORMAÇÃO COM LEVEZA E ESPERANÇA

As ações em favor do aperfeiçoamento espiritual dependem de uma relação pacífica com nossas imperfeições. Como gerenciar a vida íntima sem adicionar o sofrimento e sem entrar em conflito consigo mesmo?

Wanderley Oliveira | Ermance Dufaux
16 x 23 cm
288 páginas

PRAZER DE VIVER - CONQUISTA DE QUEM CULTIVA A FÉ E A ESPERANÇA

Neste livro, Ermance Dufaux, com seus ensinos, nos auxilia a pensar caminhos para alcançar nossas metas existenciais, a fim de que as nossas reencarnações sejam melhor vividas e aproveitadas.

Wanderley Oliveira | Ermance Dufaux
16 x 23 cm
248 páginas

ESCUTANDO SENTIMENTOS - A ATITUDE DE AMAR-NOS COMO MERECEMOS

Ermance afirma que temos dado passos importantes no amor ao próximo, mas nem sempre sabemos como cuidar de nós, tratando-nos com culpas, medos e outros sentimentos que não colaboram para nossa felicidade.

Wanderley Oliveira | Ermance Dufaux
16 x 23 cm
256 páginas

DIFERENÇAS NÃO SÃO DEFEITOS - A RIQUEZA DA DIVERSIDADE NAS RELAÇÕES HUMANAS

Ninguém será exatamente como gostaríamos que fosse. Quando aprendemos a conviver bem com os diferentes e suas diferenças, a vida fica bem mais leve. Aprenda esse grande SEGREDO e conquiste sua liberdade pessoal.

Wanderley Oliveira | Ermance Dufaux
16 x 23 cm
248 páginas

EMOÇÕES QUE CURAM - CULPA, RAIVA E MEDO COMO FORÇAS DE LIBERTAÇÃO

Um convite para aceitarmos as emoções como forma terapêutica de viver, sintonizando o pensamento com a realidade e com o desenvolvimento da autoaceitação.

Wanderley Oliveira | Ermance Dufaux
16 x 23 cm
272 páginas

SÉRIE REFLEXÕES DIÁRIAS

PARA SENTIR DEUS

Nos momentos atuais da humanidade sentimos extrema necessidade da presença de Deus. Ermance Dufaux resgata, para cada um, múltiplas formas de contato com Ele, de como senti-Lo em nossas vidas, nas circunstâncias que nos cercam e nos semelhantes que dividem conosco a jornada reencarnatória. Ver, ouvir e sentir Deus em tudo e em todos.

Wanderley Oliveira | Ermance Dufaux
11 x 15,5 cm
133 páginas
Somente ebook

LIÇÕES PARA O AUTOAMOR

Mensagens de estímulo na conquista do perdão, da aceitação e do amor a si mesmo. Um convite à maravilhosa jornada do autoconhecimento que nos conduzirá a tomar posse de nossa herança divina.

Wanderley Oliveira | Ermance Dufaux
11 x 15,5 cm
128 páginas
Somente ebook

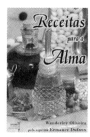

RECEITAS PARA A ALMA

Mensagens de conforto e esperança, com pequenos lembretes sobre a aplicação do Evangelho para o dia a dia. Um conjunto de propostas que se constituem em verdadeiros remédios para nossas almas.

Wanderley Oliveira | Ermance Dufaux
11 x 15,5 cm
146 páginas
Somente ebook

SÉRIE REGENERAÇÃO

FUTURO ESPIRITUAL DA TERRA

As necessidades, as estruturas perispirituais e neuropsíquicas, o trabalho, o tempo, as características sociais e os próprios recursos de natureza material se tornarão bem mais sutis. O futuro já está em construção e André Luiz, através da psicografia de Samuel Gomes, conta como será o Futuro Espiritual da Terra.

Samuel Gomes | André Luiz
16 x 23 cm
344 páginas

XEQUE-MATE NAS SOMBRAS - A VITÓRIA DA LUZ

André Luiz traz notícias das atividades que as colônias espirituais, ao redor da Terra, estão realizando para resgatar os espíritos que se encontram perdidos nas trevas e conduzi-los a passar por um filtro de valores, seja para receberem recursos visando a melhorar suas qualidades morais – se tiverem condições de continuar no orbe – seja para encaminhá-los ao degredo planetário.

Samuel Gomes | André Luiz
16 x 23 cm
212 páginas

A DECISÃO - CRISTOS PLANETÁRIOS DEFINEM O FUTURO ESPIRITUAL DA TERRA

"Os Cristos Planetários do Sistema Solar e de outros sistemas se encontram para decidir sobre o futuro da Terra na sua fase de regeneração. Numa reunião que pode ser considerada, na atualidade, uma das mais importantes para a humanidade terrestre, Jesus faz um pronunciamento direto sobre as diretrizes estabelecidas por Ele para este período."

Samuel Gomes | André Luiz e Chico Xavier
16 x 23 cm
210 páginas

SÉRIE ROMANCE MEDIÚNICO

OS DRAGÕES - O DIAMANTE NO LODO NÃO DEIXA DE SER DIAMANTE

Um relato leve e comovente sobre nossos vínculos com os grupos de espíritos que integram as organizações do mal no submundo astral.

Wanderley Oliveira | Maria Modesto Cravo
16 x 23cm
522 páginas

LÍRIOS DE ESPERANÇA

Ermance Dufaux alerta os espíritas e lidadores do bem de um modo geral, para as responsabilidades urgentes da renovação interior e da prática do amor neste momento de transição evolutiva, através de novos modelos de relação, como orientam os benfeitores espirituais.

Wanderley Oliveira | Ermance Dufaux
16 x 23 cm
508 páginas

AMOR ALÉM DE TUDO

Regras para seguir e rótulos para sustentar. Até quando viveremos sob o peso dessas ilusões? Nessa obra reveladora, Dr. Inácio Ferreira nos convida a conhecer a verdade acima das aparências. Um novo caminho para aqueles que buscam respeito às diferenças e o AMOR ALÉM DE TUDO.

Wanderley Oliveira | Inácio Ferreira
16 x 23 cm
252 páginas

ABRAÇO DE PAI JOÃO

Pai João de Angola retorna com conceitos simples e práticos, sobre os problemas gerados pela carência afetiva. Um romance com casos repletos de lutas, desafios e superações. Esperança para que permaneçamos no processo de resgate das potências divinas de nosso espírito.

Wanderley Oliveira | Pai João de Angola
16 x 23 cm
224 páginas

UM ENCONTRO COM PAI JOÃO

A obra também fala do valor de uma terapia, da necessidade do autoconhecimento, dos tipos de casamentos programados antes do reencarne, dos processos obsessivos de variados graus e do amparo de Deus para nossas vidas por meio dos amigos espirituais e seus trabalhadores encarnados. Narra também em detalhes a dinâmica das atividades socorristas do centro espírita.

Wanderley Oliveira | Pai João de Angola
16 x 23 cm
220 páginas

O LADO OCULTO DA TRANSIÇÃO PLANETÁRIA

O espírito Maria Modesto Cravo aborda os bastidores da transição planetária com casos conectados ao astral da Terra.

Wanderley Oliveira | Maria Modesto Cravo
16 x 23 cm
288 páginas

ebook

PERDÃO - A CHAVE PARA A LIBERDADE

Neste romance revelador, conhecemos Onofre, um pai que enfrenta a perda de seu único filho com apenas oito anos de idade. Diante do luto e diversas frustrações, um processo desafiador de autoconhecimento o convida a enxergar a vida com um novo olhar. Será essa a chave para a sua libertação?

Adriana Machado | Ezequiel
14 x 21 cm
288 páginas

ebook

1/3 DA VIDA - ENQUANTO O CORPO DORME A ALMA DESPERTA

A atividade noturna fora da matéria representa um terço da vida no corpo físico, e é considerada por nós como o período mais rico em espiritualidade, oportunidade e esperança.

Wanderley Oliveira | Ermance Dufaux
16 x 23 cm
279 páginas

ebook

NEM TUDO É CARMA, MAS TUDO É ESCOLHA

Somos todos agentes ativos das experiências que vivenciamos e não há injustiças ou acasos em cada um dos aprendizados.

Adriana Machado | Ezequiel
16 x 23 cm
536 páginas

ebook

RETRATOS DA VIDA - AS CONSEQUÊNCIAS DO DESCOMPROMETIMENTO AFETIVO

Túlio costumava abstrair-se da realidade, sempre se imaginando pintando um quadro; mais especificamente pintando o rosto de uma mulher.
Vivendo com Dora um casamento já frio e distante, uma terrível e insuportável dor se abate sobre sua vida. A dor era tanta que Túlio precisou buscar dentro de sua alma uma resposta para todas as suas angústias..

Clotilde Fascioni
16 x 23 cm
175 páginas

O PREÇO DE UM PERDÃO - AS VIDAS DE DANIEL

Daniel se apaixona perdidamente e, por várias vidas, é capaz de fazer qualquer coisa para alcançar o objetivo de concretizar o seu amor. Mas suas atitudes, por mais verdadeiras que sejam, o afastam cada vez mais desse objetivo. É quando a vida o para.

André Figueiredo e Fernanda Sicuro | Espírito Bruno
16 x 23 cm
333 páginas

LIVROS QUE TRANSFORMAM VIDAS!

Acompanhe nossas redes sociais

(lançamentos, conteúdos e promoções)

- @editoradufaux
- facebook.com/EditoraDufaux
- youtube.com/user/EditoraDufaux

Conheça nosso catálogo e mais sobre nossa editora. Acesse os nossos sites

Loja Virtual

- www.dufaux.com.br

eBooks, conteúdos gratuitos e muito mais

- www.editoradufaux.com.br

Entre em contato com a gente.

Use os nossos canais de atendimento

- (31) 99193-2230
- (31) 3347-1531
- www.dufaux.com.br/contato
- sac@editoradufaux.com.br
- Rua Contria, 759 | Alto Barroca | CEP 30431-028 | Belo Horizonte | MG

Impressão e Acabamento | Gráfica Viena
Todo papel desta obra possui certificação FSC® do fabricante.
Produzido conforme melhores práticas de gestão ambiental (ISO 14001)
www.graficaviena.com.br